스마트 자본주의 5.0

산업생태계를 흥분케 하라

나남
nanam

나남신서 1626

스마트 자본주의 5.0

산업생태계를 흥분케 하라

2012년 4월 5일 발행
2012년 4월 5일 1쇄

지은이 • 곽승준 · 김기찬 외
발행자 • 趙相浩
발행처 • (주) 나남
주소 • 413-756 경기도 파주시 교하읍
출판도시 518-4
전화 • (031) 955-4601(代)
FAX • (031) 955-4555
등록 • 제 1-71호(1979.5.12)
홈페이지 • http://www.nanam.net
전자우편 • post@nanam.net

ISBN 978-89-300-8626-4
ISBN 978-89-300-8001-9(세트)

책값은 뒤표지에 있습니다.

나남신서 · 1626

스마트 자본주의 5.0

산업생태계를 흥분케 하라

곽승준 · 김기찬 외 지음

나남
nanam

머리말

자본주의와 시장경제는 진화를 통해 다른 체제와의 경쟁에서 이겨왔다. 아무리 오랜 역사를 간직한 나무라 해도 해마다 조금씩 자라지 않는다면 살아 있다고 말할 수 없다. 살아 있다는 것은 성장하고 변화한다는 것이다. 그것이 생명의 원리이고 본질이다. 자연의 이치는 사회에도 어김없이 작용한다. 조직이나 제도, 경제나 경제를 구성하는 산업・기업도 계속 진화하지 않으면 생존하기 어렵다.

먼저 영국 보수당의 사례를 살펴보자. 왕실로부터 자신들의 이익을 지키기 위한 귀족정당으로 출발한 보수당이 어떻게 300년 동안 경쟁력 있는 정치세력으로 살아남았을까? 기득권을 지키는 데에만 급급하지 않고 변화와 개혁이 필요할 때는 과감히 받아들이는 유연성과 자기개혁에 그 해답이 있었다.

물론 기존 지지자들이나 기득권층의 저항은 결코 간단한 문제가 아니었다. 그러나 영국 보수당은 지지자들로부터의 배신자라는 손가락질도 감수하며 과감하게 변신하였고, 재집권에 실패할 경우에는 경쟁 정당의 정책도 끌어안아 자기화하는 파격과 유연함으로 거듭 힘을 되찾았다.

중국이 경제대국이 될 수 있었던 것도 막대한 내수 시장의 도움이 컸지만, 그보다는 공산당의 체제변화가 선행됐기 때문이다. 중국 공산당은 공산당 이름만 빼놓고 모든 변화를 추진했고 그 결과 자본주의 시장경제 못지않은 경제적 성과를 이뤄냈다.

실제 중국 공산당의 덩샤오핑은 실용주의와 사회주의 시장경제를 도입했다. 장쩌민은 배척 대상이었던 자본가를 당원으로 흡수한 뒤 공산당이 노동자, 자본가, 농민, 지식인의 근본이익을 대표한다고 천명했다. 또 후진타오는 '조화로운 중국'을 표방하면서 빈부격차를 줄이고 공자 사상을 부활시키는 등 국가 정체성을 확립하는 작업에 주력하고 있다. 이들 정책 모두 공산주의 이론을 벗어나는 혁신적인 변화였다.

요컨대, 지주와 귀족의 정당이었던 영국 보수당이 300여 년간 살아남을 수 있었던 것이나 중국 공산당이 1921년 창당한 이후 100년 가까이 장수할 수 있었던 비결은 선제적 변화와 혁신이라는 노력이 있었기 때문이다.

경제도 마찬가지다. 역사적으로 생산요소 주도 경제와 투자 주도 경제, 혁신 주도 경제를 거쳐 2000년대 들어 산업생태계 주도 경제로 변화하고 있다. 기업 간 경쟁이 아니라 생태계 간 경쟁의 시대, 우리나라 휴대폰 생태계와 애플 생태계가 경쟁하고 실리콘 밸리와 한국 IT생태계가 경쟁하는 시대가 된 것이다.

인터넷과 모바일로 상징되는 스마트 시대에는 한 기업의 능력으로 다양화와 감성을 중시하는 차별화된 소비자들을 만족시키기 어렵다. 한때 인터넷 세상을 지배했던 AOL은 산업생태계의 중요성을 간과한 채 '나홀로 전략'을 고집하다가 경쟁력을 잃었다. 모바일 플랫폼 구축에 실패한 노키아는 세계 1등 휴대폰업체의 위상을 잃고 말았다.

여러 생물들이 모여 살아야 건전한 자연생태계라고 할 수 있듯이 산업생태계도 대기업과 중견기업, 중소기업, 1인 창조기업이 어울려 있어야 건전한 생태계, 경쟁력 있는 생태계라고 할 수 있다.

아이폰의 경우 애플은 시스템 운영체계와 디자인만 담당하고, 나머지 게임, 음악, 애플리케이션은 과감하게 생태계에 맡긴다. 애플이라는 플랫폼을 통해 중소기업과 1인 창조기업이 창조성을 발휘하며 강력한 애플 생태계를 지탱하고 있다. 구글은 베타 컬처(β culture)라는 독특한 생태계를 만들어내고 있다. 새로운 기술이나 서비스의 개발 초기 단계부터 본사와 협력 개발자는 물론 일반 이용자들까지 참여토록 유도함으로써 성공 가능성을 높이고 있다.

우리나라에서는 아직 대기업과 중소기업이 공생 발전하는 생태계가 조성되지 않았다. 대기업은 쥐어짜는 갑(甲)이라는 이미지가 너무 강하다. 안철수 교수의 '동물원' 비유처럼 휴대폰이나 SNS 분야에서 생태계를 구성하지 못해 애플이나 페이스북에게 주도권을 내준 상황이다.

CES(국제전자제품박람회)에 가보면 애플 관련 액세서리가 많이 전시돼 있는데 비해 한국 대기업 제품 관련 액세서리는 별로 없다. 애플은 제품 디자인 단계부터 생태계 내 구성원들의 의견을 반영하기 때문에 이런 생태계를 구성할 수 있다고 한다. 애플 생태계와 한국 IT생태계의 차이를 보여주는 사례다.

이제 한국 경제의 지속 가능한 성장과 미래 경쟁력을 위해 건강하고 역동적인 산업생태계를 만들어야 한다. 대기업이 똑똑하고 경쟁력 있는 중견기업, 중소기업, 1인 창조기업과 함께해야 한다. 대기업에게 '중소기업 좀 도와주라'고 하는 것이 아니다. 대기업이 생존하고 성장하기 위해 건전한 생태계를 조성하는 데 앞

장서라는 이야기다.

최근 우리 사회에서 산업생태계라는 말이 널리 쓰이기 시작하고, 몇몇 대기업들이 산업생태계를 진지하게 살피며 미래전략을 세워나가는 모습이 반갑고 기쁘다. 이런 분위기가 확산되어 생태계에서 함께 만들어낸 이익을 기여한 대로 나눠갖는 진정한 의미의 공생발전이 이루어지길 기대해본다.

이 책은 우리나라가 만들어가야 하는 산업생태계에 대해 여러 전문가들이 고심한 결과물이다. 대통령 직속 미래기획위원회가 주관한 미래 산업생태계 T/F 회의 등을 통해 서울대 융합대학원 안철수 교수, 경북대 이장우 교수, 고려대 강석진 교수, 도용환 스틱 인베스트먼트 회장, 김범수 카카오톡 의장 등 각계 전문가들께서 매우 의미 있는 고견을 주셨고, 가톨릭대 김기찬 교수, KAIST 이민화 초빙교수, 관동의대 명지병원 정지훈 IT 융합연구소장 등이 집필진으로 수고해주셨다. 이 지면을 빌려 다시 한 번 감사의 말씀을 드린다.

끝으로, 이 책이 우리 경제가 생태계 주도 경제로 조속히 전환하는 데 일조하기를 기대하며 저자를 대표하여 이 책을 출간하기까지 물심양면으로 지원해준 산업정책연구원 신철호 이사장님을 비롯한 관계자 여러분, 그리고 이 책을 출간해주신 나남출판 조상호 사장님을 비롯한 관계자 여러분께 진심으로 감사의 말씀을 드린다.

2012년 3월

저자를 대표하여 곽승준 씀

나남신서 1626

스마트 자본주의 5.0

산업생태계를 흥분케 하라

차 례

왜 산업생태계인가?

경제의 새로운 지평: 생태계적 접근

'에반젤리스트(*evangelist*) 존 폴'.

산업생태계 전쟁을 이끌고 있는 애플(Apple), 구글(Google) 등의 회사 직원 명함을 받아보면 '에반젤리스트'라는 직책이 눈에 띈다. 애플, 구글은 하드웨어 상품을 만들고 파는 디바이스 전투가 아니라 산업생태계를 키우는 플랫폼 전쟁을 시도하고 있다. 에반젤리스트란 생태계 파트너들을 적극적으로 자사 플랫폼으로 끌어들여 생태계를 만들어가는 대외관계 관리 외교관을 말한다. 에반젤리스트는 개발자들을 파트너로 만들고, 이들이 만들어내는 보완재는 플랫폼의 경쟁력이 된다. 애플의 아이튠스(iTunes), 앱스토어(App Store)가 대표적이다. 앱스토어가 만들어낸 산업생태계가 소비자들을 흥분시키고 있다. 애플 스스로는 플랫폼이 되고 에반젤리스트들이 만들어내는 산업생태계 속에서 비즈니스가 저절로 일어나도록 하는 전략이다.

애플은 스탠퍼드대 대학벤처 출신의 대그 키틀로스(Dag Kittlaus)가 개발한 음성인식 기술업체 시리(Siri)를 통해 새로운 인터페이스 생태계를 만들고 있다. 가장 편리한 인터페이스 도구인 음성의 사용을 기술적으로 가능케 하는 생태계를 발견한 것이다. 이것은 애플에 시리를 보는 눈을 가진 플랫포머(*platformer*)가 있었기 때문에 가능했다. 그 결과 누워서 텔레비전을 작동하는 시대가 등장할 것이다.

반대의 경우도 있다. 음악을 즐기려는 사람들에게 혁신적인 기술을 개발한 냅스터(소리바다)는 음원제공자들을 배제하고 디바이스 전투를 시도한 결과 MP3가 소리 없이 사라지고 말았다. 이것은 플랫폼 전략과 대비되는 나홀로(*stand alone*) 전략 때문이다. 반면 똑같은 기술을 가진 애플은 생태계를 구축하는 플랫폼 전략으로 전세계 시장에서 아이팟(iPod)을 2억 대 이상 파는 성과를 올렸다. '음악을 훔치지 말라'라는 철학을 가진 그들은 아이튠스를 통해 음원제공자와 함께 산업생태계를 구축했기 때문이다. 이처럼 플랫폼 전략에서는 산업생태계 파트너들이 만들어내는 보완재들이 경쟁력이 된다.

시카고 오헤어국제공항의 승객 1인당 소비액이 6달러인 데 반해 인천국제공항은 32달러이다. 그 비밀은 무엇일까? 시카고 공항은 그저 거쳐 가는 정거장인 데 비해, 인천국제공항은 사람들이 즐기는 플랫폼이 되고자 했다. 570여 개 기업의 3만 5천여 명이 함께 일하는 플랫폼의 산업생태계가 경쟁력을 만들어낸 것이다. 그 결과 인천국제공항은 입국 12분, 출국 16분으로 출입국이 세계에서 가장 빠른 공항, 세계에서 쇼핑이 가장 즐거운 공항, 환승객을 위한 다양한 시간별 투어 프로그램으로 환승에도 감동이 있는 공간이 되었다.[1]

---

1 김기찬의 〈조선일보〉 칼럼 "산업생태계 진화시키는 플랫폼 전략"(2011. 12. 01)을 바탕으로 재작성하였음.

진화하는 자본주의

최근 들어 세계 경제가 다시 침체기를 겪으면서 현 경제체제에 대한 비판도 거세지고 있다. 미국에서는 월스트리트(Wall Street) 자본에 대항하는 시위가 계속되고 있으며, 양극화와 청년실업 등의 문제는 우리나라에서도 사회적 이슈로 부각되는 가운데 공존공생의 숲을 가꿀 수 있는 새로운 자본주의에 대한 요구가 높아지고 있다. 일례로 영국 워릭(Warwick) 대학의 리처드 램버트(Richard Lambert) 총장은 반(反) 월스트리트 시위의 긴장감이 최고조에 달한 가운데 자본주의는 이제 변화의 일보 직전, 즉 '티핑 포인트'(*tipping point*)[2]에 왔다고 말한다. "반 월스트리트 시위는 시장 자본주의가 제 기능을 하고 있는지에 대한 대중의 불안이 표출된 것"이라고 진단한 램버트 총장은 자본주의 시장이론은 더 이상 작동하지 않고, 시장기능 실패로 많은 대중이 피해를 입었다고 주장하였다. 또한 자본주의는 과거에도 정치적, 사회적 압력에 적응하면서 변화했으며 지금은 또다시 변신해야 할 때라고 강조했다.[3]

---

2 미국 기자이자 작가인 말콤 글래드웰이 내놓은 개념으로, 어느 정도 기간을 두고 작은 변화들이 쌓여, 작은 변화가 하나만 더 일어나도 갑자기 큰 영향을 초래할 수 있는 상태가 된 단계를 말한다.

아나톨 칼레츠키(Anatole Kaletsky)는 《자본주의 4.0》에서 자본주의는 자본주의 1.0(자유방임주의 시대), 자본주의 2.0(수정자본주의 시대), 자본주의 3.0(신자유주의 시대)을 거쳐 앞으로 자본주의 4.0으로 진화해야 한다고 말한다. 1.0, 2.0 등의 숫자는 컴퓨터 소프트웨어가 업그레이드되면서 버전이 높아지는 것에 비유한 표현이다. 1.0에서 1.1로 소수점 이하가 바뀌면 일부 사항이 변경된다는 뜻이고, 1.0에서 2.0으로 앞 숫자가 바뀌면 전체적인 틀 자체가 변했다는 의미다.

자본주의는 1776년 미국이 '자본주의 국가'로서 독립선언을 하면서 1.0 버전이 시작되었고 이후 4단계를 거치며 진화해왔다. 산업혁명과 자본주의로 인해 대호황을 누렸던 미국과 영국은 자본주의 1.4시대인 1929년 대공황이 일어나며 위기에 직면한다. 결국 영국이 금본위 경제체제를 포기하고 뉴딜정책이 등장하며 자본주의 2.0의 시대가 열린다. 이는 민간기업에 대한 신뢰가 무너지면서 정부가 전면에 나서 경제를 책임지는 시스템이다. 그러나 자본주의 2.3 시대인 1970년대 석유파동과 인플레이션이 전 세계를 강타하면서 이번에는 정부의 신뢰도가 추락한다. 영국의 대처 수상과 미국의 레이건 대통령은 자유시장의 필요성을 언급하면서 자본주의 3.0의 시대를 연다. 이후 정부의 역할을 줄이고 기업의 행동범위를 넓히는 신자유주의가 자본주의 패러다임을 지배했다.

---

3 〈파이낸셜타임스〉(*Financial Times*), 2011. 11. 16(현지 시간).

〈그림 1-1〉 자본주의 진화단계

자본주의 1.0 자유방임 자본주의	자본주의 2.0 수정자본주의	자본주의 3.0 신자유주의	자본주의 4.0	자본주의 5.0
야경국가	강한 정부	시장 자율	정부와 시장의 긴밀 협력	시장의 공적 기능 강화
• 영국의 산업혁명 이후 • 미국의 독립전쟁 및 프랑스의 정치혁명	• 대공황(1929) 이후 • 미국 뉴딜정책 • 유럽의 복지국가	• 1970년대 인플레이션 이후 • 대처-레이건 호황기	• 2008년 금융위기 이후	• 현재~

자료 재구성: 아나톨 칼레츠키의 《자본주의 4.0》 등.

그러던 지난 2008년 미국에서 글로벌 금융위기가 발생해 세계로 퍼지면서 시장 위주의 경제체제에 대한 의구심이 싹트며 자본주의 4.0 시대가 열렸다. 또한 지난 금융위기 대처과정에서 세계 각국 정부는 재정지출을 확대한 결과 이제 더 이상 빚 많은 정부가 나서서 교육, 의료서비스 등 복지를 홀로 담당할 수 없게 되었다. 아나톨 칼레츠키는 이제 정부 역할은 자본주의 2.0 시대의 강한 정부도, 자본주의 3.0 시대의 작은 정부도 아닌 변증법적인 진화가 필요하다고 주장하였다.[4]

세계 경제는 점차 정부와 기업의 경계가 모호한 현재의 자본주의를 넘어, 민간의 역할이 점점 더 커지는 자본주의 5.0 시대로 진화하고 있다. 새로운 자본주의 시대는 기업의 힘이 정부보다 커지는 시대

4 A. Kaletsky(2010), *Capitalism 4.0*, Perseus, 위선주 역(2011), 《자본주의 4.0》, 컬처앤스토리.

이다.

고용불안, 비정규직 문제 등 시장에서 일어나는 갈등 해결에 기업의 역할이 더욱 중요해지며, 기업의 힘이 커질수록 기업의 사회적 책임 또한 강조될 것이다. 이러한 사회 분위기가 조성되기 위해서는 사회적 자본 구축이 선행되어야 한다.

사회적 자본

새로운 자본주의하에서 경쟁의 개념도 진화하고 있다. 기존의 경쟁이 강한 기업만이 홀로 살아남는 정글의 생존경쟁이었다면, 새로운 자본주의하에서 경쟁은 숲이라는 공동체 속에 포함된 모든 주체가 서로를 보완하며 경쟁하는 협력적 경쟁을 통해 강력한 공동체로 진화하는 공존공생의 경쟁으로 변모하였다.

즉, 생존을 위해 더 이상 기업 간의 경쟁이 아닌 생태계 대 생태계의 경쟁으로 경쟁의 패러다임이 변화함에 따라 경쟁력의 원천도 과거 개별 기업의 혁신역량 강화를 위한 물적 자본과 인적 자본을 넘어 사람과 사람 사이, 조직과 조직 사이의 협력을 촉진하는 관계적 자산인 사회적 자본으로 변화하였다. 즉, 산업혁명의 원천이었던 물적 자본은 인적 자본, 똑똑한 사람이 만들어내는 지식혁명으로 대체되었으나 인적 자본에만 의존하여 협력의 부재로 몰락하는 기업들이 발생하자 이제는 인적 자본만으로는 장수하는 기업이 될 수 없게 되었다. 서로 협력하여 사회적 자본을 구축한 기업이 지속 가능한 성장을 이룰 수 있게 되면서 사회적 자본을 바탕으로 한 산업생태계 혁명이 일어나고 있다.

사회적 자본은 사회 구성원들이 힘을 합쳐 공동 목표를 효율적으로

〈그림 1-2〉 핵심역량 자본의 변화

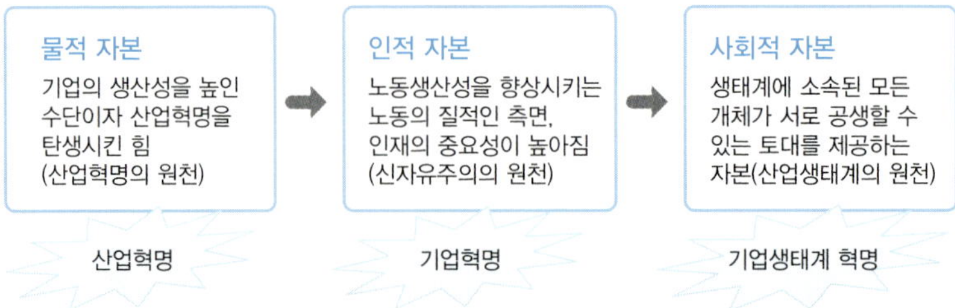

핵심역량 자본	물적 자본 (physical capital)의 시대	인적 자본 (human capital)의 시대	사회적 자본(social capital)과 네트워크 혁명 시대
대중소 기업 간 관계	위압적 관계(비틀기)	온정적 관계(공생)	신뢰적 관계(공생발전)
국가 성장단계	요소 투입단계	혁신 주도단계	산업생태계 주도단계

〈그림 1-3〉 사회적 자본의 효과

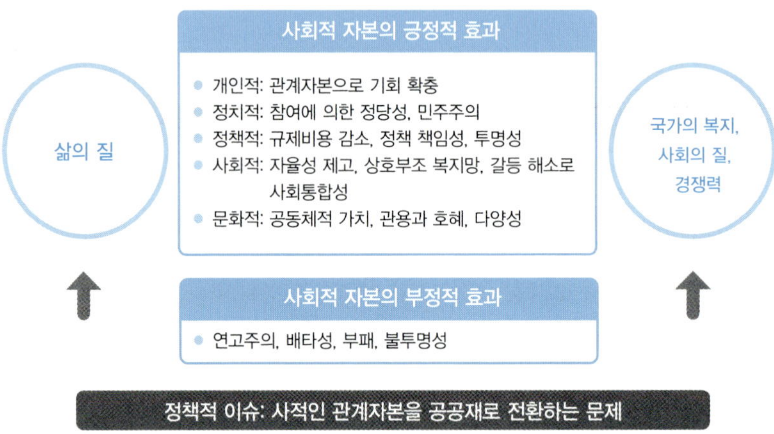

자료: 조권중, "서울의 사회적 자본: 현황과 과제", 서울시개정개발연구원.

추구할 수 있게 하는 자본을 이르는 말로 사람과 사람 사이의 협력과 사회적 거래를 촉진시키는 일체의 신뢰, 규범 등 사회적 자산을 포괄한다.[5] 네트워크형 경제에서의 기업의 경쟁력은 생태계에 소속된 모든 개체가 서로 공생할 수 있는 토대를 제공하는 사회적 자본의 수준에 의해 좌우되는 시대가 온 것이다. 같은 인재, 같은 기술, 같은 환경 등 동일 조건에서도 다른 결과가 나오는 이유가 바로 사회적 자본이 다르기 때문이라고 한다.

미국 뉴욕의 전문 보석상들은 대부분 유대인 출신으로 혈연, 지연을 바탕으로 두터운 상호신뢰를 형성하고 있어 계약서 없이 보석을 거래하며, 관행을 어긴 상인은 제명당하는 등 결속력 높은 네트워크를 사회적 자본으로 형성하였다. 이처럼 사회적 자본이 잘 확충된 나라일수록 국민 간의 신뢰도 높고 이를 보장하는 법 제도가 잘 구축되어 있어 상거래 비용이 적고 효율성은 높아 생산성은 올라가고 국민소득도 높아진다.

5 기획재정부(2010), 《시사경제용어사전》, 대한민국 정부.

산업생태계의 틀

'산업생태계'(*business eco-system*) 라는 용어는 최근에 제안된 개념이 아니며, 이미 제임스 무어(J. Moore 1993, 1996)가 생태계와 기업전략의 개념적 결합을 연구한 바 있다. 생태계의 개념을 처음으로 제시한 연구자는 아서 탠슬리(A. Tansley 1935)로 이는 생태학(*ecology*)에 그 기원을 두고 있다. 여기서 한 가지 흥미로운 점은, 생태학과 경제학(*economics*)이 모두 그리스어 '오이코스'(*oikos*)[6]를 어원으로 한다는 것이다. 이는 두 영역 사이에 의도된 긴밀한 공조관계가 존재함을 의미하며, 따라서 무어가 주장한 산업생태계는 기존의 경제학을 뛰어넘는 새로운 개념이 아니라, 기업의 비즈니스 환경을 기존의 전통적인 조직 구분을 넘어서 새로운 조직 형태인 상호작용하는 유기체로 바라보자는 '관점의 변화'로 해석할 수 있을 것이다.

경영전략적 측면에서 산업생태계란 용어는 제임스 무어에 의해 사용되기 시작된 이후(Moore 1993, 1997) 하버드 대학의 이안시티 교수(Iansiti 2004) 등에 의해 확대 발전하고 있다. 산업생태계란 다양한 종

6 Oikos는 사적(私的) 생활단위로서의 '집'을 의미하는 그리스어로 공적(公的) 영역을 의미하는 폴리스에 대비되며, 동양 및 그리스, 로마의 경제구조를 분석하는 데 중요한 개념.

〈그림 1-4〉 산업생태계의 구성요소

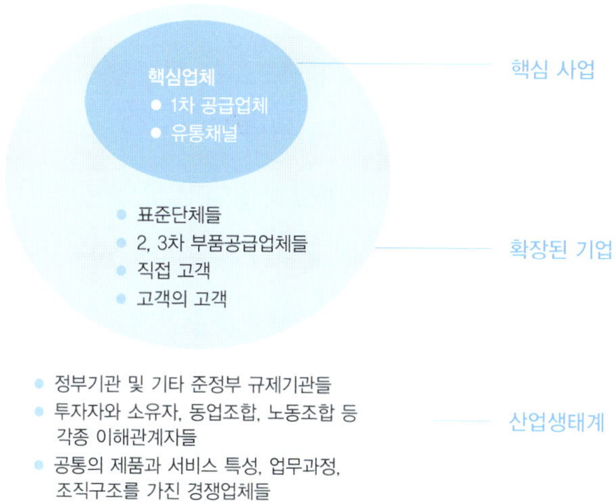

(기업) 들이 끊임없이 상호작용하며 진화하는 곳이며, 고객, 공급자, 유통업체, 아웃소싱 기업, 관련 제품 및 서비스 메이커, 기술제공 기업 및 여타 조직들의 유연한 네트워크(Iansiti & Levien 2004a, 2004b)를 의미한다.

오늘날 세계 산업의 핵심으로 등장한 애플이나 구글의 모습에는 전통적 비즈니스 모델인 기업 간 경쟁으로 해석되지 않는 부분이 많다. 무엇보다도, 구글의 비즈니스 플랜은 삼성의 센스(Sens) 노트북이냐 소니의 바이오(Vaio) 노트북이냐와 같은 단순한 기기 간 또는 기업 간 경쟁을 뛰어넘는 생태계 관점의 더 큰 그림을 그리고 있다. 또한 구글의 느슨한 연계 안에서 혁신과 공진화가 활발히 일어나 하위계층의 기업이 같이 공생하는 현상을 단일 제품에 대한 기술 개발과 원가 경쟁으로 대변되는 전통적 기업전략으로는 해석할 수 없다.

그러나 이러한 현상들을 '산업생태계 안경'의 틀로 바라보면 구글의 비즈니스 모델은 건강한 생태계를 구축하고 있음을 알 수 있다. 구글은 핵심자(*keystone*)로서 크롬(Chrome)과 안드로이드(Android)라는 강력한 운영체제 플랫폼을 제공하고, 많은 애플리케이션 기업들은 하나의 상설시장과 같은 플랫폼 안에서 자신들의 서비스를 고객에게 판매하며 먹고 산다. 구매자로 바글거리는 상설시장은 광고를 하고자 하는 기업에게도 좋은 먹을거리가 되며, 이들은 상설시장에 비용을 지불하고 광고를 게재해 또 다른 시장을 창출한다. 결론적으로 구글은 서비스 제공자와 사용자가 활발히 거래할 수 있는 커다란 시장을 만들고 광고로 수익을 창출하는 비즈니스 모델을 창출한 것이다.

애플, 페이스북(Facebook) 등 스마트 기술시대를 선도하는 다른 기업들 역시 산업생태계의 안경으로 비즈니스 모델을 바라본다면, 강력한 플랫폼 리더십을 기반으로 기업 간 경쟁이 아닌 생태계 간 경쟁을 전략적으로 준비하는 모습을 발견할 수 있다.

노키아의 추락 - 불타는 플랫폼에서 뛰어내려라

1988년 7월 6일 북해의 원유 시추 플랫폼인 파이프 알파에서 불이 났다. 북해의 찬물에 뛰어들면 불길은 피한다 해도 체온 저하로 몇 분도 버틸 수 없다. 이 사고로 167명이 목숨을 잃었다. 하지만 플랫폼 위에서 버텼던 사람 가운데는 한 명도 살아남지 못했다. 바다에 뛰어든 사람도 대부분 사망했지만 소수의 생존자는 모두 그 가운데서 나왔다. 한 생존자는 "불길은 시시각각 다가오는데 남은 선택은 '느리지만 확실한 죽음'과 '당장 결단해야 하는 불확실한 생존'밖에 없었다"고 말했다.

2011년 초 노키아의 최고경영자(CEO)로 취임한 스테판 엘롭(Stephen Elop)은 사원들에게 보낸 첫 메일에서 "불타는 플랫폼에서 뛰어내리라"고 강조했다. 이대로 가면 노키아에게 남은 것은 느리지만 확실한 죽음밖에는 없다는 의미다. 몇 년 전까지 핀란드 노키아는 명실상부한 세계 최대의 휴대전화 제조업체였다.[7] 스마트폰을 포함한 전 세계 휴대전화 시장 점유율이 50%에 육박했다. 스마트폰 분야에서도 노키아의 '심비안' (Symbian) 플랫폼의 점유율은 40%를 넘었다. 나머지를 캐나다 RIM의 블랙베리(Blackberry), MS(마이크로소프트)의 윈도 모바일, 팜(Palm)[7]의 웹 OS 등이 나눠가졌다.

하지만 애플의 등장과 함께 노키아의 추락은 시작됐다. 시장 조사업체 가트너(Gartner)에 따르면 2008년 2분기 40%를 넘었던 노키아의 휴대전화 시장 점유율은 2011년 2분기 22%까지 떨어졌다. 삼성전자(16.3%) LG전자(5.7%) 애플(4.6%)이 치고 올라왔다. 점점 비중이 높아지는 스마트폰 부문에서는 상황이 더 심각하다. 노키아의 스마트폰 플랫폼인 '심비안'이 시장에서 차지하는 비중은

7 지난해 HP가 12억 달러에 인수했다.

〈표 1-1〉 2011년 2분기 휴대전화 점유율

휴대전화(업체별)		스마트폰(OS별)	
업체명	점유율(%)	OS	점유율(%)
노키아(핀란드)	22.8	안드로이드(구글)	43.4
삼성전자(한국)	16.3	심비안(노키아)	22.1
LG전자(한국)	5.7	iOS(애플)	18.2
애플(미국)	4.6	블랙베리(RIM)	11.7
ZTE(중국)	3.0	바다(삼성전자)	1.9

자료: 가트너.

2009년 4분기 44.4%에서 올 2분기에는 22%로 반 토막 났다. 같은 기간 구글의 안드로이드는 8.7%에서 43.4%로 올라섰으며, 애플(18%)과 RIM(11%)이 뒤를 이었다. 심비안과 RIM은 스마트폰 분야에서 '지는 해'다.

MS 출신인 엘롭은 핀란드인이 아닌 최초의 노키아 CEO다. 그는 심비안을 버리고 MS의 윈도폰을 새로운 플랫폼으로 받아들이겠다고 선언했다. 경쟁력 없는 플랫폼으로는 미래가 없다고 본 것이다. 2009년 9월 당시 CEO이던 올리-페카 칼라스부오는 "노키아의 경쟁자는 삼성이나 LG전자가 아니라 구글과 애플"이라고 말했다. 하지만 낡은 심비안은 터치 UI에 적합하지 못했다. 노키아가 내놓은 OVI 스토어는 질과 양에서 애플의 앱스토어와는 비교하기 민망한 수준을 벗어나지 못했다.

윈도폰을 받아들이면서 노키아는 지도와 내비게이션을 MS에 제공하는 대신 검색엔진은 MS의 빙을 쓰기로 했다. 노키아의 몰락은 하드웨어를 아무리 잘 만들어도 경쟁력 없는 플랫폼 기반으로는 세계 일류의 자리를 지킬 수 없다는 것을 보여주는 사례다. 무섭게 성장하는 구글의 안드로이드를 배제하고 자체 플랫폼에 매달린 결과 노키아의 스마트폰 시장 점유율은 2012년 이후에는 한 자리 수까지 떨어질 위기에 처했다. 경쟁사로부터 "칠면조 두 마리 모인다고 독수리가 되지는 않는다"(빅 군도트라 구글 부사장)는 조롱을 당했다. IT 전문 온라인 매체인 〈인가젯〉(Engadget)은 "심비안 고이 잠들다"(RIP Symbian)라고 기사 제목을 뽑았다.

산업생태계 주도 경제

하버드 대학의 마이클 포터(M. Porter) 교수는 요소 투입의 경제, 투자 주도의 경제를 거쳐 제품 혁신, 신기술 개발 등의 혁신이 오늘날 경제 성장의 주요 원동력이라고 보았다. 더 나아가 그는 이러한 일련의 경제발전을 통해 이룩한 과거의 부를 토대로 경제가 성장할 것이라고 하였다. 그러나 우리는 사회적 자본이 형성되지 않은 채 발전하는 부 주도 경제의 함정을 잊어서는 안 된다. 부 주도 경제는 위험을 감수하고 혁신을 추구하는 신산업에 대한 투자 의욕을 저하할지도 모르며, 특히 기득권을 가진 자들이 그들의 이익을 유지하기 위해 막강한 부를 토대로 정부, 언론 등에 영향력을 행사함으로써 비생산적인 경제활동을 증대시킬지 모른다. 따라서 부 주도 경제의 함정에 빠지지 않고 생산적인 투자와 경제활동이 이루어지기 위해서는 생태계형 경제발전 개념을 도입할 필요가 있다.

특히, 2000년대 들어 참여하는 소비자를 중심으로 차별성과 감성이 소비의 주요 요인으로 떠오름에 따라 더 이상 단일 기업의 능력으로는 소비자들을 만족시킬 수 없는 환경 속에서 기업들의 제휴와 협력은 필수불가결한 요소가 되었다. 이제 기업은 끊임없이 변화해야 하는 유기체로 더 이상 기업 간 경쟁은 명확하게 정의된 특정 산업계

〈그림 1-5〉 경제발전의 단계

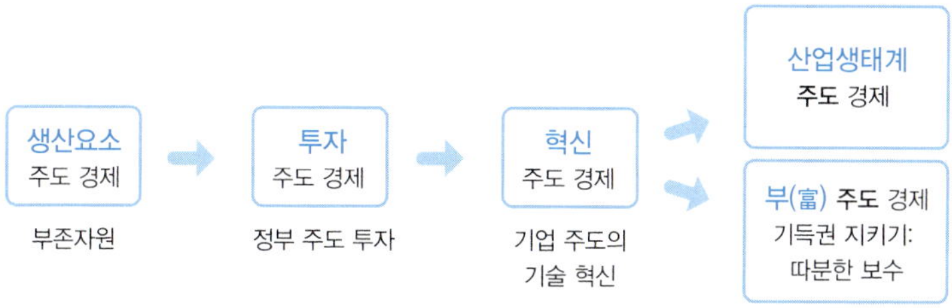

의 테두리 내에서 벌어지는 현상이 아니라는 인식과 함께 산업생태계 간 경쟁 대응의 필요성이 높아지고 있다.

시대의 변화에 따라 경영 패러다임이 아날로그 시대 - 디지털 시대 - 스마트 시대로 이행하는 과정에서 스마트 시대에 들어 플랫폼을 중심으로 또 다른 생태계가 태동하고 있다. 아이폰의 등장과 함께 스마트 기기의 출현으로 휴대폰 업계의 1인자인 노키아가 무너지고 애플이 떠오르는 등 산업 구조의 지질 변화가 시작되고 있다. 이러한 변화는 휴대폰 산업만이 아닌 모든 산업으로 확장되고 있다. 각 산업마다 산업생태계의 플랫폼과 종(種)은 변화하고 점점 모든 산업의 경계가 사라지며 타 산업 간 기술의 융합이 활발히 이뤄지고 있다. 또한 스마트 시대의 도래로 기능보다는 체험, 단독 제품보다는 확장 가능한 플랫폼이 중요해지고 있다. 더 이상 나홀로 규모를 확대하는 시대가 아니라 누가 더 건강한 생태계와 플랫폼을 구축하였는가로 경쟁하는 시대이다. 애플 아이폰의 경우 전화 단말기 기능에만 머물지 않고, 애플리케이션을 구입할 수 있는 앱스토어 플랫폼을 통해 산업생태계를 구축하여 소비자들의 지속적 흥미를 유발한 것이 가장 큰 성공요인으로 볼 수 있다.

이러한 상황에서는 변화를 읽는 선구안도 중요하지만 건강하고 역

〈표 1-2〉 패러다임의 변화

구분	아날로그 시대	디지털 시대	스마트 시대
핵심전략	나홀로 전략 품질과 원가 경쟁 규모의 경제	디지털 제품 경쟁 네트워크 경쟁 연결의 경제	플랫폼과 산업생태계 구축 생태계와 플랫폼 경제
주요특징	산업 사회 양적 성장 소형집적화 소니의 워크맨	네트워크 사회 질적 성장 첨단기술의 고도화, 융합화(*convergence*) 노키아, 삼성 등 휴대전화	스마트 사회 지적 성장 융합의 고도화(*trivergence*) 애플의 아이폰 등과 같은 스마트 기기
정보의 활용 및 소통방식	전화, 편지 등 정보 확산이 지리적, 시간적으로 제한되어 정보나 기술들이 자주 변하거나 쉽게 대처될 수 없음 1:1	PC기반의 인터넷 시대(홈페이지, 이메일 등) 동시다발적인 정보의 공유나 기술 개발이 가능. 그러나 정보의 활용에 있어 시간과 공간의 제약이 존재 1:N 웹(Web) 경제	스마트폰, 태블릿 PC 기반의 리얼타임 시대(페이스북, 트위터, 카카오톡 등) 시간과 공간의 제약 없이 실시간으로 정보 활용이 가능한 완전 개방 시대 N:N 앱(App.) 경제
산업과 기업의 대응(생태계의 진화)	밸류체인 중심 · 체인 내 상-하위 참여자 간 일방향 관계 · 최종소비자는 피동적으로 제품 및 서비스 이용	밸류체인(*Value Chain*) 중심에서 '에코시스템'(*ecosystem*) 개념 등장	에코시스템 중심 시스템 구성원 간 상호작용을 강조(참여와 공유를 통한 경쟁과 협력 관계) 최종소비자(사용자)는 능동적으로 제품 및 서비스 이용

동적인 산업생태계를 구축하는 것이 가장 효과적인 경쟁력 제고 방안이 될 것이다. 최근 휴대폰과 전자기기 등 하드웨어의 강자였던 국내 업체들이 소프트웨어 측면의 열세로 경쟁력이 떨어지며 한국의 산업생태계의 건강성에 대한 위기의식이 고조되고 있다. 현 모바일 산업에서 촉발된 스마트화는 스마트 생태계의 여명에 불과하다. 때문에 각 산업마다 애플과 같은 경쟁력 있는 생태계 리더기업이 배출될 수 있도록 경제 및 사회 전반의 체질과 구조개선이 시급히 이뤄져야 한다.

쐐기돌과 주춧돌

하나의 건축물이 견고하게 지탱되려면 중앙의 정수리 역할을 하는 쐐기돌(*keystone*)과 쐐기돌을 포함한 건축물을 받쳐 주는 주춧돌(*cornerstone*)이 기하학적으로 잘 결합되어야 한다. 이는 기업 간의 관계에서도 마찬가지다. 쐐기돌 역할을 하는 주도기업이 전체 산업생태계의 교량 역할을 하는 중계자이자 허브가 되며 이 주도기업은 생태계에서 생태군집을 유지하는 데 결정적인 역할을 한다. 주도기업의 흥망성쇠는 다른 모든 종에 영향을 미친다. 예컨대 애플은 주도기업이자 애플 생태계의 정점으로 생태계 내 참여자 간의 협력과 시너지를 통해 애플 생태계를 끊임없이 확장시키고 있다. 그러나 크고 튼튼한 집은 자갈만으로는 지을 수 없으며 모래도 필요하듯이, 주도기업을 지원하는 협력자들, 즉 튼튼한 주춧돌 기업(협력기업)들이 존재해야만 건강한 생태계를 유지할 수 있다. 이들이 많을수록 풍요로운 생태계가 되며 미래의 주도기업이 늘어날 수 있다. 때문에 주도기업은 전문 협력기업 개발에 많은 노력을 기울여야 한다.

과거에는 기업이 자원을 확보하고 이를 소유하고 통제하여 가치를 창출하고 수익을 얻었다면, 스마트 시대의 플랫폼 경쟁체제에서는 개방하고 자원을 공유하여 이를 함께 활용할 방법을 고안하여야 더

〈그림 1-6〉 이종산업 간 생태계 확장

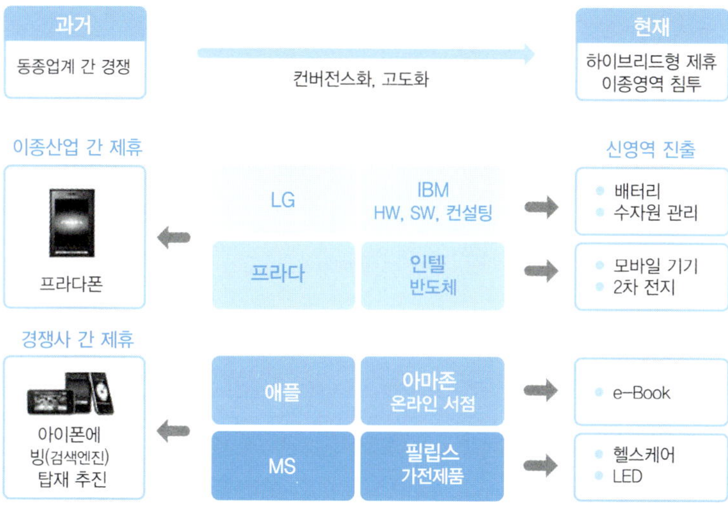

큰 가치를 창출하고 수익의 기회를 얻을 수 있다. 다시 말하면, 과거 기업 간 관계는 정보와 자본의 격차로 인한 지시와 복종의 관계였다면, 네트워크의 발달로 이러한 격차가 줄어들면서 더 이상 기업은 강한 상하관계가 아닌 강력한 협력관계 구축에 주력하게 되었다. 특히, 디지털 컨버전스(*digital convergence*)의 가속화 및 HW, SW, 서비스, 인프라가 결합되는 콰드로버전스(*quadro-vergence*) 시대로 진입함에 따라 동종업종 간 경쟁뿐만 아니라 이종업종 간 경쟁과 협력이 빈번해지는 생태계 확장효과가 심화되면서 기업 간 관계관리가 경쟁력의 큰 변수가 되고 있다.

〈그림 1-7〉 생태계 구성원의 주요 역할

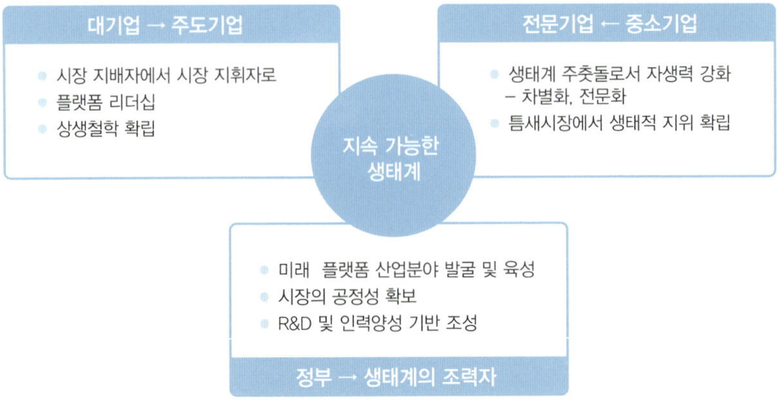

따라서 산업생태계 형성의 초기단계에서는 주도기업의 역할이 중요하나 생태계가 진화하기 위해서는 협력기업의 역량과 주도기업과 협력기업과의 관계가 더욱 중요해진다. 또한 역동적인 산업생태계가 만들어지기 위해서는 생태계 참여자가 늘어나 생태계 전체의 가치가 증가하는 네트워크 외부성(*network externalities*) 효과가 발생해야 한다. 네트워크 외부성이란 두 기업의 거래를 통해 상호 이익을 얻는 것뿐만 아니라 이러한 거래과정에서 새로운 고객이 창출되고 신지식, 신기술이 나타나는 효과로 이는 두 기업이 속한 생태계에 새로운 활력을 불어넣게 된다(김기찬 · 송창석, 2009).

생태계 주도 경제로의 이행에 따라 생태계를 해석하는 방법도 대기업, 중소기업, 정부의 고정된 역할과 기준에서 벗어나 새로운 패러다임으로의 전환이 필요하다. 대기업은 더 이상 시장 지배자가 아닌 지휘자로 리더십을 가지고 생태계의 협력을 주도하며 상생철학을 확립시키는 주도기업이 되어야 하며, 중소기업은 생태계의 주춧돌로서 자생력을 강화시키기 위해 차별성과 전문성을 지닌 전문기업으로 성장하여 틈새시장에서 생태적 지위를 확립할 수 있어야 한다. 정부는 생태계의 조력자로서 생태계의 토양인 R&D 및 인재 양성 등의 기반을 조성하는 데 힘을 기울여야 한다. 또한 시장의 공정성을 확보하여 생태계가 무법자로 인해 황폐해지지 않는 환경을 만들어야 한다.

KT의 3不 선언 — Dream with Suppliers[8]

경쟁의 패러다임이 개별 기업 간 경쟁에서 생태계 간 경쟁으로 빠르게 변화함에 따라 애플, 구글과 같은 글로벌 선도기업은 상생의 생태계 구축에 힘쓰고 있다. 그러나 우리 기업의 산업생태계는 이들 글로벌 경쟁기업의 생태계에 비해 많이 뒤떨어져 있다. 다행히 중소기업과의 동반성장 등을 통해 건강한 산업생태계를 구축해야 한다는 인식이 점차 확산되고 있다. 이를 대표적인 기업 사례를 통해 점검해보자.

KT는 2010년 KT 생태계에 참여하는 중소기업과의 진정한 동반성장을 실현하기 위해 3不 정책을 선언하였다. 그 내용은 다음과 같다.

중소기업과 동반성장을 위한 KT의 3不 선언

- **중소기업 자원이 KT로 인해 낭비되지 않게 하겠습니다.**
- **기술개발 아이디어를 가로채지 않겠습니다.**
- **중소기업과 경쟁 환경을 조성하지 않겠습니다.**

• 중소기업 자원이 KT로 인해 낭비되지 않게 하겠다 •

중소기업이 KT의 구매 수요를 예측할 수 없어 생산재고 관리에 어려움을 겪거나 제품 개발을 완료했음에도 상용화가 되지 않아 자원 낭비를 초래하는 일이 발생하지 않도록 하겠다는 것을 의미한다. 이를 위해 KT는 수요예보제를 신설 단기 및 중기 사업 전망에 따른 구매 수요를 미리 공개함으로써 협력사의 생산 및 재고 관리가 탄력적으로 이루어질 수 있도록 하였다. 또한 개발계획을 사전

8 "2011 KT 지속가능경영보고서"에서 필요자료를 발췌, 재편집하여 구성하였음.

에 공지하고 사업화되지 않더라도 자원 투입에 대한 적절한 보상을 함으로써 협력사의 불확실성을 줄여주는 등 개발단계에서 협력사의 자원낭비를 최소화하기 위한 제도를 운영하고 있다.

• 기술개발 아이디어를 가로채지 않겠다 •

협력사의 개발 아이디어 제안 사항이 불명확한 사유로 채택되지 않거나 검토기간이 장기화되어 경쟁 기업 등에 아이디어를 뺏기거나 사장되는 일이 더 이상 발생하지 않도록 하겠다는 것을 의미한다. KT는 협력사와 상호 협력관계에 있어 객관성 · 투명성 확보를 위한 비밀유지계약(NDA, Non-Disclosure Agreement)을 맺고 제안사항이 타 업체에 유출되는 것을 방지하고 과거 반 년 이상 걸리던 검토와 채택 과정을 2개월 이내에 완료되도록 개선하였다. 아울러 제3자 검증을 통해 투명하고 객관적으로 아이디어의 가치를 확인하고 있다.

• 중소기업과 경쟁 환경을 조성하지 않겠다 •

과거와 같이 한정된 사업영역 안에서 대기업-중소기업 간에 '파이 나누기 경쟁'을 하는 것이 아니라 생태계 주도기업(대기업)으로서 중소기업과 상호영역을 키워나가고 새로운 시장을 창출하는 '파이 키우기 협력'을 하겠다는 의미이다. 이를 위해 중소기업에 KT의 자산과 인프라를 지원하고 이러한 개방형 플랫폼 기반 협력을 확대하여 KT 협력사가 연구개발 역량과 글로벌 경쟁력을 갖춘 기업으로 함께 성장하여 새로운 영역과 가치를 창출하도록 한다는 전략이다.

이러한 KT의 동반성장 전략이 법이나 제도를 넘어 기업 문화로 정착될 때 KT의 생태계는 강력하고 풍요로워질 수 있다. KT의 진정한 실천력을 지켜보도록 하자.

스마트 혁명과
산업생태계의 변혁

스마트 혁명, IT 기술과 인문의 결합

지금 세상은 온통 스마트화 물결에 휩싸여 있으며, 우리의 생활 또한 가랑비에 옷 젖듯이 스마트화하고 있다. 우리는 PC가 아닌 스마트폰을 통해서 친구나 업무상의 메일을 읽고, 유통업체로부터 주간 세일 쿠폰을 받고 구매계획을 세우고, TV나 신문을 통해 보고 읽었던 뉴스나 생활소식을 실시간으로 접한다. 또한 오늘의 세부 일정과 주간·월간 주요 일정을 점검하고, 멀리 떨어진 가족 또는 친구와 무료 영상통화를 통해 안부를 전하는 등 시간과 공간의 제약이 없는 스마트폰을 통해 느끼지 못하는 사이에 우리의 삶은 스마트화하고 있다. 이러한 스마트 혁명은 우리의 라이프스타일, 비즈니스 방식, 선거운동 등 사회·경제 시스템의 변혁을 이끌고 있다.

전 세계적인 열풍을 일으키는 스마트폰이 스마트 담론의 일차적인 본산지이기는 하지만, 사실 스마트 혁명은 그것을 초월하는 광범위한 영역에 걸친 주제이다. 흔히 스마트화를 이야기할 때 스마트폰과 스마트 패드(태블릿 PC), 스마트 TV, 스마트 그리드, 스마트 자동차와 같은 스마트 제품, 표준화된 플랫폼, 앱스토어를 거론하지만, 진정한 스마트화의 주체는 기업이 아니라 소비자이다.

스마트 시대에는 소비자는 제품이 아니라 그 제품이 속한 환경을 구매한다. 소비자의 니즈에 따라 스마트 환경에서 더 많은 스마트 기기와 연동하는 것이 건강하고 안정적인 생태계의 원천이다. 즉, 스마트 시대의 산업생태계는 독자적으로 사업을 영위하기보다는 자사의 제품과 연관되는 기업, 이해관계자들과 공생전략으로 승부할 수밖에 없는 상황에 직면해 있다. 스마트 시대를 주도하기 위해서는 우리 기업들 또한 차별화나 이익과 같은 비즈니스의 논리를 넘어서 스마트 환경에 동참한 동반자들과 함께 안정적이며 개발적인 생태계를 조성하는 동지의식, 즉 공생발전과 같은 새로운 자본주의 컨셉이 반드시 필요하다.

이러한 스마트 사회 구현의 원동력은 스마트 기술로 지난 수십 년간 눈부시게 발전한 정보통신기술(*information communication technology*)이다. 정보통신기술의 발달은 스마트화에 엄청난 가속력을 실어주고 있다. 스마트폰의 출현은 그 단적인 예이며, 스마트폰을 통해 우리는 스마트 혁명을 직·간접적으로 체험하고 있다.

최근 우리 주위를 돌아보면 피처폰(*feature phone*)을 사용하는 소비자들이 사라지고 있다. 불과 2년 전에 80만 명에 불과했던 국내 스마트폰 가입자는 2011년 10월 기준 2천만 명을 돌파하였고, 2010년 히트상품 1위는 단연 '스마트폰'이었다.[1] 스마트폰은 2011년 정보기술(IT)을 관통하는 가장 중요한 키워드였으며(한국정보화진흥원 2011),

1 〈CEO Information〉 제833호(2011), 삼성경제연구소.

우리나라뿐 아니라 일본에서도 소비자에게 가장 높은 영향력을 갖고 있다.[2] 이른바 '내 손안의 PC'라 불리는 이 모바일 기기는 도대체 무슨 이유로 전 세계적인 신드롬을 불러온 것일까?

현재 문화혁명을 리드하는 것으로 평가되는 스마트폰은 '스마트 TV', '스마트북'(태블릿 PC)과 더불어 스마트 혁명을 주도할 것으로 전망되는 기기(*device*)이며, 이들 중 상대적으로 저렴한 가격과 높은 휴대성을 바탕으로 가장 먼저 시장공략에 성공하였다. 스마트폰이 소비자의 마음을 사로잡을 수 있었던 이유는 간단하다. 첨단기술과 새로운 기능뿐만 아니라 '단순하고 편하고 재미있는 것을 원하는' 인간 본연의 욕구를 만족시켰기 때문이다.

스마트폰은 사용자가 언제(*anytime*) 어디서든(*anywhere*) 손쉽게 정보에 접근할 수 있게 해주었다. 스마트폰은 휴대폰의 가장 기본적인 기능인 의사소통뿐만 아니라 페이스북이나 트위터(Tweeter) 등의 소셜네트워크 서비스(SNS)를 활용하여 다수의 사람들에게 정보를 얻고 전파할 수 있게 하며, 사용자는 기존의 문자서비스 형태를 벗어나 '카카오톡'(Kakao Talk)과 같은 채팅형 메시지 서비스로 많은 정보를 보다 많은 사람과 주고받을 수 있다.

손바닥만큼 자그마한 기기가 보여주는 다양한 기능은 기존 피처폰

2 니혼게이자이, 덴쓰(電通), 닛케이트렌디 세 기관의 2011 히트상품 조사에서 스마트폰이 1위를 차지.

〈그림 2-1〉 국내 안드로이드용 애플리케이션 사용 순위

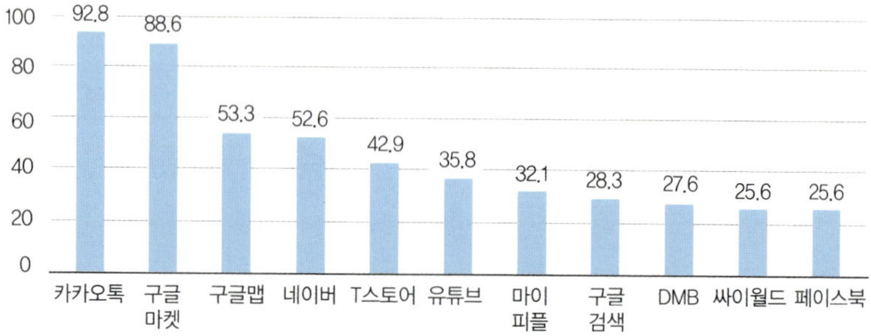

자료: 닐슨코리아 내부자료, 삼성경제연구소(2011)에서 재인용.

주: 안드로이드 기반 스마트폰 사용자 중 8~9월 한 번 이상 사용한 사용자 비율.

사용자들의 눈과 귀를 사로잡았다. 30만 개 이상의 애플리케이션을 보유한 아이폰의 앱스토어는 상상하는 모든 것을 이루어주는 요술램프 속의 '지니'처럼 느껴질 정도이다. 단순한 음악 재생 및 카메라 촬영부터 메일, 게임, 쇼핑, 뱅킹, DMB, GPS, 내비게이션 기능까지 셀 수도 없는 기능들이 단 한 번의 애플리케이션 실행으로 사용 가능하다.

〈그림 2-1〉은 많은 스마트 기기 사용자들이 단순한 통신 기능을 떠나 대화형 서비스부터 소셜네트워크까지 다양한 애플리케이션을 활용하고 있음을 보여준다.

스마트폰 사례에서 보는 바와 같이 우리는 이미 자연스럽게 스마트 기술을 즐기고 있다고 해도 과언이 아니다. 앞으로 스마트 기술은 인간의 행동패턴과 직관을 반영하여 더욱더 인간 중심으로 고(高) 기

능화, 다(多)기능화, 나아가 지능화하여 기술 진화를 앞당길 것이다. 그리고 스마트 기술과 융합하여 인류에게 제공하는 가치가 큰 제품과 서비스를 제공하는 기업 주도의 산업생태계가 조성될 것으로 전망된다.

스마트 기술을 선도하는 IT 산업 발전사와 생태계 동인

2011년 여름은 구글의 모토로라 인수, 휴렛패커드(Hewlett-Packard)의 PC사업부 매각, 애플과 삼성의 특허 분쟁 등 글로벌 IT 산업 뉴스로 어느 때보다 뜨거웠다. 이러한 이면에는 하드웨어, 소프트웨어, 서비스 등 기존 IT 산업 영역 간 경계가 허물어지는 패러다임 변화가 있었다. 글로벌 기업들은 산업 주도권을 확보하기 위해 IT 산업의 각 영역별로 존재하던 경쟁관계뿐만 아니라 서로의 영역을 초월하는 새로운 경쟁관계를 형성하고 자사 중심의 생태계 토대 위에서 안정적이고 건강한 생태계를 조성하고자 더욱 치열한 생태계 간 경쟁을 벌였다.

스마트 기술시대를 선도하는 애플, 구글, MS(마이크로소프트) 등의 글로벌 IT 기업들은 하드웨어와 소프트웨어가 적절히 조합된 협력 네트워크를 구성하기 위해 자사의 생태계 전략을 수정했으며, 이에 따라 이제는 기업 간의 경쟁이 아닌 생태계 간의 경쟁으로 산업의 구도가 진화하고 있다. 특히 클라우드 서비스가 본격적으로 확산될 경우 현재의 산업생태계 또한 큰 변혁이 있을 것으로 예상되며, 2011년 구글의 모토롤라 인수 등의 움직임은 이러한 환경 변화에 대처하기

〈표 2-1〉 IT 산업의 발전 역사

구분	제 1의 물결	제 2의 물결	제 3의 물결	제 4의 물결
명칭	PC/OS혁명	인터넷/ 검색 · 소셜 혁명	스마트폰 혁명	클라우드 컴퓨팅과 미래 혁명
키워드	자동화	인터넷/네트워크	모바일	클라우드 컴퓨팅
핵심 경쟁력	하드웨어 경쟁력 하드웨어 간 호환성 자동화/전산화	네트워크 인프라 멀티미디어 구현 네트워크 중심 서비스	모바일 디바이스 플랫폼 생태계	동일한 사용자 환경 HW · SW · 서비스 융합

자료: 전자부품연구원 내부자료.

위한 생태계 진화의 예고편에 불과하다.

〈표 2-1〉을 통해 지난 20년간의 IT 산업 발전 역사를 보면, IT 산업은 PC/OS 혁명에 의한 IBM 및 MS의 등장부터 현재의 스마트 기술시대까지 다른 산업에 비해 상대적으로 매우 빠른 속도로 진화했음을 알 수 있다. IT 산업 진화의 '제 1의 물결'이라 할 수 있는 PC/OS 혁명의 초기 핵심 경쟁력은 IBM이 주도하는 하드웨어였다. 그러나 MS는 강력한 호환성을 갖는 윈도를 기반으로 하드웨어 주도권을 소프트웨어로 변화시켰고, 이어 구글, 야후(Yahoo) 등의 기업이 인터넷을 활용하여 정보들을 집단 지식화하는 데 성공함으로써 '제 2의 물결'의 선도 주자가 되었다. 뒤따라 2000년대 후반부터 애플의 스마트폰에 의한 '제 3의 물결'이 시작되었고, 다가오는 클라우드 컴퓨팅에 의한 미래 혁명까지 IT 산업은 빠른 속도로 진화했다.

스마트 기술이 고(高)기능화, 다(多)기능화, 지능화의 포괄적 개념이라면, 정보의 접근 및 활용의 관점에서 IT 산업의 발전은 스마트 기술의 발전과 그 맥락을 같이한다. 그렇다면 인류가 IT 산업의 '제 1의 물결' 이전부터 보다 더 '스마트'하게 정보를 접근하고 활용하기 위한 기술의 진보를 이루어왔음을 상기할 때, 현재의 시점에서 '스마트 기술시대의 도래, 스마트 혁명'을 언급하는 이유는 무엇인가?

그 답은 변화의 수준에 있다. 〈표 2-1〉에서 '제 3의 물결'로 언급되는 스마트폰 혁명 이후 정보 접근과 활용에 대한 기술 진보의 수준은 지난 수 세기 동안의 기술 진보를 제로로 수렴시킬 정도이다. 구석기 시대 이후 지속적으로 기술 발전을 이루어온 인류의 역사에서 18세기 중엽 영국에서 시작된 기술혁신을 굳이 '산업혁명'이라 명명하는 이유가 그 시점 전후의 사회·경제 구조의 변혁 수준이 다르기 때문임을 스마트 기술시대와 비교한다면 쉽게 이해될 것이다.

'제 3의 물결' 이후 스마트 기술의 진보 역시 많은 사회적 변화를 수반하고 있다. 한 예로 2010년 시소모스(Sysomos) 사가 52억 개의 트위터상의 관계를 기반으로 임의의 사람 간의 평균 거리를 실험한 결과 평균 4.67단계만 거치면 누구나 서로 연결된다고 밝힌 바 있다. 이는 2008년 MS가 이른바 '6단계 분리' 이론을 검증하여 개개인이 MSN 메신저상 평균 6.6단계로 연결되어 있음을 발표한 결과[3]보다

3 이 결과는 2008년 World Wide Web 컨퍼런스(WWW 2008, 베이징)에 논문으로 발표되었음.

약 2단계나 가까워진 것으로, 스마트 기술시대에 개인과 개인 간의 네트워크 거리가 비약적으로 짧아졌음을 알 수 있다.

스마트 기술의 발전은 과거 모바일 기기들을 더욱더 스마트하게 만들었고 이에 따라 산업생태계는 기업들의 새로운 가치사슬 기준으로 재편되고 있다. 산업 내 경쟁 심화와 더불어 스마트 기기 확대는 소비자의 접점 수를 증가시키는 촉매제로 작용했고, 하드웨어와 결합된 서비스 부문의 매출 증가와 더불어 새로운 비즈니스 개발이 가능해지고 있다.

즉, 현재 IT 산업 발전을 리드하는 애플과 같이 소비자들에게 새로운 가치를 전달하는 매개체인 하드웨어와 자사의 철학이 반영된 소프트웨어(플랫폼), 콘텐츠를 제공하고 이를 바탕으로 서비스를 제공하는 수준으로 비즈니스 모델이 진화하고 있다.

그렇다면 스마트 기술시대 도래의 핵심 유인은 무엇일까? 다양한 사회적, 기술적인 유인들이 함께 수반되겠지만, 그 중심은 스마트 기술을 이끄는 산업생태계의 구조에 있다.

대표적 글로벌 선도기업인 구글을 통해 스마트 기술시대를 선도하는 생태계 구조를 살펴보면 〈그림 2-2〉와 같다. 구글이 제공하는 플랫폼의 가장 중요한 요소는 바로 '운영체제'(*operating sytem*)로 PC에서는 크롬을 제공하고 태블릿 PC와 스마트폰에서는 안드로이드를 공급한다. 스탯카운터(StatCounter)사에 의하면, 2011년 11월 현재 구글 크롬의 점유율은 25.69%로 파이어폭스(25.23%)를 제치고 2위

〈그림 2-2〉 구글의 산업생태계 구조

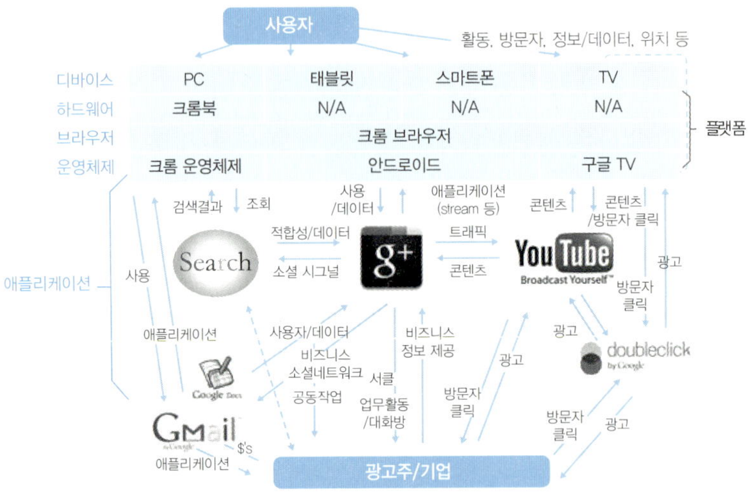

자료: Credit Suisse, 2011. 8.

로 올라섰으며, 1위인 MS 익스플로러를 빠르게 따라잡고 있는 상황이다. 2011년 3분기 안드로이드의 스마트폰 OS 점유율은 52.5%로 2위인 노키아의 심비안이 16.9%임을 감안할 때 적어도 스마트 기기에서는 구글 운영체제가 막강한 영향을 갖고 있음을 알 수 있다.4 구글의 산업생태계는 운영체제에서 끝나지 않고 이와 연동하여 웹 검색, 소셜네트워크 서비스인 구글플러스(g+), 유튜브(YouTube)를 이용한 동영상 서비스, 메일 서비스(Gmail), 게임 등의 다양한 애플리

4 IT 분야의 리서치 및 자문 회사인 가트너(Gartner) 자료.

〈그림 2-3〉 안드로이드 탑재기기를 이용한 로봇 제어

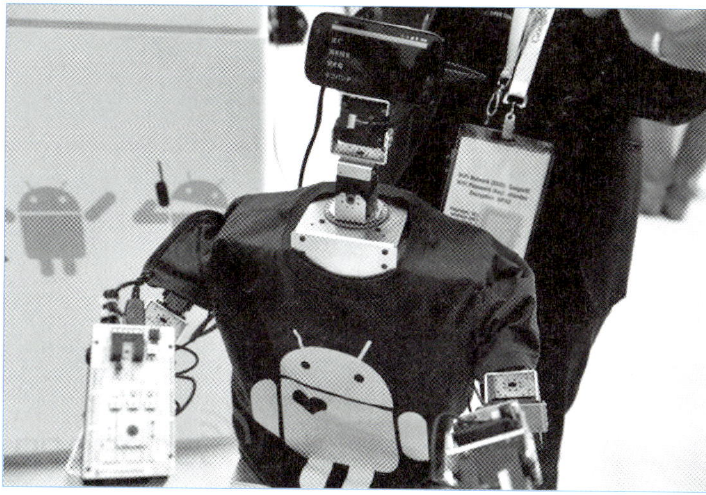

자료: 구글 이미지.

케이션을 소비자에게 제공하며, 클라우드 컴퓨팅 환경에서 애플리케이션들을 서비스하고 있다. 또한 구글은 2011년 '구글 I/O'(Innovation in the Open)에서 그간 오픈형 H/W 플랫폼의 선두주자였던 아두이노(Arduino)와 손을 잡아 오픈 S/W 안드로이드와 함께 다양한 결합을 기대하고 있다.[5]

이상의 구글의 사례에서 볼 때, 스마트 기술시대를 선도하는 생태

5 구글은 개발자 및 일반 사용자가 안드로이드로 제어하는 주변기기를 손쉽게 개발할 수 있도록 ADK(Accesory development kit)을 제공하였는데, ADK는 오픈소스 기반의 시스템 제어 프로세서(machine control unit)인 아두이노를 기반으로 함.

계의 특징은 강력한 플랫폼 리더십을 중심으로 관련 하드웨어 기기 및 애플리케이션이 하나의 산업생태계 군을 형성한다는 것이다. 구글은 운영체제를 무료로 배포해 손쉽게 시장을 장악하였고, 이에 따라 관련 기업들을 크롬 및 안드로이드 운영체제에 종속시켜 구글의 플랫폼에 다양한 서비스와 광고를 삽입함으로써 안정적 매출 구조를 구축하였다.

애플과 구글의 총성 없는 전쟁

스마트폰 혁명이 시사하는 점은 스마트 기기 시장에서 노키아와 같은 전통적인 강자의 몰락과 더불어 애플과 같은 새로운 경쟁자의 등장에 따라 산업생태계가 변하고 있다는 점이다. 스마트폰의 대명사인 애플은 PC 제조에서 출발하여 MP3로 고 성장세를 시현하는 과정에서 휴대폰, 태블릿 PC 영역까지 진출한 스마트 기기 업체로 성장하였다. 구글은 검색에서 운영체제(OS) 업체로 영역을 확대하는 동시에 휴대폰 제조업체인 모토로라를 인수하면서 스마트 기기 제조업까지 진출하였다. 과거 서로 분리된 영역에서 사업을 영위하던 두 거대 글로벌 기업은 이제 같은 시장을 두고 치열한 생태계 경쟁을 시작하였다.

애플 성공의 비밀: 스티브 잡스의 생태계

애플은 아이폰을 내놓으면서 많은 개발자들이 애플리케이션을 만들어 올릴 수 있는 온라인 장터인 앱스토어를 개설했다. 누구나 30%의 수수료만 애플에 주면 전 세계 아이폰, 아이패드 사용자를 대상으로 애플리케이션이나 콘텐츠를 팔 수 있다. 순식간에 개발자들이 몰려

들어 등록된 애플리케이션 수가 40만 개를 넘어섰다. 누적 다운로드 횟수는 2011년 초 100억 번을 돌파했다.

아이튠스 뮤직스토어(ITMS)는 앱스토어와 함께 애플이 가진 대표적인 콘텐츠 시장이다. MP3 플레이어인 아이팟을 판매할 때부터 운영하는 ITMS에서는 수십만 곡의 음악을 입맛대로 고를 수 있다. 한 번 내려받으면 아이팟은 물론 아이폰, 아이패드 등 모든 애플의 기기에서 평생 즐길 수 있다. 맥 PC뿐 아니라 IBM PC에서도 아이튠스를 설치하면 재생이 가능하다. 가격은 곡당 0.99달러로 비싼 편이다. 하지만 유통업체와의 공동 마케팅도 활발하다. 맥도널드에서 햄버거를 먹거나 슈퍼마켓 체인인 타깃(Target)에서 장을 보면 무료 다운로드권을 주는 식이다.

애플의 창업자인 스티브 잡스(Steve Jobs)는 PC 시장에서 매킨토시가 IBM 호환기종에 시장을 내주는 바람에 자신이 만든 회사에 쫓겨났던 경험이 있다. 윈텔(MS 윈도+인텔)로 상징되는 개방형 플랫폼으로 소프트웨어 개발자가 몰리면서 경쟁에서 밀린 것이다. 1996년 복귀한 잡스는 앱스토어로 모바일 분야의 주도권을 잡았다. 그는 "창의적인 애플의 생태계는 제조업체나 통신업체가 원하는 것만 만들어주는 온실(*walled garden*)과는 다르다"고 강조했다.

보통 애플이 애플리케이션을 팔아 돈을 벌었을 것으로 생각한다. 미국의 IT 전문 온라인 매체인 〈비즈니스 인사이더〉(*Business Insider*)에 따르면 애플은 앱스토어에서 유료 애플리케이션 1건을 팔 때마다

0.18달러의 이익을 낸다. 하지만 무료 애플리케이션 관리비용 등을 감안하면 앱스토어 운영으로 버는 이익은 미미한 수준이다. 하지만 앱스토어나 아이튠스를 사용하려면 애플 기기를 살 수밖에 없다. 애플은 결국 콘텐츠를 미끼로 하드웨어를 팔아 수익을 낸다.

애플의 하드웨어는 경쟁업체의 하이엔드 제품보다 낮은 가격을 붙인다. 예를 들어 아이패드를 499~829달러에 내놓았다. 1천 달러를 넘나들던 경쟁사의 태블릿 PC 가격은 순식간에 절반 수준으로 폭락했다. 대신 이익률이 낮은 저가품은 만들지 않는다.

애플의 제품 전략은 모델-T를 선보였던 초기 포드의 전략과 닮았다. 종류별로 1년에 한두 가지의 모델만 내놓는다. 부품은 삼성전자를 비롯한 한국, 일본, 대만 기업으로부터 사들인다. 모델별로 1천만 대 이상의 대량 주문을 하니 단가를 낮출 수 있다. 설계만 스스로 하고 생산은 대만의 폭스콘 등에 맡긴다. 다품종 소량생산이라는 현대적인 경영과는 거리가 먼 방식이다. 출시 주기가 길고 제품이 다양하지 못하다는 약점은 감성적인 디자인과 다양한 콘텐츠로 보완한다.

세계 최대의 온라인 광고업체, 구글의 도전

자사의 기기에서만 애플리케이션과 콘텐츠를 즐길 수 있는 애플과는 달리 구글은 OS에 관계없이 자사의 서비스를 제공하는 개방 정책을 취하는 것이 특징이다. 웹 기반이기 때문에 인터넷에만 연결할 수 있으면 대부분의 구글 서비스를 사용할 수 있다. 기본적인 웹 검색 외에도 구글은 지금까지 전자메일 서비스인 G메일, 온라인 지도 구글맵(Google Map), 사진 저장 서비스 피카사(Picasa), 동영상 공유 서비스인 유튜브 등을 공짜로 공개했다. 이어 음악 파일을 올려놓고 필요할 때마다 실시간으로 내려받아 들을 수 있는 구글 뮤직, 트위터와 페이스북을 합친 것 같은 소셜네트워크 서비스(SNS)인 구글 플러스 등도 시작했다. 이런 서비스는 안드로이드폰뿐 아니라 경쟁자인 애플의 아이폰에서도 잘 작동한다.[6]

사용자들은 따로 돈을 내지 않는 대신 구글 검색을 쓸 때마다 광고를 봐야 한다. 특히 키워드 광고 기법을 통해 구글을 통해 검색한 내용과 연관되는 광고를 보여준다. 필리핀으로 휴가를 가려는 사용자가 구글에서 '세부 호텔'을 검색하면 이와 관련된 세부행 항공권을 파는 여행사, 세부의 호텔·식당 등의 광고를 붙여주는 식이다. 네이버에 돈을 내면 일정 기간 배너나 팝업광고를 띄워주는 식의 기존 온라인 광고와는 달리 광고주들은 클릭 수에 따라 광고료를 내면 된다. 구글의 방식은 불특정 다수를 대상으로 한 광고보다 비용대비 효과가 매우 뛰어난 것으로 알려져 있다.

이처럼 애플은 자신의 콘텐츠를 기기 판매를 위한 미끼로 쓰는 반

6 심지어는 아이폰에 구글 검색을 비롯한 구글 서비스를 기본으로 넣기 위해 애플에 비용을 지불하고 있다. 규모는 알려져 있지 않지만 전문가들은 연 2억 달러 수준이 될 것으로 추산한다.

면, 구글은 사용자를 늘리는 당근으로 활용하는 것이다. 이를 통해 구글은 2011년 2분기에 90억 달러의 매출에 25억 달러의 이익을 올렸다. 매출 가운데 96%가 광고 수익이다. 미국 시장 조사업체 트레피스(Trefis)는 "구글은 미국에서 사용자들이 1천 번 검색할 때마다 20달러씩 벌고 있다"고 분석했다. 200달러짜리 스마트폰을 공짜로 줘도 사용자가 2년 동안 하루 14번씩만 구글 검색을 쓰면 손해 볼 일이 없다는 것이다.

이런 성향의 차이는 애플 앱스토어와 구글 안드로이드마켓에서도 나타난다. 핀란드 로비오(Rovio)에서 만들어 앱스토어에 0.99달러에 내놓은 인기게임 〈앵그리버드〉는 누적 다운로드가 1천만 번에 달했다. 게임 하나로 100억 원이 넘는 돈을 번 것이다. 로비오는 같은 게임을 안드로이드마켓에 광고가 들어간 무료 버전으로 풀어 6개월간 100만 달러의 광고 수익을 올렸다.[7]

구글, 제2의 애플이 되려나?

구글의 창업자 래리 페이지(Larry Page)는 1973년 미국 미시간 주의 유대인 가정에서 태어났다. 그는 1998년 친구인 세르게이 브린(Sergey Brin)과 함께 구글을 창업했다. 차례로 일선에서 물러난 55

7 구글은 광고 수익도 7(애플리케이션 개발자) 대 3(구글)으로 나눈다.

년생 동갑내기인 빌 게이츠와 스티브 잡스의 뒤를 잇는 38세의 페이지는 2011년 8월 15일 80년 역사의 모토로라 모빌리티를 125억 달러에 전격 인수하는 승부수를 던졌다. 이 가격은 당시 주가에 60%의 프리미엄을 얹은 파격적인 수준이다. 휴대전화와 셋톱 등을 제조하는 모토로라 모빌리티는 2011년 1월 모토로라에서 분리됐다. 통신 부품과 네트워크 부문은 모토로라 솔루션스로 남았다.

페이지는 "구글의 통신 특허를 강화해 MS · 애플의 공세에서 안드로이드를 보호하기 위해 모토로라를 샀다"며, "안드로이드는 지금까지와 마찬가지로 개방하고 모토로라에 특혜를 주는 일은 없을 것"이라고 강조했다. 1만 7천 개에 달하는 모토로라의 특허는 지적재산권 관련 소송에 시달리는 안드로이드 진영에 든든한 방패가 되리라는 설명이다.

구글이 얻은 특허는 안드로이드 진영에 큰 힘이 될 수 있다. 전략 컨설턴트인 체탄 샤르마(Chetan Sharma)가 1993년 이후 기업들이 미국과 유럽에 낸 이동통신 관련 특허 건수를 분석한 결과 윈도폰으로 손을 잡은 노키아와 MS는 각각 1만 개 안팎의 특허를 가진 강자였다. 1만 2천 건의 특허를 낸 삼성은 독자적으로 특허 소송에 대응할 수 있었지만 HTC 등은 속수무책이었다. HTC와 비슷한 수준이던 구글은 모토로라를 업고 단숨에 10위 안으로 도약했다.

하지만 구글의 모토로라 인수에 "드디어 구글이 휴대전화 제조에도 손을 뻗었다"는 반응이 나왔다. '제 2의 애플'이 되려고 한다는 분

〈그림 2-4〉 업체별 모바일 관련 특허 건수

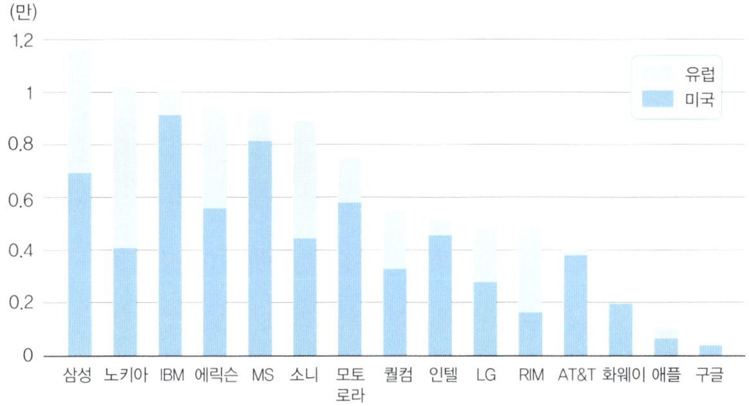

자료: 중앙일보, 체탄 샤르마 컨설팅 자료 재인용.

석이다. 휴대전화와 콘텐츠를 합쳐 큰 수익을 내는 대표적인 업체는 애플이다. 이 회사의 세계시장 점유율은 휴대전화 전체로는 4.6%(가트너, 2011년 2분기 기준)로 노키아·삼성·LG에 이어 4위에 그쳤다. 하지만 IT 전문 온라인 매체인 아심코(Asymco)에 따르면 애플은 전체 휴대전화 업계 매출의 28%, 이익의 66%를 쓸어 담았다. 이런 군침 나는 시장을 구글이 보고만 있을 이유가 없다는 것이다.

실제로 에릭 슈밋(Eric Schmidt) 구글 회장[8]은 최근 "(모토로라 인수가) 단지 특허 때문만은 아니다. 모토로라 브랜드와 기술자, 생산 구조를 사용하는 생산라인을 확보하게 돼 기쁘다. 모토로라 개발팀이

8 2011년 8월 창업자인 래리 페이지에게 CEO를 넘겨주고 회장으로 물러났다.

앞으로 환상적인 기기를 내놓을 것이라고 믿는다"고 말했다.

이 같은 움직임의 중심에는 '안드로이드의 아버지'로 불리는 앤디 루빈(Andrew Rubin) 구글 부사장이 있다. 〈월스트리트저널〉(WSJ)은 "구글의 모토로라 인수는 안드로이드 방어를 위한 특허 구축뿐만 아니라 하드웨어와 소프트웨어를 통합한 애플의 아이폰 전략을 도입하는 것도 포함하고 있다. 루빈이 이를 염두에 두고 모토로라와의 협상을 개인적으로 중재해 성사시킨 것"이라고 보도했다.

미국 투자업체 모건 키건(Morgan Keegan)의 분석가 태비스 매커트는 "모토로라가 삼성이나 다른 휴대전화 제조업체에 비해 약세인 유럽에서 유통 통로를 확대한 후 2~3년 안에 현재 개방형인 안드로이드 플랫폼을 폐쇄하는 방안을 찾거나 자사의 휴대전화에 다른 파트너들은 사용할 수 없는 기술을 도입하기 시작할 것"이라고 주장했다.

이 같은 일이 현실로 나타나면 구글이 애플·MS와 함께 휴대전화 시장을 좌우하는 '슈퍼스타'로 등장하고, 글로벌 휴대전화 제조업체들은 이들이 만든 플랫폼에 종속된 일종의 하청업체로 전락하게 될 것이다.

"나는 안드로이드다"

앞에서 지적했듯이 애플의 수익은 하드웨어 판매에서 나온다. 애플의 전략은 독자적인 OS에서 돌아가는 콘텐츠 생태계를 구축해 이를

〈표 2-2〉 급성장하는 모바일 광고시장

(단위: 억 달러)

구분	2009년	2010년	2011년	2012년(예측)	연평균성장률
세계시장	73.8	111.8	152.5	191.5	37.8%

자료: 프로스트&설리반, 스트라베이스.

즐기려면 애플의 제품을 살 수밖에 없는 구조를 만드는 것이다. 애플은 2011년 2분기에만 아이폰 2천만 대, 아이패드 9백만 대를 팔았다. 맥 PC까지 합치면 하드웨어 매출이 전체의 80%를 넘는다. 앱스토어를 통한 응용 프로그램 판매와 아이튠스를 통한 음원 판매의 비중은 다 합쳐도 20%에 미치지 못한다. 서버 운용비용 등을 감안하면 콘텐츠 판매로는 거의 이익을 내지 못했다. 돈은 하드웨어 판매로 번다.

반면 구글은 애플과 사업 모델이 다르다. 광고를 할 수 있는 플랫폼을 늘릴수록 수익도 늘어나는 구조다. 프로스트&설리번(Frost & Sullivan)에 따르면 2010년 111억 달러였던 세계 모바일 광고시장 규모는 2011년 152억 달러, 2012년에는 191억 달러로 연 평균 38%씩 성장할 전망이다. 구글이 이런 '집토끼'를 놔두고 스마트폰 제조에서 돈을 벌기 위해 안드로이드를 폐쇄형 플랫폼으로 전환할 이유가 없다는 분석이 나오는 이유다. 〈엔가젯〉, 〈기즈모도〉 등 온라인 IT 전문 매체들은 "구글은 안드로이드 진영을 더 크게 만들어 광고수익 확대를 노리는 것이 모토로라를 살려 단말기 판매로 수익을 늘리는 것보다 더 이득일 것"이라고 논평했다.

마이크로소프트 제국의 역습?

전통의 명가 MS의 행보도 관심거리다. 앱 중심의 애플, 웹 기반의 구글과는 달리 MS의 강점은 윈도와 오피스로 대표되는 PC 기반의 생태계가 튼실하다는 점이다. 스마트폰에서도 MS는 기존 윈도 모바일을 포기하고 새로운 플랫폼인 윈도폰 7을 들고 나왔다. 윈도폰은 애플처럼 하드웨어 제조까지 직접 손대지는 않는다. 구글처럼 플랫폼을 개방하지도 않는다. 엄격한 표준에 따라 삼성전자, HTC 등에서 윈도폰을 만들게 한다. PC와의 연동성을 극대화해 윈도 사용자들이 쉽게 윈도폰에 적응하도록 유도하는 형태다. 애플과 구글의 중간 정도인 셈이다.

MS의 윈도폰은 시장 대응이 늦어 스마트폰 세계시장 점유율이 1% 수준에 머무르고 있다. 삼성의 독자 플랫폼인 바다보다도 점유율이 낮다. 하지만 MS가 이대로 주저앉을 것으로 보는 전문가는 거의 없다. 노키아와의 제휴를 통해 기존에 심비안이 가진 시장을 차지하겠다는 전략이다. 빠른 속도로 성장하는 안드로이드의 가장 큰 경쟁자는 여전히 윈도폰이다. 최근 MS는 태블릿과 PC에서 모두 쓸 수 있는 새로운 OS인 윈도 8을 내놓았다. PC에서 하던 작업을 스마트폰과 태블릿에서도 그대로 할 수 있도록 만드는 것이 MS의 목표다.

하지만 직접 단말기를 만들지 않는 MS 입장에서 노키아에서만 윈도폰을 제조하는 것은 바람직한 상황이 아니다. 삼성과 HTC 등 우군을 많이 확보해야 한다. 결국 같은 스마트폰 제조업체를 구글과 MS가 유혹하는 형태다. 안드로이드가 폐쇄 모델로 돌아설 경우 스마트폰 제조업체들은 MS와 협력을 강화할 것이다. 모바일 시장이 '애플 vs 구토로라(구글 + 모토로라) vs 마이크로키아(MS + 노키아)'의 폐쇄 플랫폼 대결로 갈 가능성은 희박하다고 보는 이유다.

HW vs SW

스마트 기술시대를 선도하는 글로벌 기업들이 건강하고 경쟁력 있는 산업생태계를 구축할 수 있었던 근본적인 이유는 무엇일까? 앞서 구글의 사례에서 볼 때, 그들이 경쟁력 있는 생태계를 구축할 수 있었던 핵심 요인은 오픈형 운영체제 기반의 플랫폼 리더십으로 하드웨어 기업과 애플리케이션 개발자 모두를 자신의 플랫폼에 연결시킨 전략이다. 〈그림 2-5〉는 스마트폰의 구조를 하드웨어와 소프트웨어로 구분한 것으로서 맨 아래 하드웨어 부품 공급자부터 맨 위 애플리케이션 개발자까지 도식화되어 있다. 흥미로운 점은 애플, 구글, MS는 모두 공통적으로 〈그림 2-5〉의 OS Kernel에 핵심 역량을 갖고 있다는 것이다. 물론 애플의 운영체제인 iOS는 폐쇄형(*closed*) 운영체제로 구글의 개방형(*open*) 안드로이드와 정반대의 특성을 갖고 있지만 양쪽 모두 장단점이 뚜렷하여 치열한 생태계 경쟁을 하고 있는 상황이다.

〈표 2-3〉는 하드웨어 중심 기업과 소프트웨어 중심 기업의 수익성 변화를 극명하게 보여주는데, 2007년 이후 스마트 기술시대가 본격적으로 도래하면서 소프트웨어 경쟁력을 가진 구글과 애플이 막대한 수익을 창출해왔음을 알 수 있다. 이는 IT 산업의 수익과 경쟁력 원

〈그림 2-5〉 스마트폰의 HW/SW 구조

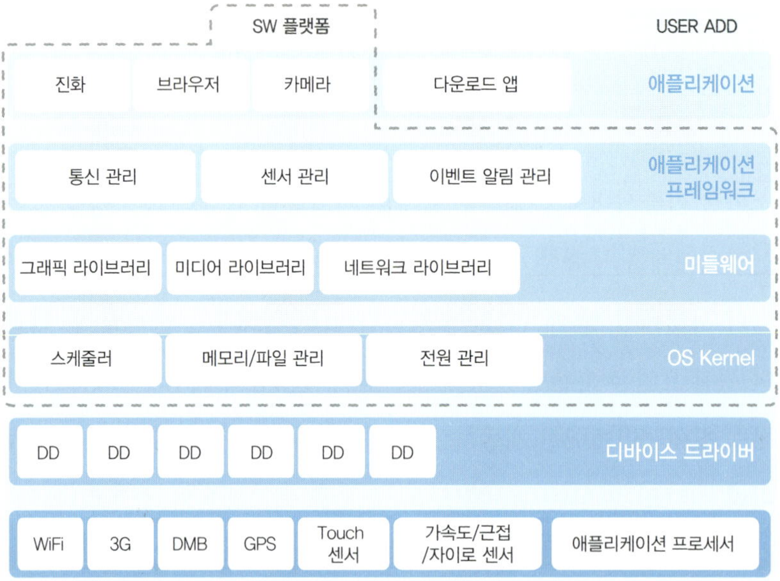

자료: 전자부품연구원 내부자료.

〈표 2-3〉 주요 하드웨어 중심 기업 및 소프트웨어 중심 기업의 성장

(백만 달러, 당기순이익)

구분	2007년	2010년	연평균 성장률
DELL	2,947	2,635	-3.7%
Lenovo	160	129	-7.0%
Microsoft	14,065	18,760	10.1%
Google	4,204	8,505	26.5%
Apple	3,495	14,013	58.9%

자료: 전자부품연구원 내부자료.

〈표 2-4〉 벼랑 끝에 몰린 일본 전자업체

기 업	내 용
SONY	주력인 TV사업 부문에서 4분기 연속 적자
Panasonic	TV사업에서 11분기 연속 적자
TOSHIBA	반도체 부문 2분기 영업이익, 전년 동기 대비 84% 급감
ELPIDA	3분기 매출 전년 동기 대비 33% 감소, 영업적자 비율 70% 초과
Nintendo	주력제품 '3DS'의 부진 등으로 2분기 377억 엔 손실

자료: 〈니혼게이자이〉, 2011.

천이 하드웨어 중심에서 소프트웨어 중심으로 이동했음을 의미하며, 소프트웨어가 수익과 경쟁력을 결정하는 핵심임을 뜻한다. 휴대폰 시장의 경우 하드웨어 제조기반의 경쟁에서 운영체제, UI, 애플리케이션 등 소프트웨어 콘텐츠가 휴대폰 경쟁력을 좌우하게 되면서 스마트폰 시장이 폭발적으로 증가하였다.

일본 역시 예외가 아니다. 1980년대 이후 세계 IT 산업을 선도하던 일본 전자기업들이 흔들리고 있다. 세계 100대 IT 기업 내 일본업체 수는 1997년 37개에서 2006년 27개로 감소하였으며, 2010년에는 16개에 그쳤다. 하드웨어 성능 중심의 일본 IT 제품들은 새로운 콘텐츠의 상시 확보가 용이한 네트워크 제품에 시장을 내주었고, 특히 일본의 글로벌 IT 기업들은 소프트웨어의 경쟁력이 산업생태계를 주도하는 패러다임에 적응하지 못한 것으로 보인다.

〈그림 2-6〉에서 보듯이 1990년대를 정점으로 일본 업체들이 경쟁력을 보유한 전기전자 부품, 가전 부분에서 하드웨어 분야의 감소가

<그림 2-6> 산업분야별 IT 산업 시가총액 상위 100대 업체 비중 추이

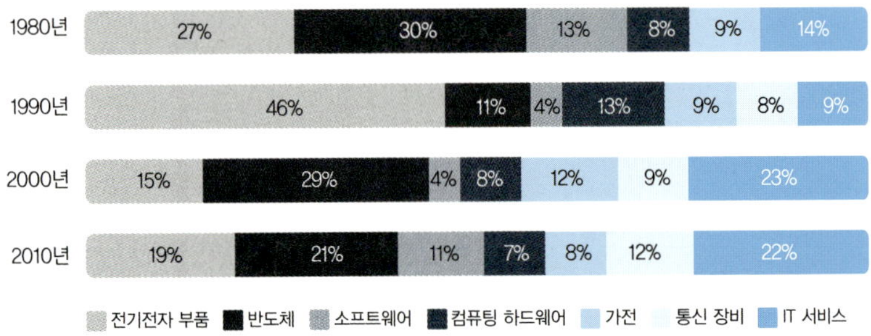

자료: 정보통신산업진흥원(2010).
주: 자료 기준일은 각 연도 12월 31일.

뚜렷하게 나타났다. 정보통신산업진흥원(2010)의 조사에 의하면, 1980년 100대 기업 중 14개였던 소프트웨어 기업은 2010년 34개로 증가하였고, 구글, MS, 오라클(Oracle), 인포시스(Infosys), 이베이(eBay) 등 소프트웨어·IT 서비스 기업들은 시가총액 순위가 지속적으로 상승하는 추세를 보였다. 결론적으로 IT 산업의 무게 중심은 지난 30년 동안 하드웨어에서 소프트웨어로 이동해왔으며, 무엇보다 중요한 점은 스마트 기술시대의 산업생태계에서 운영체제를 비롯한 소프트웨어 분야가 생태계의 주도권을 쥐고 있다는 것이다.

스마트 기술시대의 소프트웨어는 다음과 같은 3가지 유인으로 생태계 구축에 기여하고 있다.

첫째, 하드웨어 기기의 모바일화 및 관련 소프트웨어의 오픈 소스를 통해 다양한 중소 및 개인 사업자의 소프트웨어 시장 참여기회가 확대되었고, 스마트폰의 급성장과 더불어 시장참여 기회가 더욱 확대되었다. 특히 안드로이드와 같은 모바일 운영체제나 애플의 앱스토어를 통한 소프트웨어 산업의 성장은 생태계 구축의 핵심 요인이었다.

둘째, 클라우드 컴퓨팅을 통해 모든 정보통신 자원들이 서비스화하면서 생태계 내에서 소프트웨어의 역할이 중요해지고 있다. 특히 소프트웨어의 서비스화(SaaS)는 비용 절감 및 확장성의 장점으로 점차 그 영향력을 확장하고 있으며, 하드웨어보다 네트워크와 그와 연동되는 웹상의 소프트웨어가 중요시되고 있다.

셋째, 다양한 산업에서 점차 모든 하드웨어가 자동화 및 모바일화하며, 그것을 제어하고 효율적으로 관리하는 임베디드(*embedded*) 소프트웨어의 활용 범위가 확장됨에 따라 소프트웨어 경쟁력을 가진 기업의 생태계 내 영향력이 점차 커질 것으로 예상된다. 특히 의료, 우주·항공, 항만, 자동차, 건설 등의 산업에서 소프트웨어의 원가 비중은 지속적으로 증가할 것이다.

실리콘 밸리에서 배운다

스마트 기술시대의 산업생태계를 주도하는 국가는 미국으로, 스마트폰 및 클라우드 컴퓨팅 이슈에서 미국 글로벌 기업들이 초강세를 보이고 있다. 과잉투자로 인한 IT 버블의 붕괴, 서브프라임 위기 등의 충격에도 불구하고 결국 미국이 스마트 IT 산업을 주도할 수 있었던 가장 큰 원동력은 균형 있고 건전한 산업생태계 구축에 있다.

맥킨지(Mckinsey 2011)는 미국이 세계 인터넷 수입의 30% 이상, 순이익의 40% 이상을 차지하여 인터넷 공급생태계를 주도하며, 다양한 수입 구조를 갖춘 균형 있는 인터넷 생태계를 유지하였음을 보고한 바 있다. 수익창출의 가장 큰 비중을 차지하는 하드웨어(42%)에서는 국제표준을 통한 고부가가치화와 감성적 디자인에 주요 역량이 집중되어 있으며, 정보 서비스(28%) 분야에서는 오픈소스 운영체제, 오픈 플랫폼을 활용하여 시장을 창출하고 있다. 또한 버라이즌(Verizon), 디즈니(Disney), CNN 등의 기업으로 대표되는 네트워크·콘텐츠(30%) 분야에서는 비즈니스 모델의 혁신적·창의적인 개발환경이 주요 경쟁력으로 꼽히고 있다.

무엇보다, 미국 IT 산업생태계의 원동력은 '보이지 않는 미래에 대한 도전적인 문화'와 '자유분방하고 개방적인 개발환경'에 의해 구축된 벤처생태계이다. 특히 실리콘 밸리는 풍부한 유동성을 바탕으로 소프트웨어와 신기술 분야에서 수많은 글로벌 선도기업을 창출하고 있는데, 실리콘 밸리가 속한 캘리포니아 주의 소프트웨어 기업 수는 미국 전체 소프트웨어 기업의 15.9%인 26,459개이고 실리콘 밸리의 소프트웨어 엔지니어 고용 및 평균 연봉은 세계 최고 수준이다.

2011년 8월 현재 실리콘 밸리 상위 6대 기업(시스코, 애플, 인텔, HP, 오라클, 구글)의 현금성 자산만 1,500억 달러가 넘는 것으로 추정되며, 2010년에는 무려 420건의 M&A가 발생하기도 하였다. 실리콘 밸리 생태계에서는 기업 간 협력 네트워크가 매우 긴밀하여 관련 업종 간 클러스터를 형성해 SNS, 휴대폰, 클린테크(*Clean Tech*) 등의 분야에서 기술선점을 위해 협력하고 있고, 10여 개 안팎의 중소기업끼리 기술완성도를 높이기 위해 상호금융지원 등 네트워크 연계가 강화되고 있다.

이처럼 미래 산업의 생태계 조성을 위한 벤치마킹에 있어서 미국의 실리콘 밸리처럼 많은 것을 가르쳐주는 곳도 없는 듯하다. 실리콘 밸리는 그 역사도 알려진 것보다 훨씬 깊으며, 신생 기업이 생겨나고 여기에 투자하는 벤처 캐피탈들도 중요하지만 그 이상으로 역사 속에 묻어나는 실리콘 밸리 특유의 문화를 가지고 있다. 이를 이해하지 못하고 일부 시스템과 정책, 제도만을 흉내 낸다면 전 세계의 여러 나라와 마찬가지로 실패할 가능성도 높다.

실리콘 밸리 역사의 시작

캘리포니아의 북부 샌프란시스코 만(灣)의 남부에 위치한 실리콘 밸리는 초창기에 스탠퍼드 대학을 중심으로 주변의 라디오와 TV, 그리고 군에 납품하던 여러 전자부품 회사들을 중심으로 성장을 하였다. 1940~50년대에 스탠퍼드 대학의 공대 학장을 지낸 프레데릭 터만(Frederick Terman)은 교수들과 학생들의 창업을 장려하였는데, 이런 정책 속에 성장한 대표적인 회사가 HP(Hewlett-Packard)이며, HP를 실리콘 밸리를 대표하는 첫 번째 벤처로 보는 시각이 우세하다.

그러나 실리콘 밸리의 역사에 대해서는 훨씬 이전부터 시작된 탐험의 문화와 역사를 제시하는 학자도 있다. 〈그림 3-1〉은 UCSF(University of California, San Francisco)의 카를로스 바라델로(Carlos S. Baradello) 교수의 실리콘 밸리 개요에 대한 강연 슬라이드를 재구성한 것으로, 그는 통상적으로 실리콘 밸리의 시작으로 여기는 1910년 진공관과 관련한 기업들과 이를 테스트하는 장비와 마이크로웨이브 관련 회사들이 등장한 시기 이전에, 1840년대 골드러시와 함께 나타났던 수많은 다양한 형태의 기계적인 도구 회사들의 등장과 그 이후의 부동산 및 농업이 결합한 독특한 산업의 탄생을 포함하여 서부 개척시대의 탐험정신이 결국 현재의 실리콘 밸리로 이어진 것이라고 주

〈그림 3-1〉 실리콘 밸리의 역사

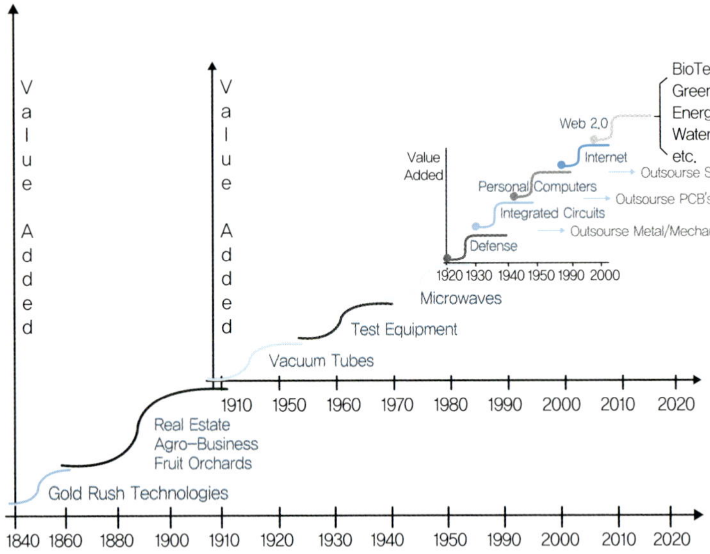

자료: UCSF 카를로스 바라델로 교수의 강연 슬라이드 재구성.

장하였다.

일반적으로 인정하는 실리콘 밸리 최초의 벤처기업인 HP의 뒤를 이어 수많은 반도체와 전기/전자 하이테크 회사들이 나타나면서 오늘날까지도 실리콘 밸리는 세계를 대표하는 기술 중심지가 되었다. 그중에서도 1953년 벨 연구소를 떠난 쇼클리(William Shockley)는 트랜지스터를 게르마늄보다 실리콘으로 만드는 것이 낫다는 확신 속에 1956년 쇼클리 반도체 연구소를 창업하여 여러 연구를 진행하였다. 비록 그의 뜻은 이루지 못했지만 이 회사의 엔지니어 8명이 창업한 페어차일드 반도체(Fairchild Semiconductor), 그리고 그중에서 로버트 노이스와 고든 무어가 창업한 인텔로 그 뿌리가 이어지면서 실리콘 밸리의 신화는 가속되었다.

시스코(Sysco), 오라클, EA, 애드몹(Admob), 자포스(Zappos) 등이 있다. KPCB에 비해 IT 분야에 집중적으로 투자하는 편이다.

이러한 벤처 캐피탈 투자는 실리콘 밸리를 지탱하는 가장 중요한 버팀목으로 2010년 현재 실리콘 밸리 지역의 벤처 캐피탈 투자는 1,027건에 90억 6,530만 달러 규모로 미국 전체 벤처 캐피탈 투자의 29.8%에 달한다.

플러그 앤 플레이 테크센터

벤처의 요람 실리콘 밸리의 수많은 창업 인큐베이터 중 대표적인 곳은 Y-콤비네이터(Y-combinator)이지만 플러그 앤 플레이 테크센터(Plug and Play Tech Center) 역시 이에 못지않게 큰 규모를 자랑한다. 2006년 1월 설립되어 300개가 넘는 회사가 플러그 앤 플레이 테크센터를 거쳐 갔으며, 170여 개의 투자사와 파트너십을 통해 입주기업의 창업 및 성장을 지원하고, 대학, 기업과도 파트너십을 구축하여 투자유치를 적극적으로 돕고 있다. DFJ, 세콰이어, 케이넌(Canaan) 등의 세계적인 벤처 캐피탈이 협력하고 있으며, 아미자드(Amidzad)[1]라는 별도의 내부 벤처 캐피탈을 통해 영리 사업을 진행하고 있다.

Y-콤비네이터가 자국의 창업기업에 집중하는 반면 플러그 앤 플레이 테크센터는 전 세계를 대상으로 창업기업을 지원하는 것이 특징이다. 입주를 위해서는 아이디어나 기술에 대한 까다로운 심사와 비용 지불이 필요하지만, 플러그 앤 플레이 테크센터에서 후원하는 창업대회에서 수상을 하는 것도 한 방법으로 'Accelerator 2010'(싱가포르),

1 아미자드는 페이팔, 멜로디스 등에 투자해 큰 수익을 얻었으며, 미국에서 가장 주목받는 기업 중 하나인 드롭박스(Dropbox)에도 투자함.

〈그림 3-2〉 플러그 앤 플레이 테크센터 구조

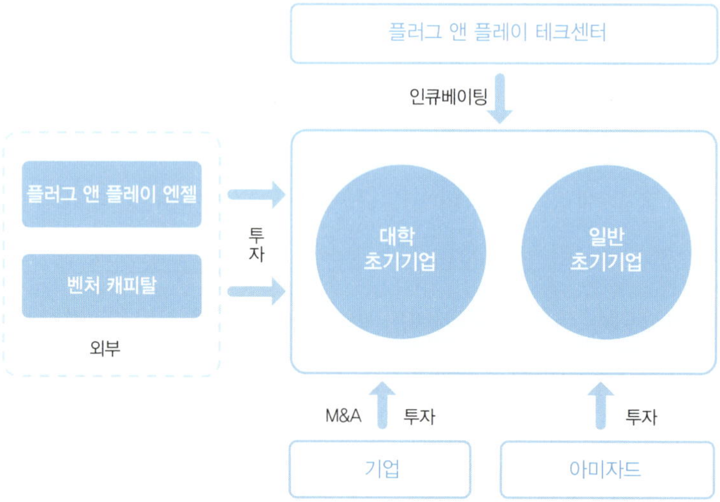

자료: KVIC 자료 재인용.

'G-startup competition 2011'(중국) 등의 대회에서 수상한 회사들에게 무료로 3개월간 오피스 사용 권한을 제공한 바 있다.

플러그 앤 플레이 테크센터는 입주 기업들이 실리콘 밸리의 벤처캐피탈과 연계되도록 다양한 이벤트를 거의 매일 진행하는데, 투자자 및 업계 관계자에게 자신의 아이디어를 발표할 수 있는 'Plug and Play Expo'와 창업기업이 서로 네트워킹하면서 강의를 듣는 '창업 캠프' 등이 대표적이다.

이미 세계적인 기업으로 성장한 페이팔, 데인저(Danger), 빅스(Bix), 파워셋(Powerset), 센도리(Sendori) 등 플러그 앤 플레이 테크

〈그림 3-3〉 2010년 플러그 앤 플레이 테크센터 M&A 대표사례

자료: 플러그 앤 플레이 테크센터 내부 발표자료, 2011.

센터는 수많은 성공사례를 갖고 있다. 아이폰 앱스토어에서 큰 인기를 얻었던 앱 '미도미'(Midomi)[2]로 유명한 기업인 멜로디스(Melodis)는 4명의 스탠퍼드 박사과정 학생이 설립하여 플러그 앤 플레이 테크센터의 도움을 받아 1,200만 달러 규모의 회사로 성장하였으며, 소셜네트워크에서 소개팅 대상자를 추천해주는 서비스로 3천만 달러의 투자를 받은 주스크(Zoosk)도 플러그 앤 플레이 테크센터의 작품이라 할 수 있다.

2 음성기반 노래검색 기술을 기반으로 허밍 등을 통해 원하는 음악을 검색해주는 애플리케이션.

실리콘 밸리의 문화코드를 이해하라

실리콘 밸리를 이해하기 위해서는 역사와 신생 기업과 벤처 캐피탈의 관계도 알아야 하지만, 이 지역에서 도도히 흐르는 문화적인 코드를 반드시 이해해야 한다. 그중에서도 이들의 문화를 가장 잘 나타내는 행사가 바로 버닝맨(Burning Man)이다.

버닝맨이 열리는 블랙락 사막은 샌프란시스코 근처 네바다의 리노(Reno)라는 도시에서 약 2시간 정도 더 가면 있다. 이 사막의 버닝맨이 있는 주변 지역은 1주일 동안 네바다 주에서 가장 커다란 도시가 된다. 그리고 나서 흔적도 없이 사라지는 것이다. 이를 블랙락 시티라고 하는데, 1주일 동안 믿을 수 없을 정도의 대단한 빌딩과 구조물의 설치가 이루어진다. 이곳에 모인 모든 사람들의 창의성과 머릿속에 들어 있던 야망을 불태우는 것이다. 이런 활동에 상업적인 회사의 입김은 얼음과 커피를 사는 것 이외에는 전혀 들어올 수 없다.

학교를 다니면서 이상한 아이로 취급받거나 직장 등에서도 사이코로 불렸던 사람들도 여기에서만큼은 모두 너무나 평범한 사람들로 느껴질 정도로 이곳에는 독특한 사람들이 많다고 한다. 예술가들과 창의력이 넘치는 사람, 정열적인 음악가와 엔지니어 등 각계각층의 사람들이 사막에 모여서 무엇을 하는 것일까? 블랙락 사막 한가운데에는 커다란 사람이 있고, 이 사람은 모든 사람들을 환영하고 즉석에서 모여든 커뮤니티를 쳐다보고 있다.

사막의 뜨거운 열기는 몸을 혹사시키고, 계속 물을 먹어야 할 정도로 힘이 든다. 또한 자외선 차단제를 듬뿍 바르고, 충분한 음식과 물, 그리고 자신을 열사의 태양으로부터 대피시킬 피난처 등을 직접 확보해야 함에도 수많은 사람들은 이곳으로 모여든다. 이들은 모여서 함께 새로운 것을 창조해낸다. 버닝맨 참가자의 누구도 관객이 아니다. 이들은 모두가 참가자들이며, 새로운 세계를 같이 만든다. 피난처도 같이 만들고, 필요한 물품들을 즉석에서 구하기도 하고, 차량을 장식해서 예술활동에 동참하기도 한다. 짚으로 된 모자를 쓰고, 처음으로 남자가 치마를 입어보기도 한다. 그리고 모두들 같이 버닝맨을 위해 즉석에서 만들어진 라디오 방송국의 방송을 듣는다. 자동차와 오토바이를 눈을 감고 마음껏 몰아보기도 하고, 치즈 샌드위치를 그릴에 구워먹는 것과 같이 생전 처음 먹어보는 음식을 맛본다.

토요일 밤에는 사막 한가운데에서 사람들을 맞아준 커다란 사람을 불태우는데, 이 불타는 사람을 중심으로 거대한 원을 그리면서 대단한 캠프파이어를 경험한다. 개인에게도 엄청난 경험이지만, 수많은 사람들과 새롭게 하나가 되는 커다란 경험을 부여하는 것이 바로 이 버닝맨 행사이다. 행사가 끝나고 집으로 돌아갈 때면, 이곳에는 아무것도 남지 않는다. 며칠 동안 같이 만든 모든 것을 다시 부수고 태운 후 돌아가는 것이다. 일부 자원봉사자들이 남아서 몇 주간 이전의 사막과 똑같은 상태로 복원하고 돌아가는 것으로 이 행사가 완전히 끝난다. 그렇지만 버닝맨의 기억과 이 행사에서 맺어진 인연과 네트워크는 계속 발전한다. 새로운 세상을 같이 만들어본 사람들과의 경험을 공유하는 것이다. 이를 버닝맨 커뮤니티라고 한다.

버닝맨은 1986년 샌프란시스코의 해변 파티에서 기원을 했다고 한다. 그러다가 어느 순간 네바다의 가장 깊숙한 사막으로 장소를 옮기게 되었는데, 초기에는 최근의 버닝맨 행사보다 훨씬 거칠었다고 한다. 규칙도 없었고, 차를 타고 가면서 총을 쏘기도 하는 위험한 무법천지에 가까웠지만 이제는 안전과 질서를 위한 많은 장치들과 자원봉사자들에 의해 안정화가 되었다. 그렇지만, 여전히 이들이 가진 기본적인 개방성의 정신은 그대로 남아 있다. 버닝맨 주간이 되면, 샌프란시스코와 실리콘 밸리 지역의 인구가 줄어든 것을 느낀다고 한다. 평소보다 차량도 적고, 주차장 공간도 비교적 여유가 있다.

일주일 동안 몇 개의 신문사와 수십 개의 라디오 방송국이 생기며, 테마 캠프 수백 개가 즉석에서 만들어지는데, 원하는 곳에 참여해서 다양한 경험을 해볼 수 있다. 이곳에는 실리콘 밸리의 무수한 회사들의 직원들이 참가해서 새로운 세상을 만드는 작업을 같이하며, 이곳에서 새로운 문화를 몸속 깊이 체험한다.

버닝맨의 문화는 개방(*openness*)과 창조성(*creativity*), 자기조직(*self-organization*), 공유(*sharing*), 그리고 혁신(*innovation*)이라는 실리콘 밸리의 가장 중요한 문화와 그 맥이 닿아 있으며, 서로에게 셀 수 없을 정도의 영향을 주고받으면서 커졌다. 실리콘 밸리의 오픈소스 운동의 아이디어는 바로 버닝맨의 개방형 협업에서 기원하였다고 한다.

이와 같이 버닝맨은 실리콘 밸리 신화의 가장 중요한 숨겨진 요체의 하나이다. 에릭 슈미트가 래리 페이지와 세르게이 브린에게 낙점을 받게 된 가장 커다란 연결고리 역시 버닝맨이었다는 것 또한 널리 알려진 사실이다. 거대한 플라야(*playa*, 광장)는 방대한 인터넷과도 같이 느껴지는데, 다른 의미로는 엄청나게 커다란 캔버스이자 사람들의 창의력을 발산시키는 플랫폼이다.

실리콘 밸리의 성공은 버닝맨의 문화를 이해하지 못하면 설명할 수 없는 부분이 많다. 실리콘 밸리를 벤치마킹할 때에는 이런 문화를 이해해야 한다. 우리가 미래의 산업생태계를 설계하고 이를 추진할 때에도 버닝맨과 똑같지는 않더라도, 새로운 창의성을 주입하고 모두가 같이 공유하고 개방하며 나누는 어떤 문화적인 이벤트가 필요하다. 세상은 언제나 공부하고 비즈니스만을 한다고 바뀌는 것이 아니며, 살아가는 의미도 그런 것에만 있는 것은 아니다. 우리에게도 새로운 문화의 활력소가 필요하다.

실리콘 밸리 기업인들의 사회에 대한 시각

실리콘 밸리의 문화와 함께 이런 문화 속에서 성공한 기업인들의 사회에 대한 시각도 다른 나라나 미국의 다른 지역의 성공한 기업인들과는 차이가 있다. 일부의 예외가 있기는 하지만, 실리콘 밸리에서 이른바 뜨는 젊은 스타 기업인들은 전통적인 사람들의 성공 방정식을 받아들이지 않는다. 흔히 성공한 사람들은 스포츠카와 요트, 그리고 화려한 집을 내세우면서 자신들의 부와 성공을 외부에 과시하곤 하는데, 실리콘 밸리에서는 다른 곳에서보다 자신들의 성공과 부에 대해서 사회적 이유와 실리콘 밸리 특유의 신생 기업 환경의 공으로 돌리고, 이런 사회적인 변화에 일조하는 것이 또한 진정한 부라고 생각하는 사람들이 많다.

마크 주커버그(Mark Zuckerberg)와 함께 페이스북을 창업한 더스틴 모스코비츠(Dustin Moskovitz)는 〈포브스〉에 따르면 세계에서 가장 어린 억만장자이다. 그는 아마도 자신이 원하는 어떤 멋진 집이든 살 수 있겠지만, 그는 현재 샌프란시코의 허름한 콘도에서 산다. 그는 새로 시작한 회사인 아사나(Asana)로 출근할 때에도 유일한 차인 폭스바겐 R32 해치백을 차고에 내버려두고 자전거를 타고 간다. 그리고 이미 많은 돈을 자선재단에 기부하였으며, 이미 마크 주커버그와 같이 자신이 평생 동안 쌓게 될 부를 모두 기부할 것이라고 공언하였다. 모스코비츠는 〈LA 타임즈〉와의 인터뷰에서 다음과 같이 말한 바 있다. "물질은 행복을 가져다줄 수 없습니다. 저는 저 자신이 비싼 물건들을 소유하고, 그런 것들에 둘러싸인 모습을 상상해보았는데, 그런 것들이 저의 인생을 의미 있게 만드는 데 아무런 도움이 되지 않는다는 결론에 도달했습니다."

마크 주커버그도 모스코비츠와 크게 다르지 않다. 그는 최근까지도 매우 작은 아파트에서 매트리스 한 장을 깔고 살았고, 심지어는 초고속 통신망도 없이 전화 접속 인터넷을 집에서 이용했다고 한다. 그는 많은 사람들이 타고 다니는 평범한 아큐라(Acura)를 타고 다니며, 지난해에는 1억 달러를 뉴저지 주 뉴어크(Newark) 시의 공립학교들을 돕기 위해서 선뜻 기부하기도 했다.

물론 이런 행동들에 대해 위선적이라고 생각하는 사람들도 있다. 그렇지만, 이들뿐만이 아니라 실리콘 밸리의 많은 젊은 기업가들의 상당수가 비슷한 이야기를 한다는 점에서 이들이 다른 종류의 생각과 가치관을 가진 것이라고 생각하는 것이 옳을 듯하다. 그들은 사회적 지위에 전혀 관심이 없는 것이 아니라, 과거와는 다른 방식으로 사회적 지위를 찾는 것이다. 그들은 좋은 물건이나 눈에 보이는 부(富)의 상징들과 훌륭한 몸과 같이 물질적인 부를 기준으로 지위를 결정하는 것들에 관심을 가지기보다는 인큐베이터에 펀드를 주거나, 다양한 나라들을 여행하면서 사회적 문제를 해결하는 것에 더욱 높은 가치를 부여한다. 이는 해커들이 가진 해커 정신과도 일맥상통하는데, 해커들은 자신들의 외모나 옷과 집의 치장, 그리고 남들이 우러러볼 정도의 미인들과 사귀는 것에 큰 관심이 없다. 그들은 과거의 관점에서 볼 때에는 정말 어이없는 곳에 돈을 쓰곤 한다.

실리콘 밸리에서는 성취를 그들이 쌓아올린 것으로 평가하지, 그들이 사는 것으로 평가하지 않는다. 그보다는 어떻게 자유를 누리면서 독립적으로 많은 사람들에게 줄 수 있는 가치를 쌓을 것인지에 대해서 고민한다. 이런 사고방식을 가진 많은 젊은이들이 있기에 실리콘 밸리에서는 언제나 새로운 가능성을 가진 이들이 기회를 얻는다. 서로 나누고, 그 가치를 다시 사회에 환원하는 그들의 문화는 또 다른 신생 기업에게 기회를 부여한다. 다행히 우리나라에도 최근 1세대 벤처로 성공하여 실리콘 밸리와 같이 후배들을 키우기 위한 다양한 활동에 나선 분들이 점점 눈에 많이 띈다. 이들의 후원으로 새로운 신생 기업이 발굴되고 성장할 수 있다면 우리나라에서도 실리콘 밸리와 같은 혁신적인 신생 기업이 자라날 수 있는 선순환의 고리가 만들어질 수 있을 것이다.

해외로 퍼져 나가는 실리콘 밸리 DNA

전 세계의 정부들이 어떻게 하면 실리콘 밸리와 같은 곳을 자국에 만들 수 있을지 고민한다. 그래서 테크노파크와 같은 곳들도 만들어보고, 대규모 투자를 통해 건축도 하지만 실리콘 밸리와 같은 곳은 잘 나오지 않는다. 문제가 무엇일까? 일단 이들의 노력을 보면 대략 인프라로서 테크노파크와 같은 건물을 지어주고, 조세 혜택을 주어서 기업들의 입주를 촉진하고, 벤처 캐피탈과의 연계를 통해 돈이 들어오도록 유도한다. 얼핏 보기에 맞는 처방처럼 보인다. 그런데 뭐가 문제일까?

앞서 설명한 바와 같이 문제는 기술이나 돈이 아니다. 대부분의 정부지원 클러스터 사업들을 보면 부지와 건물, 대학을 연계하고 벤처 캐피탈을 들어오게 하며, 사무행정이나 법률 등의 인큐베이팅 서비스를 우대해서 진행하는 경우가 많다. 그런데 사업은 생각보다 지지부진하다. 문제는 가장 중요한 우수한 기업가들과 혁신적인 생각을 가지고 있는 젊은 친구들이 들어오지 않는 것이다.

이런 독특하고 똑똑한 사람들이 한 데 모이게 만들고, 이들의 네트워크를 결성하는 것에서 실리콘 밸리와 유사한 문화가 만들어지기 시작할 수 있다. 또한, 이들은 서로가 서로에게 위험을 감수하고 개방을 하는 가장 중요한 DNA를 전파하게 된다. 여기에 적절한 멘토들이 자신들의 경험과 외부사회와의 연결을 담당할 수 있게 된다면 이들이 커져나가는 뒷받침이 될 수 있다. 또한, 커다란 벤처 투자가 아니라 작은 일을 시작할 수 있는 아주 작은 규모의 자금이라도 쉽게 융통할 수 있게 한다면, 일부의 성공을 거둔 다음에나 가능한 큰 규모의 벤처 캐피탈 투자를 기다리며 사업계획서를 만들고, 서비스를 운영하다가 결국에는 문턱에도 못 가보고 주저앉는 많은 회사들을 구할 수 있다.

그런 측면에서 최근 칠레에서 시작한 '스타트업 칠레'(Start-Up Chile) 프로젝트는 음미할 부분이 많다. 부지를 만들고 건물을 짓는 하드웨어보다는 일단 혁신적인 아이디어와 기업가 정신을 가진 전 세계의 젊은이들을 불러들이는 것으로 먼저 시작한 것이다. 이들에게 4만 달러를 지원하면서 비자와 공짜로 일할 수 있는 사무공간, 멘토링을 지원하며 서로가 네트워크를 형성할 수 있도록 도와주고, 동시에 고객과 파트너 등을 찾아준다. 이런 지원을 받는 기업들은 열심히 일해서 이 공간을 정말 실리콘 밸리처럼 키울 수 있도록 최선을 다하기만 하면 된다. 이들이 시작한 프로그램을 보면 전 세계를 대상으로 기업가 정신과 도전 정신으로 똘똘 뭉친 젊은이들을 불러 모으고, 그들 사이의 네트워킹을 가능하게 만드는 것을 제외하고는 기존의 프로그램과 큰 차이가 없다고 할 수 있지만, 이것이 어찌 보면 가장 커다란 변화의 핵심이 될지도 모른다.

전 세계 지원자들의 지원을 받기 위해 프로그램을 유튜브로 공개한 후 많은 사람들이 지원했는데, 그중에서 25개 팀을 골랐고 이들 중에서 17개 팀은 공식적인 지원이 시작되기도 전인 2010년 말에 칠레의 수도인 산티아고로 이사 왔다고 한다. 이 프로그램은 2011년 1월 13일 공식적으로 시작하였다. 2011년에는 1년에 3차례 100개의 신생 기업을 지원할 계획이라고 한다. 이런 식으로 3년을 진행하면 앞으로 1천 개의 신생 기업을 산티아고에 모을 수 있으며, 이들 간의 연계와 중간에 성공하는 회사들을 집중적으로 지원할 수 있는 체계를 갖추게 된다.

〈테크크런치〉(TechChrunch)의 기자들은 이를 취재하기 위해 산티아고 현지에서 전 세계로부터 온 창업자들을 만나고 왔는데, 산티아고의 싼 물가와 혁신적인 생각을 가진 젊은이들과의 네트워크, 좋은 날씨와 경치, 그리고 칠레 정부의 적극적인 지원 때문에 현지의 다양한 기업들과 동시에 투자자들까지 만날 수 있어서 대부분 만족했다고 한다.

칠레 정부에서 이 프로그램을 진행하기 위해 실리콘 밸리 출신의 전문가들과 칠레의 전문가들이 합심하여 다양한 심사기준 등도 확립하였는데, 이들이 가장 중점적으로 본 것은 의외로 기술이 아니다. 무엇보다 글로벌 사고방식을 가지고 있는가, 그리고 세계를 향해 나아가는 데 충분한 가능성이 있는가에 초점을 맞추었다고 한다. 이렇게 선정된 회사들의 면면을 보면 에너지에 특화된 기업부터, 전자 상거래, 소셜 웹 관련 회사, 디자인 회사에 이르기까지 다양하다. 그리고 이들 모두 진취적이고 외부와의 연결을 두려워하지 않는 도전적인 젊은이들이라는 점이 가장 큰 공통점이다.

칠레가 시작한 이 시도는 이미 〈포브스〉(Forbes)나 〈블룸버그〉(Bloomberg) 등의 기존 미디어에서도 다루면서 국제적으로도 많은 젊은이와 벤처 캐피탈들에게도 널리 알려졌다. 이런 시도 자체가 국가의 위상을 드높임과 함께, 우수한 창업자들이 도전할 수 있는 기회를 높여 자연스럽게 선순환의 사이클에 들어갈 가능성도 높인다고 하겠다.

우리나라는 칠레보다 훨씬 좋은 환경을 가지고 있다고 본다. 물론 국내에도 뛰어난 젊은이들이 많지만, 국제적인 수준의 뛰어난 젊은이들이 들어와서 이들과 교류할 수 있도록 도와주는 방안에 대해서도 좀더 고민할 필요가 있다. 또한, 단순한 재정지원 이상의 혁신문화를 일으킬 수 있는 밀집된 공간, 그리고 이들을 잘 이끌어줄 수 있는 상시적인 멘토링 네트워크 등이 뒷받침된다면 우리나라가 가진 독특한 장점이 어우러진 새로운 성공모델을 만들 수 있지 않을까?

나홀로 전투에서
산업생태계 전쟁으로

문명의 변곡점에는 전쟁이 있었듯이, 기업 문명의 변곡점에서 산업 생태계 전쟁이 진행되고 있다. 아날로그 시대에서 디지털 시대로, 그리고 스마트 시대로 변화하면서 제품의 복잡성이 심화되고 기업 간 분업구조도 고도화하고 있기 때문이다. 그 결과 기업 경쟁의 구조는 나홀로 하드웨어 전투에서 플랫폼형 생태계 전쟁으로 변모하고 있다. 구체적으로는 인텔 인사이드(Intel inside)로 대표되는 상방 사슬(*upstream*)의 디바이스 전투에서 애플 아웃사이드(Apple Outside)로 대표되는 하방 사슬(*downstream*)의 플랫폼 전쟁으로 확대되고 있다.

생태학적 의식과 경작형 동반성장 패러다임[1]

생태계에서는 현재 개체들과의 단기적 먹거리를 위한 경쟁보다는 생태계를 구성하는 종들 간 상생적 가치사슬과 종들의 탄생, 진화에 초점을 두어야 한다. 꽃 주변에 벌떼가 많이 몰릴수록 꽃은 많은 열매를 맺고 생태계는 더욱 건강해진다. 꿀벌이 멸종하면 인류도 멸망한

1 김기찬, "산업생태계 전쟁과 동반성장의 경영패러다임", 경제인문사회연구회 발표원고, 2011. 3.

다고 한다. 꽃의 수분활동을 도와주는 꿀벌이 없어지면 인류가 먹고 사는 열매를 맺을 수 없기 때문이다. 수분활동은 열매를 맺고 또 다른 꽃을 만들어 다음 세대의 생태계로 진화시키는 힘이 된다. 산업생태계도 마찬가지다. 산업 생태계의 꿀벌은 중소기업, 꽃은 대기업이다. 꿀벌인 중소기업과 꽃인 대기업이 생산적 교환관계를 통해 열매를 만들어내야 생태계가 진화하고 더 건강해진다.

최근 애플은 아이팟과 아이폰 제작과정에서 협력업체들과 상생(相生)하는 환경을 조성하여 번창하는 생태계를 만들었다. 반면 생태계를 고려하지 못하고 수렵형 비즈니스를 통해 지속 가능 성장의 위기를 맞은 AOL과 야후의 사례도 있다. AOL과 야후는 1990년대 후반 인터넷 사업 분야에서 전성기를 구가하였으나 고객자산이라는 우월적 지위를 무기로 단기간 최대의 수익을 올리는 수렵형 패러다임을 선택했다. 그 결과 AOL과 야후는 단기적으로 매우 높은 성과를 올렸지만, 닷컴 파트너 업체들은 수익모델이 약해져 콘텐츠 개발능력이 약화되었다. 그러자 인터넷 세계의 각 부분들을 담당하고 있는 수많은 파트너들의 역량이 감퇴하였고, 이에 AOL과 야후 생태계의 매력 또한 떨어졌다. 결국 세계 최대의 인터넷 기업이었던 AOL은 최후를 맞게 되었고 야후는 큰 어려움을 겪게 되었다. 이들은 나홀로 사고와 수렵형 패러다임 모델을 버리지 못해 스스로 위기 상황을 자초한 것이다.

이처럼 산업생태계 전쟁에서도 생태학적 의식(*ecological conscious-*

〈그림 4-1〉 수렵형 패러다임과 생태계 위기의 순환구조

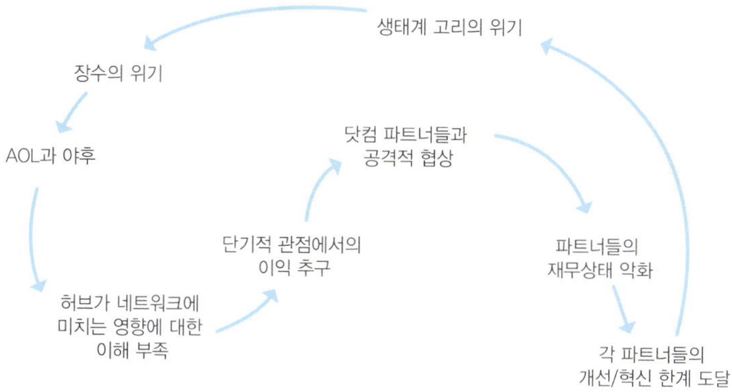

자료: 김기찬, "경영패러다임으로 동반성장과 대한민국 산업생태계 건강성".

ness) 이 필수적이다. 생태계 의식의 핵심은 생태계 먹이사슬의 고리가 끊어지지 않도록 하는 것이다. 이를 위해서는 수렵형 경영 패러다임을 경작형 경영 패러다임으로 바꾸어야 한다. 수렵형 패러다임에서는 한 번의 거래에서 단기적 이윤 극대화를 추구하고 갑을 관계의 우월적 지위를 활용하여 거래가격에 집착할 수밖에 없다. 결국 생태계의 고리가 단절되고 만다. 이렇게 해서는 순환형/지속형 산업생태계가 유지되기 어렵다. 이제 동반성장을 통해 순환형 생태계를 만들어가는 경작형 패러다임으로 가야 한다. 경작형 패러다임은 당장 먹음직한 열매를 따먹는 일회성 수렵형 사고를 지양하고 다음 세대를 위해 씨앗을 뿌리고 그 씨앗 속의 수많은 열매를 통해 부가가치의 선순환을 만들어가고자 하는 방식이다. 다만 경작형 경영 패러다임이

성공하기 위해서는 동반성장의 의지만으로는 부족하다. 대·중소기업 간 새로운 부가가치를 창출하는 시너지 효과를 통해 제로섬(*zero-sum*)이 아닌 포지티브섬(*positive-sum*) 게임을 추구해야 한다.

꿀벌(중소기업)이 건강한 산업생태계

꿀벌이 지구에서 사라지면 4년 후 인류는 멸망한다고 한다. 번성하는 생태계는 개체들의 짝짓기와 수분활동이 핵심인데, 꿀벌은 바로 식물의 수분활동을 담당하고 있기 때문이다. 수분활동은 열매를 맺고 또 다른 꽃을 만들고 다음 세대의 생태계로 진화시키는 원동력이 된다. 생태계란 전체의 질서와 조직에 관한 사고이고, 생태계의 핵심은 흐름에 있다. 꽃 주변에 벌떼가 많이 몰릴수록 꽃은 많은 열매를 맺고 생태계는 더욱 건강해진다. 꽃의 수분활동을 도와주는 꿀벌이 없어지면 인류가 먹고 사는 열매를 맺을 수 없어 인류도 멸망하게 되는 것이다.

산업생태계도 마찬가지다. 산업생태계의 꿀벌인 중소기업이 있어야 대기업은 열매를 만들어낼 수 있다. 이처럼 중소기업과 대기업의 생산적 교환관계가 있어야 그 생태계는 진화할 수 있는 것이다. 그러므로 좋은 중소기업이 사라지지 않도록 하는 것은 산업생태계에 좋은 씨앗을 뿌리는 것과 같다.

이안시티 교수 등은 중소기업이 건강한 산업생태계는 생산성(*productivity*), 강건성(*robustness*), 혁신성(*niche creation*)을 지니고 있어야 한다고 주장했다(Iansiti & Levien 2004). 생산성은 생존엔진으로 기

〈그림 4-2〉 산업생태계 건강성 평가의 3 요소

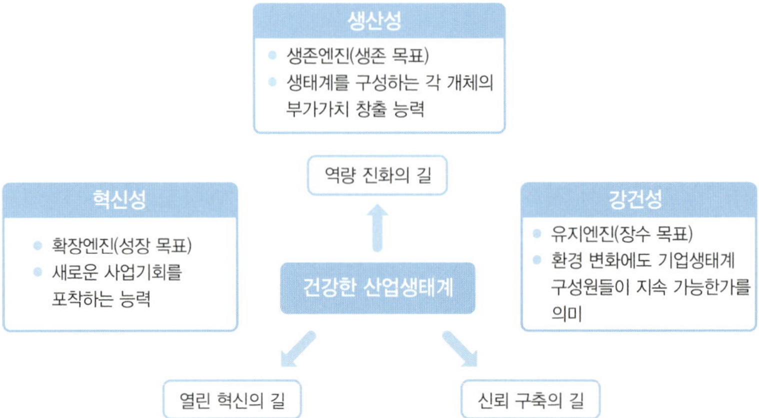

자료: 김기찬, "경영패러다임으로 동반성장과 대한민국 산업생태계 건강성".

업의 현재 생존력을 의미한다. 이는 생태계에서 개체 스스로의 생존 능력을 나타내며 투입을 산출로 전환하는 능력으로, 기업은 생산성 향상과 이익산출 능력에 의해 생존이 결정되는데 만약 한 구성원의 생산성이 낮아지면 생태계 전체의 건강성도 낮아진다. 강건성은 유지엔진으로 환경변화에도 불구하고 생태계 구성원들이 지속가능한가를 의미한다. 신제품 개발이 활발하고 경쟁력이 유지된다면 기업은 지속 가능한 능력을 지니고 있으며, 협력업체와 건강한 관계가 유지된다면 생태계 전체적으로 높은 안정성을 지니고 있는 것이다.

혁신성이란 성장엔진으로 틈새를 창조하는 능력, 즉 새로운 사업기회를 포착하는 능력을 말한다. 혁신성을 높이기 위해서는 새로운 결합을 통해 새로운 분야를 창조하여 생태계 범위를 확장해야 한다. 생태계에서는 나가는 종보다 들어오는 종이 많아야 혁신성이 높으며 이를 위해서는 융합에 의한 끊임없는 세포 분열(*cell division*), 즉 변종을 수용할 수 있는 개방성이 필요하다(Chesbrough 2003, Huston & Sakkab 2006, Rigby & Zook 2002). 즉, 산업생태계가 지속적으로 진화·발전하기 위해서는 생태계 내에서는 참가자들의 효율성을 높여 생태계 생산성이 증대되어야 하고, 구성원들이 안정적으로 가치 활동에 참여하도록 생태계 안정성이 높아야 하며, 혁신적 구성원들의 진입과 신 분야진출을 통해 생태계 확장성이 자극되어야 한다.

우리나라 산업생태계 건강성 진단

종합진단 — 구조적 · 행위적 한계

건강한 신체는 건강한 장기에서 시작되듯이, 건강한 산업생태계는 건강한 구성원들로부터 만들어진다. 그러나 우리나라 산업구조는 특히 대기업의 나홀로 전략에 의해 주도되어 왔고, 그 결과 중소기업을 기반으로 하는 생태계의 건강성이 약화되고 있다. 먼저 구조적인 측면에서 그 원인을 찾아보면 기업들의 폐쇄성으로 인한 오픈 플랫폼 설계의 부재를 꼽을 수 있다. 제대로 된 오픈 플랫폼은 많은 기업들이 상생할 수 있는 구조를 갖추어야 한다. 애플 아이튠즈가 성공한 반면, 세계 MP3P(MP3 플레이어) 시장을 주도하던 아이리버가 비주류로 전락한 것도 아이리버는 다양한 파트너들이 그 생태계에서 성장하고 이익을 얻을 수 있는 독자적인 오픈 플랫폼을 설계하지 못했기 때문이다. 삼성과 LG전자 또한 휴대폰 시장에서 선두를 차지하다 아이폰의 등장에 고전을 면치 못하였다. 이후 안드로이드라는 오픈 플랫폼과 결합하여 경쟁력을 회복하고 있으나 미래를 준비하지 못했다는 지적은 피해갈 수 없다. 초기 SNS 시장에서 주도권을 잡았던 싸이월드도 페이스북과 트위터에 이미 주도권을 빼긴 상태이다. 이는

〈그림 4-3〉 한국이 IT 분야에서 비주류로 전락한 사례

	시장 초기	현재
MP3P	아이리버로 세계 MP3P 시장 주도	애플 아이팟에 밀림
휴대폰	삼성, LG전자 독보적 시장 점유율	애플 아이폰으로 국내 업계 고전
포탈	아이러브스쿨, 싸이월드로 SNS 주도	페이스북, 트위터에 주도권 뺏김

출처: 〈전자신문〉, 2010. 06. 10.

하드웨어 디바이스 중심으로 성장해온 대기업에는 콘텐츠가 부족했고 정부는 소프트웨어를 제조업의 부품산업 정도로만 이해했기 때문이다. 결국 훌륭한 디바이스를 가지고 있으나 그 안에 들어갈 콘텐츠가 부재한 국내 업체는 세계시장에서 경쟁력을 잃고 있다. 이제는 개별 제품이 가진 가치보다 플랫폼의 일부로서 그 제품과 함께 다른 즐거움을 체험할 수 있는 가치가 더 중요한 시대이므로 이러한 변화에 대응할 수 있는 국내 기업·산업의 플랫폼을 재점검해야 한다.

다음 행위적 측면에서 볼 때, 국내 기업들의 협력(지휘)의 실패가 가장 큰 원인이라 볼 수 있다. 국내 산업생태계는 소수가 지배하는 왜곡된 구조의 닫힌 생태계(*walled garden*)로 '하도급 동물원'이라 불리며, 중소기업들은 야성의 부재로 대기업이 주는 최소한의 먹이로 연명하다 끝내 절명할 수밖에 없는 구조이다. 대기업 또한 중심자적

우위(*keystone advantage*)를 살리지 못하고 나홀로 전략을 고수하며 경쟁의 룰을 무시한 시장 지배자의 모습으로 건전한 생태계를 이끌어가지 못했다.

중소기업의 생산성 약화

1999년부터 2008년까지 대기업, 중견기업, 중소기업의 생산성 증가율은 각각 연평균 10.5%, 8.1%, 7.1%로 기업규모가 클수록 생산성 향상이 빠른 것으로 나타났다. 대기업은 1997년 외환위기 이후 구조조정, 생산기술 개발 강화, 첨단설비 확충 등 전사적 제조혁신을 통해 생산성을 대폭 향상한 반면, 중소·중견기업은 상대적으로 혁신활동이 부족하여 생산성 향상이 지연되었기 때문이다. 이로 인해 대기업 대비 중견·중소기업 생산성은 각각 1999년 66.8%, 31.8%에서 2008년 60.9%, 27.4%로 하락하는 등 격차가 지속적으로 확대되고 있다.[2]

2011년 7월 산업연구원이 발간한 보고서 "기업규모별 성장요인 분석과 시사점"에 따르면, 중소기업의 총 요소생산성[3]은 1983년에는

2 국가경쟁력강화위원회(2010), "중소·중견기업 생산성 혁신전략".

3 총 요소생산성(TFP, Total Factor Productivity)이란 재화를 생산하기 위해 필요한 모든 생산요소의 결합적 투입에 대한 산출 비율을 나타내는 지표이다. 총 요소생산성에는 노동, 자본 등 단일 요소 생산성 측정에는 반영되지 않는 기술, 경영체제, 법·제도 등이 반영되기 때문에 총 요소생산성 증가는 흔히 기술혁신을 의미한다.

199만 원으로 대기업 대비 99.9%였으나 2009년에는 372만 원, 대기업 대비 84.6%로 떨어졌으며, 1984~2009년 중소기업의 총 요소생산성 증가율은 2.4%로 대기업보다 0.6%포인트 낮았고, 특히 2000~2009년에는 중소기업의 총 요소생산성 증가율이 2.3%, 대기업은 5.8%로 그 격차가 3.5%포인트까지 벌어졌다.

〈그림 4-4〉 생산성 증가율

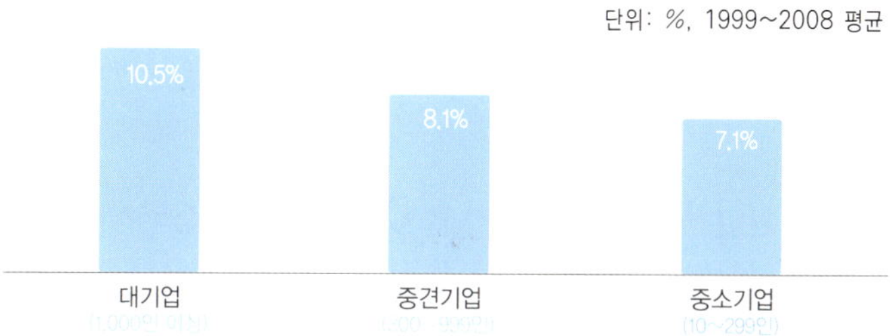

〈그림 4-5〉 기업 규모별 생산성

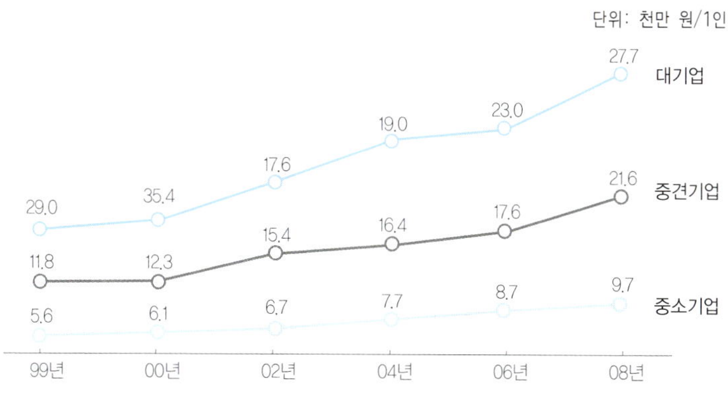

에너지 가격 급등 등 최근의 경쟁여건을 고려할 때, 생산성이 뒷받침되지 않으면 원가압박에 취약한 중소기업의 경쟁력은 약화될 것이며, 이는 다시 생태계 전반의 경쟁력을 떨어뜨리게 된다. 따라서 건강한 산업생태계를 유지하는 첫 번째 선결조건으로 중소기업의 생산성 혁신이 절실하다. 특히 대기업이 중소기업에 제조 혁신방법・기술을 전수하고 교육훈련을 돕는 등 생산성 지원활동을 통해 네트워크 전반의 생산성 향상에 힘써야 한다.

산업생태계의 노쇠화

대한민국의 산업생태계가 늙어가고 있다. 노쇠한 생태계는 출산율이 낮고 수명이 짧은 특징이 있는데 현재 우리나라는 매년 80만여 명의 소상공인이 창업하지만, 이 중 75만여 명이 폐업하는 다산다사의 구조가 반복되며 이들의 창업 평균수명은 1년 정도에 불과하다. 일본의 경우 전국적으로 창업 100년 이상의 기업이 15,207개 사로, 이들은 기술력 중심으로 활동을 지속하고 있다. 이는 우리나라 중소기업의 평균 수명 10.6년과 대조된다.

1970년대 이후 경제 고도성장시대에 설립한 기업의 창업자들이 60~70대 연령에 이르러 은퇴를 앞두고 경영 승계와 기업 폐쇄를 두고 갈등하는 등 기업가 정신을 가진 생산적 기업도 전환기를 맞고 있다. 또한 2000년대 벤처 버블의 붕괴 이후 우리나라의 기술창업에 대한

〈그림 4-6〉 늙어가는 한국 제조기업의 생태계 구조

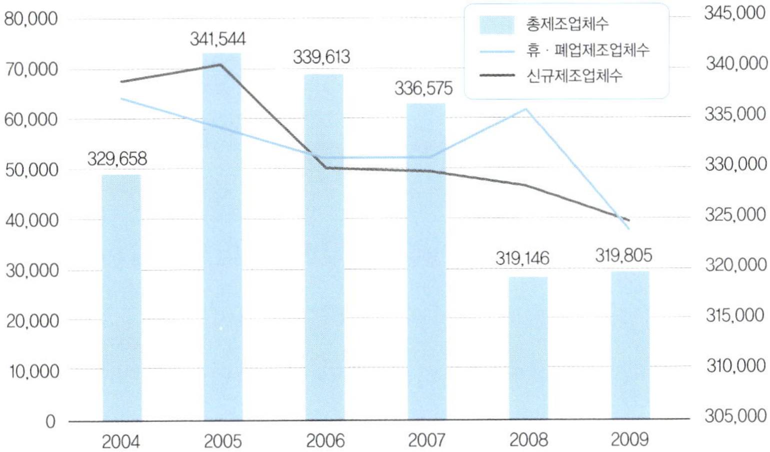

자료: 2004~2009 사업체 생성 · 소멸 현황 분석, 통계청.

사회적 분위기가 침체되어 있다. 특히 혁신 연구성과의 사업기회 실현을 목적으로 하는 혁신형 창업의 열기가 떨어지는 대신 일자리를 구하지 못해 비자발적으로 창업하는 생계형 창업이 많다. 우리나라의 경우, 기회형 창업보다는 생계형 창업의 비중이 OECD 국가 중 상대적으로 높게 나타나고 있어 잠재성장률 제고에 한계가 있다. 우리나라 기업가 정신의 활동성을 보여주는 경제자유지수는 2008년 67.9의 평균 평점으로 세계 41위를 기록하였으며 2007년 대비 5단계 하락하는 등 우리 경제의 성장잠재력이 감소하고 있다.

〈그림 4-6〉과 같이 한국의 제조업체 산업생태계는 2006년을 기점으로 휴·폐업체수가 신규 창업업체수를 능가하고 있으며, 이를 신

규 창업업체수에서 휴·폐업체수를 뺀 지표인 강건성 지수로 표현해 보면 우리나라 산업생태계가 늙어가고 있음을 확인할 수 있다.

거래의 선진화 및 공정성의 낙후

산업정책연구원에서 2011년 8월 100명의 전문가들에게 조사한 결과, 국내 기업들의 협력수준이 저조하다는 인식이 72%나 되었으며, 대기업의 무리한 납품단가 인하 요구 및 일방적인 발주 감축 등으로 인한 배타적인 분위기와 낮은 신뢰도가 대·중소기업 간 협력관계를 저해한다는 의견이 많았다.

이러한 불공정 하도급 거래 외에도 무분별한 사업 확장을 통한 영세 자영업자 붕괴, 계열사 일감 몰아주기, 편법 경영권 세습 등으로 인해 세계시장에서는 성공한 재벌 대기업들에 대한 비난 여론도 만만치 않다. 이렇게 대기업의 적하효과(*trickle-down effect*)[4]가 나타나지 않고 오히려 대기업이 양극화의 주범으로 인식되는 이러한 상황을 바꾸지 않으면 대한민국의 산업생태계는 지속될 수 없다. 이를 변화시키기 위해 대기업은 기업과 공공의 이익을 동시에 달성할 수 있는 스마트한 사회적 책임을 실현해야 하며, 이는 이익의 일부를 사회에 환

4 대기업의 성장이나 고소득층 소비 증가가 궁극적으로 중소기업이나 저소득층과 같은 낙후 부문에도 혜택이 돌아가 총체적으로 경기가 활성화되는 효과를 말한다. 넘쳐흐르는 물이 바닥을 적신다는 뜻으로 적하(滴下)효과, 하방침투 효과라고도 부른다.

〈그림 4-7〉 대·중소기업 간 협력 수준 및 애로요소

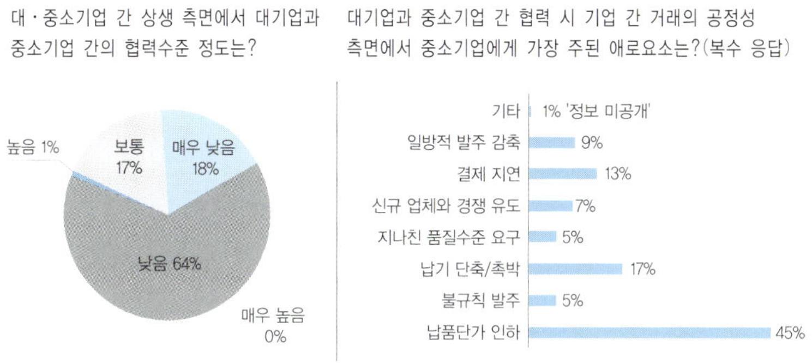

자료: 산업정책연구원(2011. 08. 25~29), N=100.

원하는 사후적 사회공헌이 아니라 이익 창출의 과정에서부터 기업과 공동체의 이익을 함께 추구(인재양성과 R&D 등에 대기업이 적극적으로 기여)하는 사회적 책임의 수행을 통하여 가능할 것이다.

일례로 MS의 경우, 전문대학에 소프트웨어와 기술지원을 포함하여 1천만 달러 이상을 기부하여 수업과정의 표준화 및 체계화를 위한 지원을 제공함과 동시에 교수개발센터를 설립하고 자사에서 개발된 소프트웨어를 제공하는 등 현장 수요형 IT 인력 양성에 직접 발 벗고 나섰다. 이러한 시스템은 워싱턴 주에서 시작되어 미국 전역으로 확대되었으며 이렇게 IT 교육을 받은 우수한 인력들이 세계 IT 산업, 소프트웨어 시장을 주도하는 데 기여하고 있다. 이러한 사회공헌 활동을 통해 MS는 IT 인력부족 문제를 해결하고 미국 산업경쟁력 향상에도 크게 기여한 스마트한 결과를 낳은 것이다.

CJ제일제당의 동반성장 프로그램[5]

2011년 8월 24일, CJ제일제당은 'CJ제일제당 협력사 상생 · 동반성장 협약식'을 통해 4대 동반성장 프로그램을 발표하였다.

CJ제일제당의 중소기업 상생협력은 ▲지역 유망 식품브랜드 육성 ▲동반 협력사 성장 도우미 ▲상생협력펀드 ▲중소 OEM 협력사 이윤 보장제 등 4대 주요 프로그램 중심으로 진행되고 있다. 특히 식품기업의 특성을 살려 지방의 유망 중소 식품브랜드의 육성과 발전을 지원해줄 수 있는 프로그램을 운영하는 것이 가장 큰 특징이다.

CJ제일제당은 경남 창녕의 막걸리 '우포의 아침'을 지원하여 지역 막걸리의 전국 확대를 돕고 일본 수출 길도 열었다. '우포의 아침'은 CJ제일제당과 협력한 지 1년 만에 취급점포가 120곳에서 2천 곳으로 늘어났고 월 매출도 1천만 원에서 1억 6천만 원으로 급증하였다. 뿐만 아니라 고급형 막걸리의 수요가 급증하는 일본에도 CJ 제휴선인 일본 삿포로 맥주를 통해 유통망을 확보하며 수출을 가능케 했다.

전북 진안군 부귀 농협김치와의 협력 모델도 주목할 만하다. CJ제일제당은 일본 중견 식품기업인 '에바라' 사와의 합작법인을 통해 김치, 비빔밥 등의 한식 메뉴를 일본 전역에 수출하고 있는데, 부귀 농협은 CJ제일제당과 OEM 체결을 통해 일본 수출용 김치 제조공장 역할을 맡기로 하였다. 전북 진안에서 일본으로 가는 길을 CJ제일제당이 열어준 셈이다. 이를 위해 CJ제일제당과 부귀농협은 추가적인 생산설비 투자를 비롯하여 CJ 김치 전문가가 진안에 상주하며 일본인들이 선

5 CJ제일제당 기업 홈페이지의 언론 보도자료에서 일부 내용을 발췌하여 작성하였음.

호하는 김치의 맛을 찾아내는 등 긴밀한 협력체계 구축을 통해 우리 김치 수출을 통한 '한식 세계화'의 전도사로 변모하고 있다.

이 밖에도 CJ제일제당은 OEM 생산업체와 포장재 구매업체 등 동반협력사가 인재 육성과 경영 전반에 걸친 이슈를 해결하고 성장할 수 있도록 '동반협력사 성장도우미' 역할에도 적극 나서며 무상교육은 물론 자사 전문인력을 활용한 맞춤식 경영컨설팅을 제공할 예정이다. 뿐만 아니라 재정기반이 약한 중소 협력사를 위해 상생협력 펀드와 중소 OEM 협력사 이윤보장제도 같은 재무적인 지원책도 마련하고 있다.

CJ제일제당의 특화된 동반성장 프로그램은 높이 평가할 만하다. 그러나 아직 갈 길이 멀다. 공동 기술개발 등과 같은 심화된 협력을 통해 동반성장의 질을 높이고 진정성 있는 기업의 사회적 책임을 실천할 때 CJ 제일제당의 생태계는 더욱 풍요로워질 수 있을 것이다.

지식경제부 등에 따르면 종업원 수 기준으로 분류한 중견기업(종업원 300~999명)은 국내 전체 기업 중 0.2%에 불과한 것으로 나타났다. 종업원 300명 미만의 중소기업이 99.8%를 차지했고 종업원 1천 명 이상의 대기업은 0.1%로 산업생태계의 허리인 중견기업이 매우 취약하다는 지적을 받고 있다. 이처럼 중소기업은 많고, 중견·대기업이 매우 적은 첨탑형 기업분포로 인해 건강한 산업생태계가 조성되지 못하고 있다. 기술력을 갖춘 중소기업이 중견기업으로 성장하지 못하는 현실은 결국 우리 경제의 성장 동력을 약화시키게 된다.

중소기업을 중견기업으로 성장시키고 강소·중견기업을 국제시장의 히든 챔피언으로 육성해나가야만 수출도 증가하게 되고 대한민국의 산업경쟁력을 향상시킬 수 있다. 더 이상 중소기업 살리기 정책이 아닌 중소기업을 중견기업으로 키워내기 위한 방안 마련을 위해 민·관이 함께 힘써야 할 것이다.

피터팬 기업과 좀비 기업

우리나라처럼 중소기업 지원 시책이 많은 나라도 없을 것이다. 그런데 왜 우리 중소기업은 독일 중소기업처럼 히든 챔피언이 되지 못하였을까? 역으로 복잡다기한 중소기업 지원시책이 중소기업의 자생력을 약화시키고 성장판을 닫게 만든 것은 아닐까?

"피터팬 기업"이라는 신조어가 있다. 어른이 됐어도 어린이로 남아 있고 싶어하는 피터팬 증후군에 빗대 중견기업으로 가지 않고 중소기업에 머무르려는 기업을 뜻하는 말이다. 전국경제인연합회와 중소기업청 등에 따르면 중소기업은 법인세율 차등(대기업 22%, 중소기업 10%), 특별세액 감면(20~30%), 중소기업 대출 의무비율 제도, 공공기관 입찰 우대 등 160여 가지의 혜택을 받는다. 하지만 중소기업을 졸업하는 순간 이 혜택은 모두 없어지고 공공시장 참여 제한, 사업 조정 등 50개 법률에서 190개의 규제를 받게 되므로[6] 중소기업에 머무르려는 기업들이 많아진다. 실제 1997년부터 2007년까지 중소기업에서 중견기업으로 성장한 경우는 119개 사에 불과하며 중소·중견기업에서 대기업으로 성장한 경우는 28개 사였으나 이 중 대부분은 외국계 기업으로 국내기업의 성장이 매우 미흡함을 알 수 있다.

심지어 시혜적인 중소기업 지원시책은 시장에서 퇴출되어야 할 좀비기업들이 온존되는 데 이용되고 있다. 2009년 기준 외부감사 대상기업(금융업 제외) 15,136개 중 이자보상배율 1배 미만 기업이 6,058개 사로 전체 40%를 차지하며 총 차입금은 237조 원에 달한다. 특히 이자보상배율이 3년 연속 1배 미만 상태

6 "중견기업이 사라진다"(이하 생략), 〈국민일보〉, 2011. 11. 25.

인 좀비기업은 2,653개 사로 전체의 17%를 차지하며 서비스업의 경우 2001~2005년 15% 미만에서 2008년 18%, 2009년 24%로 금융위기 이후 두드러지게 증가하였다.[7]

이를 볼 때 더 이상 경쟁 제한적이며 시혜적인 지원이 아닌 시장경쟁에 입각하여 성장 잠재력이 높은 기업에 집중 지원하여 핵심역량을 강화시키는 데 집중해야 한다. 중소기업의 역량을 키울 수 있는 지식(창조)생태계를 조성하여 제조강국에서 개발강국으로 성장할 수 있는 발판을 마련하는 것이 중요하다.

7 한국은행 금융경제연구원, 2011.

차세대에 대한 준비 미흡

강건성과 혁신성의 중요성을 간과한 단기적 수익성 제고만으로는 지속가능한 산업생태계를 영위해 갈 수 없다. "최근 글로벌 시장을 주름잡는 기업들은 모두 산업생태계의 중심에 위치한 기업들로 산업생태계에서 도태되지 않으려면 계속해서 생태계의 중심으로 나아가야 하는데 그 원동력이 바로 기술혁신이다"라고 이정동 서울대 기술경영경제정책대학원 교수는 말한다. 이렇게 혁신주도 경제로 이행하면서 연구 경쟁력이 약해진 중소기업은 점점 더 생존하기 어려워지기 때문에 생태계의 건강성을 위해서라도 중소기업들은 기술혁신 및 특허개발에 힘써 전문기업화하여 미래 성장동력이 되도록 해야 한다.

그러나 현실은 그렇지 않다. 현재 우리나라 중소기업의 글로벌 경쟁력을 키울 수 있는 R&D 개발 등 혁신역량은 매우 미흡하다. 2008년의 경우 전체 중소기업의 28%만이 연구개발 활동을 하였으며, 중소기업의 기술수준은 세계 최고 대비 75% 수준에서 정체되어 있다.[8] 이는 중소기업의 낮은 R&D 집약도와 전문인력 부족으로 인한 것으로 대·중소기업의 매출액 대비 R&D 투자비중을 살펴본 결과 대기업은 5.0%, 중견기업 1.2%, 중소기업 2.5%로 높지 않았으며 중소기업의 경우 R&D 인력 중 학사 이하 출신이 65%로 전문인력이

8 중소기업청 중소기업기술통계조사 각 호.

매우 부족한 것으로 드러났다.[9] 이러한 중소기업의 혁신역량 부족은 결국 생태계 전체의 경쟁력을 저하시키고 향후 미래산업에 대한 대비책 마련에 차질을 주게 될 것이다.

이를 해결하기 위해서라도 중소기업의 기술혁신 개발이 원활히 이뤄지기 위한 환경 조성이 중요하다. 공들여 개발한 기술을 대기업이 탈취해가는 등 제대로 된 보상을 받을 수 없는 이러한 상황을 개선해야 한다. 기술 유출을 넘어 한 대기업에 납품하면 다른 판로는 뚫을 수가 없어 중소기업의 기술을 한 대기업이 독점해버리는 경우가 많아 중소기업은 기술개발에 대한 제대로 된 보상을 받을 수가 없다.

이러한 악순환을 막고 생산 중심이 아닌 개발 중심의 생태계를 조성하기 위해서는 기본적으로 지식재산권의 보호와 활용이 뒷받침되어야 한다. 지식재산권의 중요성에 대한 인식의 수준을 평가해본 결과 어느 정도 중요하다고 생각은 하고 있으나 이를 꼭 지켜야 한다는 인식은 부족함을 알 수 있었다. 이러한 인식의 부재로 인해 중소기업 기술유출 문제는 여전히 심각한 상황이다. 2006년부터 지난해까지 발생한 기술유출 건수는 189건이고 이 중 124건이 중소기업에서 발생하였다.[10]

정부도 지식산업의 중요성을 깨닫고 작년 대통령소속 국가지식재

9 지식경제부, 2010.

10 국가정보원.

산위원회를 출범하여 모든 분야의 질적 변화를 촉구하고 있으나 현 사법제도하에서는 어떠한 변화를 주더라도 효과가 없다는 의견이 높다. 1998년 특허분쟁을 빨리 해결하고 판결의 통일성을 기하기 위해 특허법원을 만들었으나 이곳에서는 특허 유/무효 소송만 가능하고 특허침해 소송은 할 수 없어 기업들은 두 개로 나누어 소송을 진행해야 한다. 그로 인해 소송기간은 장기화되고 심지어 서로 엇갈린 판결이 나와 혼란을 주기도 한다. 5년에서 길게는 11년까지 장기화되는 소송으로 인해 중소기업들은 경쟁력을 잃고 승소하여도 패한 것과 다름없는 상황이 발생하게 된다. 이런 상황을 볼 때, 특허 침해소송 관할 집중 및 전문화 등 외국의 운영경험과 우리나라 특유의 소송구조 및 환경을 종합적으로 고려하여 특허소송의 실수요자인 특허권자 및 기업 입장에 타당한 방향과 내용으로 특허 사법제도를 운용 개선해야 할 필요가 있다.

다음 세대를 준비하는 데 있어 가장 중요한 키를 쥔 것은 중소기업이라 볼 수 있다. 중소기업이 자생력과 생태적 지위를 갖춘 전문기업으로 성장할 수 있도록 정부의 관련 지원정책의 전반적인 개편이 필요하다.

미래 산업생태계를 위해서는 벤처생태계가 활성화되어 사업영역을 확장하고 신기술과 신제품의 수가 증가해야 한다. 그러나 우리나라는 한 번 실패하면 다시는 재기하기가 어려운 제도들과 창업을 경시하는 문화가 있어 벤처생태계가 어려움을 겪고 있다. 실리콘 밸리의 경우 99번의 실패 끝에 천 배의 성공을 가능하게 하는 시스템이 있으며, 실패해도 재기할 수 있는 다양한 면책 혜택[11]이 존재한다.

우리나라도 성실한 실패 경험을 사회적 자산으로 활용할 수 있는 사회적 여건 조성 및 창업의 질적 수준 향상을 위해 제도를 정비해야 한다. 예를 들어 대표이사 연대보증제도나 제 2차 납세의무 등은 창업 리스크를 높이고 기업가 정신을 위축시켜 좀비기업을 양산할 수 있으므로 개선돼야 한다. 또한 파산법도 개정이 필요하다. 현행 채무자 회생 및 파산법에 의하면 파산한 경우 살던 주택이나 자동차 등은 모두 압류되고 4인 가족 기준으로 주거용 임차보증금은 1,600만 원까지, 월 생계비도 120만 원까지만 인정하여 실패 후 재기가 매우 어렵다. 이렇게 창업 리스크를 개인이 모두 떠안는 대신 사회가 공유하며 창업자본 조달 시장이 융자가 아닌 투자가 되도록 시스템을 정

11 연방파산법 7장에 의해 파산을 해도 거주 주택, 자동차, 가구, 의복, 가재도구, 영업수단을 압류당하지 않고 그대로 쓸 수 있다.

비할 필요가 있다.

벤처생태계가 활성화되지 못하는 다음 원인은 낙후된 벤처 캐피탈 시장이다. 취약한 회수시장으로 인해 투자가 활성화되지 못하고, 이로 인해 벤처기업들은 창업자본 확보에 어려움을 겪는다. 이를 해결하기 위해 모태펀드가 조성되었으나 이는 언 발에 오줌 누기 식의 미봉책으로, 주로 정책자금 수령이나 대출, 대기업의 SI 사업 수주를 통해 창업하는 실정이다. 엔젤투자 또한 지난 2000년 5,493억 원에 달했던 엔젤투자 규모가 2009년 346억 원으로 95% 급감해 전체 벤처 투자액의 2% 대에 불과[12]한 실정이다. 우리나라의 경우 상장을 통한 회수가 보편적이나 상장은 투자액 회수기간(12년)이 길고 수익률도 낮다.

실리콘 밸리의 경우는 상장보다 기업 매각, 대기업에 의한 인수·합병이 빈번히 일어나 투자액 회수기간이 짧고 투자결정을 내리기가 용이해 연속적 창업가가 많다. 우리나라의 경우 대기업들이 우월적인 위치를 이용해 적절한 가치를 지불하지 않고 기술을 탈취하여 벤처기업을 망가뜨리는 경우도 있어 대기업에 인수·합병되는 것에 부정적이다. 그러나 벤처 캐피탈 시장의 선진화를 위해 더 이상 기술탈취가 아닌 기술과 시장이 결합되는 M&A가 원활히 이뤄지도록 벤처기업을 보호하는 제도 정비와 인식의 개선이 필요하다.

12 중소기업청 벤처기업정밀실태조사 결과.

또한 엔젤투자가 활성화될 수 있도록 엔젤투자자들에 대한 소득공제율을 현 10%에서 높여주는 등의 조세지원 확대가 필요하다. 미국의 경우 엔젤투자자들에 대한 소득공제 혜택이 10~100%까지 적용되는데, 2009년 엔젤투자 금액이 176억 달러로 전체의 49.7%를 차지하며 여전히 투자가 원활히 이뤄지고 있다. 또한 엔젤투자는 단순

〈표 4-1〉 실리콘 밸리 생태계와 한국의 벤처생태계

구분	실리콘 밸리 생태계	한국의 벤처생태계
사회적 여건	· 실패를 자산으로 인식 · 실패의 경험을 우대하는 문화 · 창업가에 대한 사회적 존경심이 높음 · 엔지니어의 높은 보수 수준	· 실패에 대한 관용이 부족, 실패에 가혹한 문화 · 실패한 벤처가 재기하기 힘든 제도적 장벽(예: 벤처에 대한 연대보증) · 창업가보다는 안정적인 일자리를 찾는 사회적 분위기(높은 청년실업률) · 엔지니어에 대한 대우 및 보수가 낮음
투자 인프라	· 벤처 캐피탈 생태계 : 자금만 지원하는 것이 아니라 VC의 경험과 노하우를 바탕으로 경영지원(조언)까지 병행 · 전문성을 갖춘 엔젤투자자 층이 두꺼움 · 인사, 재무 법률 등 창업에 필요한 자원들의 아웃소싱이 용이	· 창업 자본 확보 어려움: 벤처 캐피탈에 대한 접근성이 낮고 엔젤투자도 극히 소수(벤처 캐피탈 투자 시 담보 요구) · 주로 정책자금, 대출, 대기업의 SI 사업 수주 등을 통해 창업
출구(exit) 전략	· 대기업들에 인수/합병되는 기업 매각이 빈번하게 일어나 투자액 회수기간이 짧고 투자 결정을 내리기 용이함 · 상장보다 기업매각이 더 보편적	· 기업매각이 활발하지 않고 대기업들이 적절한 가치를 지불하지 않고 기술을 탈취한 후 중소기업을 망가뜨림 · 기업 매각보다 상장이 더 보편적, 투자액 회수기간이 길고 수익률도 낮음
생태계적 관점	· 연속적 창업가가 많음 · 창업가와 투자자를 연결해주는 행사 다수 · 학교와 기업의 연계로 창업	· 대기업 의존도가 높은 국가경제구조 · 대기업의 고압적 자세: 벤처기업의 창업 능력과 혁신역량이 지나치게 대기업에 의해 결정

한 투자가 아니라 큰 위험을 부담하고 기업의 장래성을 바라보고 투자하는 것으로, 투자 대상기업의 멘토 역할까지 할 수 있는 안목을 갖춘 전문투자자 육성을 위한 정부의 지원 또한 필요하다. 벤처생태계에 대해서는 제 8장에서 자세히 살펴보기로 한다.

코너에 몰린 우리나라 IT 산업생태계

스마트 기술시대를 맞이하는 우리나라 IT 산업생태계의 현재 모습은 어떠한가? 결론적으로 우리나라는 구글, 애플, MS 등과 같이 스마트 기술시대를 선도하는 산업생태계와 비교해 경쟁력이 매우 취약한 상황이다. 2011년 8월 Credit Suisse의 경쟁력 분석에 의하면 삼성의 스마트폰은 애플에 이어 2위였으나 생태계의 핵심 경쟁력이라 할 수 있는 '바다'(Bada) 운영체제의 경쟁력이 최하위였다는 것은 아직 우리나라 대기업의 산업생태계가 스마트 기술시대를 선도하기에 갈 길이 멀다는 것을 의미한다.

우리나라의 스마트 기술 산업생태계 경쟁력이 취약한 이유는 첫째로, IT 산업이 하드웨어를 중심으로 발전하였고 상대적으로 소프트웨어 분야의 비중이 현저히 낮은 데 그 원인이 있다.[13 14] 그 결과 우리나라 소프트웨어 활용도는 선진국의 3분의 1 수준으로 통신/방송 산업을 제외한 모든 산업에서 소프트웨어 활용도가 선진국의 30% 이하인 실정이다. 우리나라는 자본 집약적인 장치산업 중심으로 대규모 선제투자를 하여 메모리 반도체, LCD패널 등의 분야에서 두각을 나타냈고, 삼성전자, LG전자 등의 선도기업이 수직계열화 등을 통해 경쟁력을 확보하였다. 그러나 이들은 〈그림 4-8〉에서 보듯이 그 외의 분야에서는 글로벌 선도기업과 큰 차이를 보이고 있다.

---

13 맥킨지가 2011년 5월 발표한 *Global Institute Report*에 의하면 한국의 인터넷 공급 생태계에서 하드웨어가 차지하는 비중은 84%로 미국의 42% 및 프랑스의 14% 등에 비해 하드웨어에 편중된 구조를 가지고 있음.

14 2010년 당시 생산액 기준으로 IT 산업 내 소프트웨어 분야의 비중은 6.8%로 2008년 8.4%, 2009년 8.1%에 비교해 지속적으로 감소(IT통계포털, http://www.itstat.go.kr).

〈그림 4-8〉 글로벌 선도기업과 국내 기업의 주요 IT 분야 비교(하드웨어 제외)

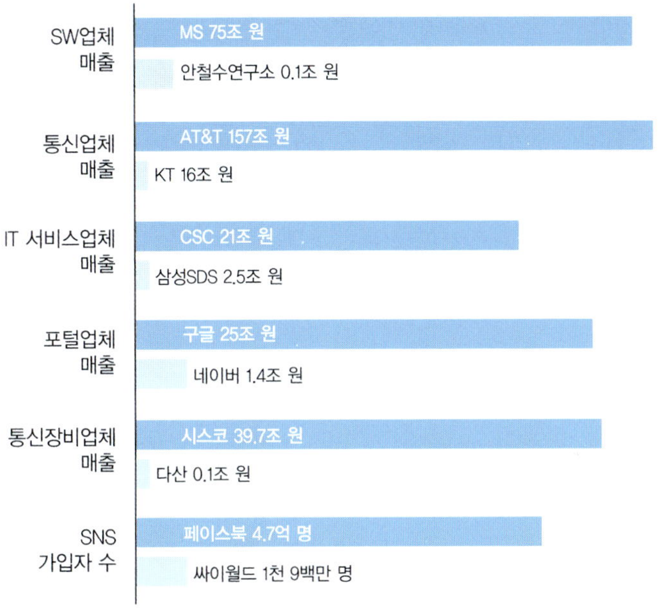

자료: 전자부품연구원 내부자료.

두 번째 이유는 핵심자로서 대기업의 실패이다. 생태계 관점으로 우리나라 스마트 기술산업을 보면 다양한 중소기업들이 제품 및 서비스를 제공할 수 있는 오픈 플랫폼이 매우 취약함을 알 수 있다. 우리나라는 MP3, 인터넷 전화, SNS(싸이월드), IPTV, 모바일 결제 등 많은 분야에서 세계 최초의 제품을 만들었으나 이를 하나의 플랫폼에 묶어낼 비즈니스 모델이 없었다. 우리나라의 대기업은 전형적인 닫힌 생태계에서 경쟁의 룰을 무시하는 시장지배자의 모습을 자주 보였고, 건강한 생태계의 '오픈', '공유', '참여', '감성' 등의 키워드와 거리가 멀었던 것이 사실이다. 이러한 환경 속에서 대기업은 장기적인 관점으로 생태계 내 중소기업을 육성하기

보다는 원가절감 압력 등을 통해 수익을 유지하고 생태계 내 양극화를 초래하는 원인을 제공하였다.

마지막은 우리나라 중소기업의 기술혁신 역량의 부재이다. 수직적 공급사슬 지배구조에서 우리나라 중소기업은 주로 대기업이 주는 먹이에 의존하며 창의적인 혁신활동보다는 원가절감을 위한 노력에 급급할 수밖에 없었다. 그 결과 생태계 내 중소기업은 혁신역량의 증진보다는 타율적 상생과 정부에 의한 공정성 제도 등을 기대하는 데 그치며 생태계 내의 공진화(co-evolution)를 기대하기 힘들게 되었다.

미래 비즈니스를 여는 산업생태계 플랫폼 전략

산업에 있어서 개방성, 다양성, 포용성의 가치는 널리 인정되었으나, 실제로 이를 어떤 방식으로 풀어가야 할지는 누구도 잘 알지 못했다. 그러던 중 이에 대한 해결책으로 제시된 것이 바로 플랫폼 모델이다. 플랫폼이란 인터페이스, 거래를 만들어내는 곳으로, 플랫폼 전략은 관련 있는 수많은 그룹을 하나의 장(場)에 모아 새로운 비즈니스를 창조하는 전략이다. 이것은 제품 생산의 발상과 조직의 발상을 뛰어넘어 탈 조직화하고, 기업이란 틀을 넘어서 산업생태계를 구축하도록 하는 전략이다.

플랫폼이 강조되는 시기는 대체로 커다란 변혁의 시기였다. 1800년대 초반 조지 스티븐슨(George Stephenson)이 기차라는 플랫폼을 만든 후 산업혁명이 일어났고, 스티브 잡스는 애플이라는 플랫폼을 만들어 스마트 혁명을 촉진하였다. 대한민국의 경제도 새로운 변혁의 시기에 놓여 있다. 아날로그에서 디지털을 넘어 스마트 시대로 가면 갈수록 플랫폼 전략의 중요성은 더욱 커져갈 것이다. 이제는 기차와 같은 하드웨어 플랫폼을 넘어서 스마트 플랫폼, SNS 플랫폼을 만들어가야 한다. 기차로 만들어진 플랫폼이 산업혁명을 알렸다면 스마트 시대의 플랫폼은 우리 사회에 스마트 혁명을 가속화할 것이다.

플랫폼 전략

플랫폼이란 컴퓨터 시스템의 기반이 되는 하드웨어 또는 소프트웨어로 응용 프로그램이 실행될 수 있는 기초를 이루는 컴퓨터 시스템을 의미한다. 예를 들면 메인 프레임은 대규모 데이터베이스를 구축하기 위한 플랫폼이고, MS-DOS나 윈도 ME, UNIX 등의 운영체계는 각종 응용 소프트웨어가 실행될 수 있는 플랫폼이다.[1]

이를 비즈니스에 적용시켜보면 플랫폼이란 전통적인 비즈니스 모델과 구별되는 새로운 비즈니스이다. 전통적 비즈니스가 물건을 만들고 파는 것이라면, 플랫폼 비즈니스는 산업생태계를 만들고 그 속에서 비즈니스가 일어나게 하는 것이다. 이안시티 교수(Iansiti 2004)는 플랫폼이란 '접속점들과 인터페이스들의 집합을 통해 생태계 구성원들이 이용가능한 문제해결책들의 집합'이라고 정의하였다. 또한 플랫폼이란 '나홀로' 개발의 상대적 개념으로 비즈니스 파트너들과 인터페이스들의 주도자(*keystone*) 역할을 통해 가치를 창출하고 문제를 해결하게 하는 것으로 플랫폼을 기반으로 생태계의 구성원들이 유기적으로 조합되며, 공통의 인터페이스 집합이 이루어지면서 생태계

1 네이버 지식사전.

가 구성된다.[2]

플랫폼은 장을 만들고 그 장에 초대받을 수 있는 참여자들을 불러들이기 위해 솔루션을 제공해야 하며 이것을 흔히 플랫폼의 보이지 않는 엔진, 킬러 콘텐츠라고 한다. 이는 플랫폼의 존재 이유가 된다. 다음으로 이러한 솔루션의 제공이 참여자들에게 재미, 만족을 줄 수 없다면 그 플랫폼의 매력은 떨어지게 되므로 플랫폼에서 얻는 뜻밖의 재미가 플랫폼이 번창하는 또 다른 원천이 된다. 전통적 비즈니스 모델이 물건을 만들어 판매하는 단기적 수익모델이라면, 플랫폼은 매력 있는 장, 생태계를 만들어 스스로 진화하는 중장기적인 비즈니스 모델이다.

애플의 아이폰은 휴대폰 플랫폼을 제공하면서 전방 공정의 생산과 후방 공정의 비즈니스의 접점을 만들어주는 역할을 하는 인터페이스들의 집합이라 할 수 있다. 공급자 중심의 제한적 애플리케이션을 제공하는 기존 업체들과 달리, 애플은 누구나 애플리케이션을 구축할 수 있는 플랫폼을 제공함으로써 30개월 만에 30만 개 이상의 앱 마켓을 조성하여 시장의 리더로 자리매김하였으며 아이폰이 창출한 플랫폼을 기반으로 애플리케이션을 개발하는 사람들의 폭발적인 창의력 생태계를 조성하여 아이폰의 가치창출을 극대화하고 있다.

또한 애플은 아이폰을 축으로 MP3, 음원제공자, 호텔 룸에 배치

2 김기찬(2007), "산업생태계 관점에서의 연구개발 전략과 플랫폼 리더십".

된 애플 도킹 오디오 시스템 등을 연결하는 후방 산업생태계를 만들고 있으며 아이튠스, 아이카(i-Car), 아이패드(i-Pad)와 같은 소프트웨어, 서비스, 하드웨어 등을 연결하는 인터페이스를 강화함으로써 사용상의 가치를 극대화하였다. 이처럼 애플은 플랫폼을 기반으로 전후방 산업생태계의 구성원들을 유기적으로 조합하고 이들과 공통의 인터페이스 집합을 바탕으로 산업생태계를 관리하여 성공한 대표적인 예이다.

플랫폼이 만들어내는 생태계

플랫폼 전략의 목표는 산업생태계를 만드는 것으로, 생태계형 발전을 통해 플랫폼과 산업생태계가 어떻게 형성되는지 알아보자. 흔히 '공생 발전'이라 말하는 생태계형 발전이란 플랫폼이 만들어내는 생태계를 도모하여 건강한 생태계를 형성하는 것으로, 다양한 플랫폼에서 다양한 생태계를 만들어내면 국가의 경제와 기업들이 발전할 수 있다.

전통적 비즈니스 모델은 하드웨어와 디바이스에 초점을 두고 상품 만들기(*produce*)와 팔기(*sell*)에 중점을 두었다. 생산하고 판매하는 과정에서 수익이 만들어지므로 좋은 공장에서 좋은 상품을 만드는 데 초점을 둔다. 이에 반해 플랫폼 비즈니스는 매력 있는 장(場)을 만들고 이들 장의 구성원들이 플랫폼에서 즐거운 체험을 하는 데 초점을 둔다. 플랫폼에서는 구성원들이 생산과 소비의 주체가 되어 플랫폼의 수익성이 만들어진다. 그래서 플랫폼 비즈니스에서는 생태계 구성원들을 어떻게 초대할 것이며, 이들이 플랫폼에서 즐거운 체험을 할 수 있도록 어떻게 도와줄 것인가가 핵심과제가 된다.

좀더 자세하게 디바이스 중심의 '얼음 모델'과 플랫폼 중심의 '매력 모델'을 비교해보자. 흔히 디바이스 모델이라고 설명되는 전통적 모델은 개별 기업 스스로의 경쟁력을 강조한다. 그래서 나홀로 전략이라 표현되며 닫힌 정원, 동물원, 온실로 표현된다. 이에 반해 플랫폼 비즈니스 모델은 플랫폼이라는 꽃을 중심으로, 여기에 벌떼들이 모이게 하기 위한 유인전략이라고 할 수 있다. 매력 있는 꽃이 되면 꿀벌들이 와서 생태계를 만든다. 꽃이 벌을 부르고 벌은 과일을 만들고 과일은 꿀을 만들며, 과일이 있으면 사람들은 저절로 모이게 되는 것이다.

앞에서도 살펴보았듯이, 노키아의 경우가 나홀로 전략을 고수하며 플랫폼 전쟁에 대비하지 못해 실패한 대표적 예이다. 디지털 시대의 왕자였던 노키아는 애플의 스마트 플랫폼이 지휘하는 생태계의 등장으로 몰락하였다. 플랫폼 전략은 상품 중심이 아닌 참가자 중심의 전략으로, 애플의 플랫폼은 생태계 구성원들의 경쟁과 협력을 통해 2011년 높은 영업이익률을 기록하였다. 반면 노키아의 경우 1998년 모토로라를 따돌린 후 세계 1위로 등극하여 몇 년간 왕좌를 유지했으나 애플의 등장으로 시장 점유율 75%를 잃어버렸다.

또 다른 사례로 소니의 VCR 시장전략을 들 수 있다. 소니가 개발한 베타 방식은 VHS 방식에 비해 기술적으로 훨씬 우월했으나, 소니는 협력업체들의 기술 제휴를 모두 거절하며 나홀로 전략을 고수하였다. 반면 VHS 방식의 삼성의 경우 경쟁자와의 협력 전략을 취하며 열린 혁신의 진화 플랫폼을 구축하는 등 개방적 협력 생태계를 형성함으로써 기술면에서 앞섰던 소니보다 큰 성공을 거두었다. '참여자가 많을수록 새로운 고객이 모인다'라는 생각 아래 경쟁자를 협력자로 만들어 함께 개발하고 제휴할 수 있는 개방형 플랫폼을 만들어 사실상 표준화에 성공을 거둬 시장의 표준이 된 것이다. 또한 소니는 이처럼 나홀로 경쟁에 열중하며 자신들의 주력 분야인 워크맨과 브라운 TV에만 집중한 결과 다음 세대를 준비하지 못해 디지털 TV를 공략한 삼성전자에 자신의 기반을 빼앗기게 되는 빌미를 제공했다.

오늘날 모바일 생태계에서는 애플 생태계, 구글 생태계, MS 생태계 간 경쟁이 치열하다. 이처럼 복잡한 기업 간의 관계를 주도기업을 중심으로 개편한 플랫폼이 주체가 되어 차세대 산업생태계를 이끌게 된다. 세계 제1의 제조국가였던 일본의 쇠락원인도 바로 플랫폼 전략의 부재에서 찾을 수 있다. 1990년대 거품경제 붕괴 이후 일본 기업들의 실적이 크게 악화된 상황에서 도쿄대 스에마쓰 교수는 교토에 근거지를 둔 정보기술(IT) 기업들이 높은 성장률을 기록한 점에 주목하였다. 그는 니치콘, 교토FM, 옴론 등 지속적으로 성장하는 '교토식 기업'을 직접 찾아다니며 이들의 공통된 경쟁력을 분석해 2008년 《교토식 경영》이란 책을 출간했다. 이 책은 소니, 파나소닉, 히타치 등 도쿄 기업들이 주류를 이루고 있던 당시 일본 산업계에 '교토식 기업'을 소개하면서 정체된 일본 기업들의 혁신 의지를 고취시켰다. 스에마쓰 교수가 말하는 교토식 경영은 일종의 플랫폼 전략으로 자사를 베이스로 삼고 강력한 리더십을 바탕으로 부품회사나 각종 서비스 등을 위에 쌓아가는 방법으로 나홀로 전략이 아닌 플랫폼 전략으로 경쟁력을 갖추는 것이다.

결국 플랫폼의 핵심은 개방성이다. 과거 중국의 사례를 보면, 건륭황제의 폐쇄국가 정책은 청나라가 몰락하는 계기가 되었으며, 등소평 시대의 개방 정책을 통해 중국 경제가 다시 성장하게 되었음을 알 수 있다. 흔히 로마 천 년 장수의 비결을 다른 나라들은 문을 만들 때 로마는 길을 닦고 문호를 적극 개방한 데서 찾곤 한다. 애플 또한 마우스로 시작하여 손가락으로 움직이는 플랫폼과 산업생태계를 만들고 이를 개방하여 성공을 거두고 있다. 이처럼 플랫폼을 구축하고 이를 개방하여 많은 이들의 참여를 유도하고 그들에게 동기를 부여하여 생태계의 영역을 넓혀가는 것이 스마트 경쟁 시대의 성공 비법임을 알 수 있다.

성공하는 플랫폼 생태계

플랫폼 성공함수

플랫폼이란 장, 사람들이 오고가는 운동장, 또는 콘텐츠를 담는 그릇으로 물리적이든 가상적이든 사람들이 모일 수 있는 공간이며 그 공간 속에서 수많은 인터페이스들이 존재하고 그들이 집합을 이루게 된다. 이러한 인터페이스는 사회와 관계 형성의 최소 단위로, 생태계 형성의 출발점이 된다. 여기서는 단순한 개별 기업의 상품 생산과 판매를 통한 이익 극대화보다는 참가자들을 머물게 하고, 그동안 일어나는 생태계 전반의 비즈니스의 성과 창출을 지향한다. 따라서 플랫폼 생태계는 판매 전략이 아닌 경쟁과 협력 전략을 중심으로 삼는다.

이러한 플랫폼이 형성되기 위해서는 인터페이스가 일어날 확실한 이유가 있어야 하는데 이것이 바로 킬러 콘텐츠이다. 킬러 콘텐츠란 플랫폼의 보이지 않는 엔진으로 아이팟은 음원이라는 킬러 콘텐츠가 있었다. 또한 이런 플랫폼이 진화하기 위해서는 인터페이스가 번창할 이유가 있어야 하는데 이것이 바로 흥분과 재미, 즉 세렌디피티(*serendipity*)이다. 예를 들어 아이폰은 보완재들이 발달하면서 사용자들에게 뜻밖의 재미를 지속적으로 제공해 성공을 거두고 있다. 플

〈그림 5-1〉 플랫폼 성공함수

플랫폼 성공함수
매력있는 플랫폼= f (solution: 킬러콘텐츠, serendipity: 뜻밖의 재미)

랫폼의 성공을 위해서는 플랫폼을 중심으로 보완재를 만들어가는 산업생태계 파트너인 협력자들이 더 많은 보완재를 만들어가도록 지원해주는 플랫폼 리더십도 필요하다.

이를 요약하여 플랫폼 성공함수로 표현하면 〈그림 5-1〉과 같다. 솔루션은 생태계를 방문하게 하는 힘으로 킬러 콘텐츠를 제공하는 힘이다. 이는 혼자만의 경쟁력으로 결정되는 것이 아니며, 생태계 내의 협력자들이 만들어내는 보완재가 풍부할수록 그 힘은 커지게 된다. 두 번째로 세렌디피티는 참여자들을 재방문하거나 머무르게 하는 힘을 나타내는 것으로, 체험과 흥분을 키워줄수록 성공하는 플랫폼이 될 수 있다. 즉, 솔루션이 많고 세렌디피티가 클수록 그 생태계는 더 성공할 수 있다.

서울역의 사례를 통해 살펴보자. 서울역은 철도 산업인가, 플랫폼 산업인가? 철도 산업은 기차와 철도라는 하드웨어와 디바이스를 통해 기차표를 파는 비즈니스이다. 그러나 이러한 비즈니스로는 플랫

〈그림 5-2〉 디바이스와 플랫폼

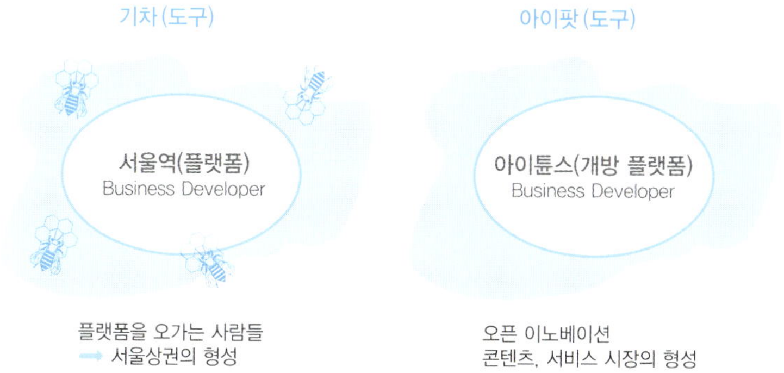

폼이 될 수 없다. 서울역이 플랫폼이 되려면 여행자의 접점에서 여행자들에게 '흥분'을 파는 곳이어야 한다. 여행자 접점의 주도기업 역할로 이용자가 쉽게 접근할 수 있도록 접근 용이성을 관리해야 한다. 또한 신속하고 안전한 이동이라는 킬러 콘텐츠를 통해 해결책을 제공해야 하며 이것이 서울역 플랫폼의 보이지 않는 엔진이 된다. 이러한 킬러 콘텐츠의 경쟁력 없이는 항공, 버스 등의 대체 수단에 밀릴 수밖에 없다. 마지막으로 서울역에 가면 뜻밖의 재미가 있어야 한다. 이를 제공하기 위해 서울역은 하드웨어 공간에서 소프트웨어 공간, 문화 공간으로 바뀌고 있다. 전국 각지의 회원들이 서울역을 통해 서울에서 열리는 조찬모임이나 저녁모임 등에 참석하거나 그 외 쇼핑이나 문화, 여가생활을 즐길 수 있게 된 것이다. 서울역 플랫폼 콘텐츠가 풍부해지면서 서울의, 대한민국의 생태계가 발전하고 있다. 만일 서울역이란 플랫폼에 이러한 흥분이 없다면 결국 녹슨 기차(하드웨어)만 남게 될 것이다. 결국 플랫폼 전략의 가장 중요한 점은 플랫폼 참가자를 즐겁게 해야 한다는 것이다. 나 혼자 가면 빨리 가지만 함께 가면 오래갈 수 있다는 것을 기억해야 한다.

디바이스 시대가 플랫폼의 시대로 바뀌고 있다. 기차라고 하는 디바이스 중심의 개념이 서울역이라고 하는 플랫폼 중심의 개념으로 변하면서 플랫폼을 오가는 사람들을 통해 서울에 상권이 형성되었다. 또한 애플은 아이폰이라는 디바이스를 통해 아이튠스라는 플랫폼을 만들어 콘텐츠와 서비스의 상권을 형성했으며 이러한 변화가 애플이 주도하는 스마트 혁명을 가져왔다.

플랫폼이 많은 나라가 발전한다. 우리나라도 30분 단위로 기차 플랫폼이 만들어지며 발전했다. 서울역에서 30분 기차를 타면 수원이, 수원에서 30분을 타면 천안, 대전, 김천역이 나온다. 이러한 기차 플랫폼이 도시를 만들고 이 도시들이 발전하며 상권을 형성한다. 플랫폼의 참가자들은 생산의 주체이면서 소비의 주체이기 때문에 그 자체가 만들어내는 경제의 힘은 자기 진화력을 가진다는 강점이 있다.

플랫폼의 성장 - PASS 1에서 PASS 2로

플랫폼은 2단계의 과정을 거쳐 성장한다. 우선 플랫폼의 생성단계인 1단계는 해결책의 집합 단계(Platform As a Set of Solution, PASS 1)이

〈그림 5-3〉 플랫폼의 진화, 해결책을 넘어 뜻밖의 재미 제공

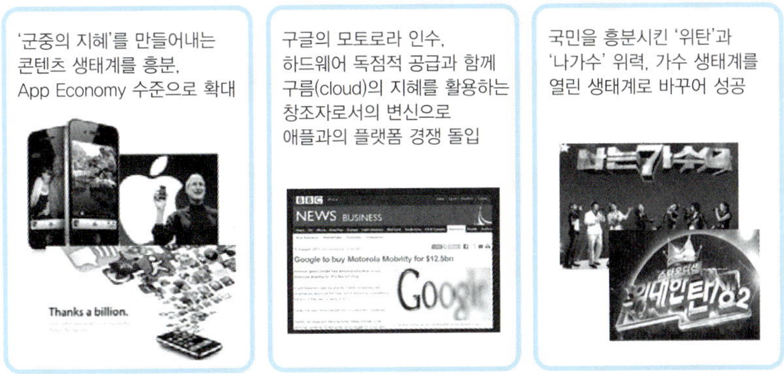

다. PASS 1형 플랫폼에서는 우선 다양한 해결책을 제공해야 하며 킬러 콘텐츠를 가지고 있어야 한다. 해결책이 많을수록 생태계는 다양하고 건강해지기 때문이다.

다음으로 플랫폼의 성장단계에서는 흥분의 요소가 많아야 한다. 이것이 흥분의 집합으로서의 플랫폼(Platform As a Set of Serendipity, PASS 2)이다. PASS 2 단계에서는 체험의 성과가 기대보다 커야 한다. 즉, 뜻밖의 재미인 '세렌디피티'가 있어야 한다. 닫힌 정원이나 동물원에서는 뜻밖의 재미를 기대하기 어렵다. 열린 혁신이 가능할 만큼 개방되어 있어야 한다. 열린 생태계에서는 구성원 간 협력뿐만 아니라 경쟁을 통해서 늘 진화하는 흥분을 만들어내야 한다.

산업생태계를 흥분케 하는 열린 혁신

'앱 생태계를 흥분시켜라.' 이것이 애플 플랫폼 전략의 과제였다. 애플은 앱 생태계 창조에 성공했고, 콘텐츠 장터에 수많은 인파가 몰리고 있다. 열린 플랫폼에서 만들어진 경쟁과 혁신의 결과이다.

열린 혁신(*open innovation*)의 좋은 예가 바로 '위탄'과 '나가수' 모델이다. 무대를 매너리즘에 빠진 스펙이 좋은 가수, 유명한 가수가 독점한다면 국민들은 식상해 할 것이지만, '위탄'(위대한 탄생)과 '나가수'는 닫힌 가수생태계를 열린 생태계로 바꾸어 국민을 흥분시키고 있다. 닫힌 정원이 열린 결과, 늘 '그 나물에 그 밥'으로 식상해 있던 무대에 전국 방방곡곡의 숨은 가수가 등장하고 있기 때문이다. 7명의 내로라하는 가수가 모든 정성을 기울여 노래를 부르고, 그중 1등을 차지한 가수만 칭찬하는 것이 아니라 탈락하는 1명에게도 따뜻한 배려와 위로를 보내는 것이다. 따뜻한 경쟁의 모습이다. 이것이 열린 정원(*open garden*) 플랫폼과 진화하는 생태계의 위대함이다.

미국 하버드대 안드레이 학주(Andrei Hagju) 교수의 말처럼 플랫폼 전략이란 기업이라는 틀을 넘어 생태계를 창조하는 전략이다. 이제 스마트 시대의 산업정책은 산업생태계의 설계자가 돼야 한다. 플랫폼 기업인 대기업들은 산업생태계의 구성원인 중소기업을 흥분시키는 PD(*program director*)가 돼야 한다. 그들의 중소기업에 대한 역할은 지배자가 아닌 지휘자가 돼야 한다.[3]

3 〈한국경제신문〉 시론(김기찬, 2011. 8. 18) 편집 수정.

인천국제공항 플랫폼 PASS 전략의 성공사례

인천국제공항은 터미널인가 플랫폼인가? 흔히 정거장이란 디바이스 관점에서 버스나 열차 등이 일정하게 머무르는 장소를 말하나, 플랫폼이란 고객의 관점, 산업생태계 관점에서 정의하며 사람들의 흥분과 감동이 머무르고 사람들이 활동하는 공간으로, 흥분과 감동이 있을수록 이 공간은 발전하게 된다. 인천국제공항은 이런 점에서 플랫폼이라 볼 수 있다.

570여 개 기업의 3만 5천 명이 함께 일하는 인천국제공항에서는 제2의 국무회의가 열린다고 할 정도로 공항 내 정부기관 대표들이 모여서 인천국제공항을 방문하는 모든 사용자들을 위한 뜻밖의 재미를 만들어내기 위해 토론하며 노력하고 있다. 이는 세계 공항 서비스 평가 1위를 6년간 유지하는 원동력이라 할 수 있다.

플랫폼은 접근성이 중요한데 인천국제공항은 영종도 국제고속버스터미널이라 불릴 만큼 많은 버스 노선으로 접근성이 용이하며, 음악회 등이 열리는 등 문화가 있는 컬처 포트(*culture port*)화하고 있다. 또한 이 허브공항의 효자라 할 수 있는 환승객의 수가 늘어나고 있으며, 환승 평균시간인 5.2시간 동안 여행객들에게 흥분과 재미를 제공하기 위해 인천국제공항은 다양한 투어 프로그램을 진행하고 있다.

인천국제공항의 산업생태계에서의 또 하나의 경쟁력은 혼잡하지 않은 공항을 만들었다는 것이다. 2004년 세계 최초의 출입국 승객 예고 시스템 도입과 출입국 심사대의 탄력적 운영을 통해 출입국이 가장 빠른 공항이 되었다. 또한 연간 4천 4백만 명의 수용능력을 가지고 있어 세계 3대 별 다섯 개 공항으로 꼽히고 있다.

또한 인천국제공항은 감동이 있는 공항을 지향한다. 부드럽고 편안한 친환경적 건축소재인 나무 바닥재로 만들어진 인천국제공항 여객터미널의 바닥은 여행객들에게 편안한 느낌을 제공하며 또 다른 만족감을 주고 있다. 공항 면세점은 편의점 쇼핑으로 명품의 가치를 떨어뜨린다며 자국의 면세점에도 입점하지 않은 루이비통이 최근 세계 최초로 입점하는 등 인천국제공항은 최고의 흥분을 주는 쇼핑 공간으로 발전하고 있다.

이렇게 단지 통과하는 정거장이 아니라 승객들이 머물고 즐기는 공간이 된 인천국제공항은 단순 정거장인 시카고 공항의 승객 1인당 소비금액이 6달러밖에 되지 않는 데 비해 평균 32~50달러 정도의 높은 수익을 올리고 있다. 인천국제공항은 나아가 이러한 노하우를 바탕으로 러시아 공항, 이라크 아르빌 공항의 운영 파트너가 되는 등 플랫폼의 노하우를 팔며 영역을 확장하고 있다. 이는 대한민국의 플랫폼 경쟁력이 세계로 나아가고 있는 좋은 사례라 볼 수 있다.

미래 플랫폼의 진화에는 솔루션을 만들어내고 꿈을 주는 드리머(*dreamer*)와 이를 흥분으로 만들어가는 XP 매니저(*experience manager*)가 필요하며 이들의 플랫폼적 사고가 플랫폼 진화의 핵심적 요소가 된다. 플랫폼적 사고란 제품을 만들어 물건을 파는 것이 아니라 장을 만들어 누구를 참여시킬 것인가를 고민하는 것이다. 즉, 물건을 팔아 이익을 남기기보다는 플랫폼에 참여하는 사람들이 원하는 해결책을 줄 수 있는 콘텐츠를 개발하고 그 콘텐츠를 활용하는 사람들, 체험하는 참여자들이 흥분과 만족을 느끼게 하는 데 초점을 두는 사고로 솔루션에 해당하는 PASS 1 전략이 성공할수록 소비자들은 생태계에 참여하고자 하는 기대가 높아지며, 세렌디피티에 해당하는 PASS 2 전략이 성공할수록 체험의 성과로 재방문 의사가 높아지게 된다.

실제 성공한 애플과 구글의 플랫폼 성공의 비밀 또한 이러한 '해결책' 이상의 '뜻밖의 재미'를 주는 데 있다. 애플의 경우 제품 생산에 있어서는 폐쇄성을 가지고 있으나 운영체계 플랫폼은 개방하여 콘텐츠 장터인 앱스토어, 아이튠스를 활성화하였다. 또한 소비자에게 재미와 흥분을 주는 앱 생태계를 형성하고 이를 즐기기 위해서는 애플의 기기만을 사용하게끔 유도하여 많은 수익을 올리고 있다. 구글 또한 안드로이드라는 플랫폼을 개방하여 많은 기업들을 불러 모아 구글 왕국을 형성하며 클라우드를 활용하는 창조자로서의 변신을 통해 애플과 플랫폼 경쟁에 돌입하였다.

플랫폼의 변화를 원할 때는 기본으로 돌아가서 어떤 솔루션을 줄 것인지 생각해야 하고, 플랫폼을 진화시키기 위해서는 참가자들에게 어떤 감동을 줄 수 있을지 고민해야 한다. PASS 1 전략은 참가자들에게 희망과 기대를 주는 플랫폼이 되도록 하는 역할을 하며, PASS 2 전략은 참가자들에게 체험의 흥분을 만들어주어 그 생태계에 대한 만족도를 높이는 전략으로 이 두 전략이 성공을 거둘 때 그 생태계는 미래 지속적인 성장이 가능한 생태계가 될 수 있다.

플랫폼 구성원의 역할

플랫폼에 참가하는 산업생태계 구성원들의 역할을 살펴보면 플랫폼에는 지배자가 아닌 지휘자의 역할을 하는 플랫포머가 있어야 하며, 전도사의 역할을 하는 에반젤리스트와 보완자(*complementor*)가 있어 다음 세대를 창출해나가는 수분활동(*pollination*)이 일어나야 한다. 자연생태계에서 꽃을 플랫폼이라 보면 꽃을 관리하는 꽃집 주인이 플랫포머가 되며 꽃 주위에 몰리는 꿀벌들이 에반젤리스트가 된다. 또한 양봉업과 과수원이 생태계를 활성화하는 보완자가 되며 꿀벌을 통한 수분활동 및 짝짓기가 생태계를 지속시킨다.

산업생태계에서는 플랫폼을 보유한 기업이 플랫폼 총무가 되어 생태계를 조직하고 중소기업들이 에반젤리스트가 된다. 플랫폼이 번창하기 위해서는 많은 중소기업들이 모여야 하며, 또한 플랫폼의 매력을 높이는 보완자들, 예를 들어 애플리케이션 개발자나 벤처기업 등의 유입과 다음 세대로 이어지는 지속 가능한 생태계를 만들기 위한 R&D, 연구개발 등 기술혁신 활동이 꾸준히 일어나야 한다. 플랫폼 전략을 생각하는 순간 이러한 플랫폼 구성원들의 역할을 설명할 수 있어야 건강한 산업생태계를 만들어갈 수 있다.

이들 중 가장 중요한 역할인 플랫포머는 회장으로 군림하기보다는

〈표 5-1〉 생태계 참가자의 역할

역 할	자연생태계	산업생태계
platform(핵심기업 : Keystone)	꽃	플랫폼
platformer(총무)	꽃집 주인	플랫폼 총무(생태계조직자)
evangelist(전도사)	꿀벌	플랫폼 전도사
complementor(보완자)	양봉업, 과수원	앱 기업/program provide/벤처
pollination(2세 만들기)	수분활동, 짝짓기	R&D 연구개발

총무로서 봉사하고 지휘하는 역할을 해야 한다. 지배자가 아닌 지휘자로 어떤 사람을 참가시킬 것인지 고민하고 킬러 콘텐츠를 만들어내기 위해 노력해야 하며 그렇게 만들어진 장이 번창하도록 뜻밖의 재미를 줄 수 있게 가꾸어야 한다. 참가자들을 얼마나 흥분시키는가가 그 생태계가 번창할 수 있는 척도이기 때문이다. '나는 가수다'라는 프로그램은 가수를 스펙 중심이 아닌 실력 중심으로 등용하며, 경쟁에서 이기는 가수를 계속 무대에 올리는 열린 모델을 구축하여 시청자들에게 끊임없는 재미와 관심을 유발하고 있다. 이는 방송 설계자가 플랫폼 총무의 역할을 충실히 수행하는 좋은 예이다.

플랫폼 내의 다양한 생태계 참여자들이 함께 만든 다양한 해결책들을 통해 참여자들에게 흥분이 일어나면, 감동이 많아지고 플랫폼은 진화한다. 이때, 누가 주도기업이고 지지자인지 구분하여 각자의 역할을 잘 수행하는 것이 중요하다. 플랫폼 전략이 진화할 때 대체로 비즈니스의 형태는 일방향에서 쌍방향, 다방향으로 점차 진화하게 되며 이러한 과정은 가치창출의 원천이 다변화된다고 설명될 수 있다.

일방향 비즈니스는 전통적 생산과 판매의 비즈니스를 말하며 이것이 쌍방향으로 발전하면서 플랫폼이 등장하게 되었다. 공급자와 수요자를 만나게 해주는 플랫폼으로 예를 들어 기차 플랫폼은 여행을 떠나는 자와 보내는 자, 돌아오는 자들의 중개자 역할을 한다는 점에서 쌍방향 플랫폼이 되며 이것이 여행 생태계를 만들어낸다. 또 모바일 생태계를 살펴보면 모바일 플랫폼인 OS는 검색비용을 줄여주고 콘텐츠를 만드는 개발자와 사용자를 연결시켜줌으로 인해 모바일 생태계를 발전시킨다.

다음으로 이 쌍방향이 더욱 발전하면 다방향이 되는데, 예를 들어 하버드 비즈니스 스쿨은 성공한 다방향 교육 플랫폼이다. 최고의 교수들과 최고의 학생들이 만들어낸 플랫폼에서 기업들은 연구의 파트너로서, 인재 수요의 파트너로서 상호 유기적인 협력과 경쟁을 하여 커뮤니티형 플랫폼이 만들어졌고, 이것이 하버드 비즈니스 스쿨의 생태계를 만들어 교육의 질과 연구의 질을 높여가고 있다.

플랫폼 리더십

앞에서 말했듯이 생태계형 발전이란 플랫폼이 만들어내는 생태계를 건강하게 만들어가는 과정으로, 시대별 플랫폼의 변화를 읽을 수 있어야 하며 그 플랫폼에 어떤 사람을 참여시키고 그 사람들을 어떻게 머물게 하고 생활하게 할 것인지가 중요하다. 그러면 비즈니스는 산업생태계속에서 저절로 일어난다. 그래서 이안시티 교수는 플랫폼을 생태계 주도기업이 생태계 구성원들과 가치를 공유하는 패키지(*package*)라고 정의하였다.

이처럼 산업생태계 구축을 위하여 주도기업은 플랫폼을 중심으로 협력자들이 더 많은 보완재를 만들어가도록 플랫폼 리더십을 가지고 생태계를 구축하고 이 생태계가 건강해지고 풍성해지도록 노력해야 한다. 이를 통해 산업생태계의 네트워크 효과를 기대할 수 있다. 따라서 플랫폼 전쟁의 성패는 플랫폼을 주도하는 중심기업의 리더십에 달려있다고 해도 과언이 아니다.

플랫폼 리더십이란 업계의 리더인 한 기업이 어떤 단일 산업의 구성원이 아닌 다양한 산업에 걸친 산업생태계를 조직하고, 환경 변화의 대응과정에서는 중심이 되어 분업과 협력을 통해 새로운 혁신을 주도하는 것이다. 플랫폼 리더는 자사의 제품을 기반으로 다른 기업들이 제품이나 서비스를 개발할 수 있도록 유도하는 등 생태계 전체의 차원에서 신제품 개발과 생산을 지원하고, 고객니즈를 만족시키고, 궁극적으로 차세대 혁신을 구현하기 위해 협력적으로 때로는 경쟁적으로 작동하는 생태계를 구축하는 역할을 한다. 플랫폼 리더 기업이 지속적으로 생태계를 성장시키고 진화하기 위해 필요한 플랫폼 리더십 관리의 명제로 김기찬(2007)은 〈표 5-2〉와 같이 아홉 가지 법칙을 제시하였다.

기업의 경쟁력을 생산을 통해 만들어내는 생산 중심 시대에서 마케팅을 통해 만드는 마케팅 중심 시대를 넘어 현재 생태계 중심 시대로 넘어감에 따라 생태계의 경쟁력인 플랫폼 전략이 매우 중요해지고 있다. 플랫폼 전략은 플랫폼이라는 중심 역할을 통해 참여자에게 동기를 부여하고 관계를 활성화하며, 경쟁과 협력을 통해 생태계 전체의 시너지를 만들어나가 그 성과를 배분하는 전략이다. 이러한 플랫폼 전략이 효과를 거두기 위해서는 산업생태계의 핵심 관계인 플랫폼을 주도하는 주도기업과 지원하는 니치(*niche*)인 중소 전문기업이 있어야 한다. 주도기업은 지배자가 아닌 지휘자로 참여자들에게 지속적인 감동을 주기위한 혁신을 이끌어가고 중소 전문기업은 생태계적 지위를 유지하기 위해 다른 전문기업과 차별화할 수 있는 기술 혁신 등의 노력을 지속적으로 해나가야 한다.

〈표 5-2〉 플랫폼 리더십 관리 명제

1. 플랫폼 마당의 법칙	좋은 플랫폼은 다양한 이해관계자들이 협력하며 뛰어놀 수 있도록 시설 좋은 운동장(마당)을 만들어주어야 구성원들도 발전하고 운동장 주인의 사업도 발전할 수 있다.
2. 외부성의 법칙	외부성이란 둘이 열심히 거래하다보니 새로운 고객이 생기거나, 새로운 지식 · 기술이 생겨 생태계에 다시 활력을 주는 효과로 플랫폼 리더는 이러한 네트워크의 외부성을 높여가야 한다.
3. 지휘자의 법칙	지배자가 아닌 지휘자로서의 플랫폼 리더 역할을 통해 생태계에서 기업 간의 상생이 일어나도록 해야 한다. 이는 기술만으로는 어려우며 상생의 철학이 있어야 하고, 플랫폼의 안정적 유지를 위해서는 플랫폼 리더가 외부성을 지배하거나 훔치려 해서는 안 된다.
4. 꿀벌의 법칙	플랫폼 주위의 비즈니스 파트너들이 많을수록 시장에서 플랫폼의 힘은 커진다. 꿀벌과 꽃이 만나 꽃이 열매가 되게 하는 수분활동이 일어나고 그 열매가 또 다른 꽃을 만들어 다음 세대의 생태계로 진화하는 힘이 된다.
5. 열린 플랫폼과 열린 생태계의 법칙	답을 내부에서 찾는 닫힌 시스템은 지속 가능성이 떨어지며, 개방적이고 열린 플랫폼 시스템이 지속적으로 외부성 효과를 키우고 성장할 수 있다.
6. 문제 해결적 플랫폼의 법칙	플랫폼의 가장 중요한 역할은 생태계 구성원들의 공통문제를 해결하는 것으로 플랫폼은 생태계가 조직되는 기반기술의 잠재력을 열어야 하며, 생태계 구성원들이 직면한 근본적인 공동의 문제를 풀어야 한다. 참가자들은 이를 바탕으로 더 쉽게 자신들의 부가가치를 실현할 수 있다.
7. 영성과 소통의 법칙	나홀로 모델이 영역을 나누는 접근, 지성적 접근이라면 플랫폼 접근방법은 통합적이고 영성적 접근이라 할 수 있다. 이를 위해서는 생태계 구성원 및 내부 고객과의 소통이 중요하며 이러한 소통의 과정에서 향후 플랫폼의 진화 방향에 대한 장기적 로드맵을 구성원들에게 제공하여 생태계의 안정성을 높이는 동시에 체계적인 혁신활동이 이루어질 수 있다.
8. 경제 존중의 법칙	파트너 영역에 함부로 침범하지 말라(Cusumano & Gawer 2002), 플랫폼 리더가 그 영향력을 플랫폼 니치(*niche*)에까지 확장하려 하면 이는 개선과 창의성을 저해하는 것으로 인식되어 생태계 구성원들의 반발을 불러올 수 있다.
9. 상호작용의 법칙	생태계 구성원들과의 갈등을 미연에 방지하기 위해서는 연결의 다중성을 구축할 필요가 있다. 이는 파트너들 간에 다양한 종류의 관계, 상호작용이 동시에 일어나는 것을 의미한다. 이러한 다중성 증대는 현재 관계들의 범위를 확장하며 기업들이 보다 넓고 깊게 서로 상호작용함에 따라 서로의 능력과 특성을 더 잘 이해하여 네트워크의 안정성을 이끌 수 있다 (Cusumano & Gawer 2002, Dhanaraj & Parkhe 2006).

포스코의 3T(Trust, Together, Tomorrow)와 공생 발전 4

포스코의 동반성장의 모토는 Trust, Together, Tomorrow의 3T이다.

이를 위해 포스코는 기술 협력, 금융 지원, 구매 및 협력, 교육 훈련, 마케팅 등 경영 전 부문에 걸친 65개 동반성장 프로그램을 운영하는 동시에 동반성장 및 공정거래 협약 체결, 포스코 그룹 차원의 동반성장 활동 추진, CEO 주관의 중소기업 의견 수렴 활동을 벌이고 있다. 특히, 2010년부터 동반성장 활동 실적을 임원 인사 평가에 반영하고 있다.

뿐만 아니라 중소기업이 중견기업으로 성장하면 해당 기업 자체의 경쟁력 확보는 물론, 산업생태계 차원에서 새로운 시장과 사업 기회를 만들어내는 데 중요한 역할을 할 것이라는 판단하에 포스코는 2011년 3월 글로벌 중견기업 육성 지원방안을 마련하였다.

서울엔지니어링, 동방플랜텍, 동주산업 등 28개의 유망 협력 중소기업을 선정하여 글로벌 중견기업 육성 협약을 체결하였으며 선정된 중소기업에 대해 해마다 핵심기술 보유현황, 성장목표 등의 기준에 따라 심사하여 2015년까지 10개, 2020년까지 30개의 글로벌 중견기업으로 성장시킬 구체적인 목표를 수립하고 이를 위해 협력 중소기업들에게 기술역량 증진, 해외 판로 지원, 컨설팅 및 교육 등을 통해 실질적인 자체 경쟁력을 갖출 수 있도록 지원하고 있다.

포스코는 최근 벤처 및 창업활동 지원을 활성화하는 동반성장의 또 다른 모델을 제시하였다. 임직원을 대상으로 실시하던 신사업 아이디어 공모를 대학생, 청년 실업인, 중소기업 등까지 확대하고, 공모 분야도 철강은 물론 소재, 에너지 및 자

4 포스코 "2010 지속가능성 보고서"에서 필요자료를 발췌, 재편집하여 구성하였음.

원, 해양사업 등 첨단융합 부문까지 범위를 확장하였다. 선정된 우수 아이디어 중 제안자가 직접 사업화하고자 할 경우에는 포스코가 지분으로 참여해 사업화할 수 있도록 도와주며 제안자가 아이디어만 제공할 경우 가치를 객관적으로 평가하여 제안자에게 보상한다. 더 나아가 포스코는 비즈니스 인큐베이터와 엔젤투자를 통해 설립 3년 이내의 초기 벤처기업이 제품 개발, 시제품 생산 등에 필요로 하는 자본금을 지원함으로써 청년 창업을 활성화하고 있다.

건강한 산업생태계를 만들기 위해서는 상호 신뢰의 사회적 자본이 선행되어야만 한다. 포스코의 동반성장 파트너십은 중소기업과의 신뢰가 쌓일 때 비로소 그 효과를 거둘 수 있으며, 그 신뢰는 생태계의 주도기업인 포스코가 먼저 리더십을 가지고 보여주어야 한다. 포스코의 열린 리더십을 기대해본다.

산업생태계의 토양,
중소기업 R&D와 인력

앞에서 언급하였듯이, 포지티브 섬을 통한 원-윈 게임(*Win-Win Game*)의 동반성장 구조로 나아가기 위한 경작형 동반성장의 패러다임에서 가장 강조되어야 할 항목은 '생태계의 핵심인 수분활동과 짝짓기(*mating*)에 해당하는 연구개발활동'이다. 또한 우수한 인력의 지속적인 유입은 건강한 생태계를 유지시키는 필수 영양분이다. 그러나 우리나라 중소기업의 R&D와 인력은 대기업에 비해 무척 열악한 실정이다. 중소기업이 생태계 내의 전문기업으로 성장해 생태계의 진화를 이루기 위해서는 R&D 역량과 우수한 인력을 확보하는 것이 시급하다.

중소기업 R&D, 인력 현실

2009년도 기준으로 우리나라 중소기업 사업체수는 307만 개, 종사자 수는 1,175만 명으로 전체 사업체의 99.9%, 전체 고용의 87.7%를 차지하고 있다. 이는 일본, 대만, 미국, 영국 등 주요국에 비하여 월등하게 높은 수치이다. 특히 〈표 6-1〉의 연대별 제조업 중소기업과 대기업의 경제발전 기여율을 비교하면, 중소기업은 2000년대 들어 고용 기여율이 (+)128.7%로, 대기업의 (-)28.7%와 비교해볼 때

〈표 6-1〉 연대별 제조업 중소기업과 대기업의 경제발전 기여율 비교

구분			1960년대 (63~69)	1970년대 (70~79)	1980년대 (80~89)	1990년대 (90~99)	2000년대 (00~09)	전체 (63~09)
사업체수	기여율	중소기업	94.0	94.8	99.4	102.2	101.0	99.6
		대기업	6.0	5.2	0.6	△2.2	△1.0	0.4
종사자수	기여율	중소기업	38.1	47.1	81.9	△6.8	128.7	78.6
		대기업	61.9	52.9	18.1	△93.2	△28.7	21.4
생산액	기여율	중소기업	26.5	32.2	45.7	50.3	47.8	47.6
		대기업	73.5	67.8	54.3	49.7	52.2	52.4
부가가치	기여율	중소기업	25.7	35.7	47.7	50.5	50.8	50.5
		대기업	74.3	64.3	52.3	49.5	49.2	49.5

자료: "통계청, 광업·제조업조사 가공 및 재편"(2011년도 중소기업 연차보고서), 중기청.
종사자수 5인 이상 기준이며, 증감은 기간 중 증감수치임.
기여율은 전체 증감분에 대한 중소기업(또는 대기업) 증감분의 백분비(%)임.

신규 일자리의 창출을 주도하고 있다.

이와 같이 중소기업 성장과 발전은 신규 고용을 촉발하고 서민층의 소득을 증대시켜 민간 소비와 투자를 진작하고 서민층의 안정화와 국민경제의 선순환 정착에 중요한 역할을 담당하고 있다. 특히 최근 규제 완화와 기업하기 좋은 환경 마련, 대기업-중소기업 간 공생 분위기 조성 등은 중소기업의 경영환경 개선에 일조할 것으로 기대된다.

그러나 우리 중소기업이 성장·발전하는 데 있어 긍정적인 면뿐만 아니라 위기요인들도 크게 불거지고 있다. 중소기업이 새로운 성장 잠재력을 확충하기 위해서는 우리나라와 같이 제조업 중심의 국가에

〈표 6-2〉 주요국의 중소기업 현황

(2009년 기준)

구분	사업체수(천개)		종사자수(천명)	
	중소기업	비중(%)	중소기업	비중(%)
한국	3,066	99.9	11,751	87.7
일본	5,652	99.1	41,984	77.8
대만	1,232	97.9	8,066	78.5
미국	6,031	99.7	59,867	49.6
영국	4,828	99.9	13,639	59.8

자료: "2011년도 중소기업에 관한 연차보고서", 중소기업청.

서는 R&D를 통한 혁신역량의 배양이 무엇보다도 중요하다. 최근의 과학기술 관련 조사·보고에 따르면 대기업과 중소기업 간 혁신역량의 격차는 갈수록 심화되고 있다. 또한 〈그림 6-1〉의 제조업 기업의 규모별 R&D 투자 및 R&D 투자 증가율을 살펴보면, 민간 R&D 투자에서도 일부 대기업에 집중된 이른바 'R&D 투자의 킹콩효과'(*king-kong effect*)가 내재하여 선진국에 비해 산업혁신과 기술혁신을 위한 역량구조가 허약한 실정이다.

한국산업기술진흥원의 최근 조사〔3,029개 사 대상, 695개 기업(대기업 77, 중견기업 100, 중소기업 415, 벤처기업 103)〕에 따르면, 중소기업의 R&D 투자의 핵심 장애는 기술개발 인력과 자금의 부족으로 나타났다. 〈표 6-3〉의 기업군별 R&D 투자 확대 애로요인 조사결과를 보면, 기업 유형에 관계없이 기술개발 인력의 부족문제가 공통으로

중소기업의 신규 고용창출 등 사회적 책무를 평가에 반영

한편 최근 급속도로 확대되는 고용보조형 기술개발 지원정책은 지속성장 정책으로는 어울리지 않는다. 이는 단기 정책에 불과하며 결과적으로는 기업의 경쟁력을 저하시키는 한 원인이 될 수 있다. 따라서 현재 시행되는 고용연계형 기술개발 정책은 '고용을 확대하여 시행하는 기업에 대해 더 많은 기술개발자금이 지원될 수 있도록 개편되어야 한다'. 이러한 정책은 간단하게는 연구개발과제 수행주체 선정 시 선정평가지표 개정을 통하여 쉽게 적용할 수 있다. R&D 자금지원이라는 정책수단을 통하여 사회구성체로서의 기업의 책무에 대한 정책적 요구와 신호를 지속적으로 내보낼 필요가 있다. 또한 한발 더 나아가 기술개발 지원정책은 이를 유도할 수 있는 방향으로 전환할 필요가 있다. 이는 고용이라는 사회 공동문제에 대한 기업의 기여에 대한 '응분의 대가로서의 기술정책' 중 하나로 자리매김하여야 한다. 기업의 사회적 책무에 대한 기여도는 고용측면뿐만 아니라 지역기술개발사업에서 기업의 지역에의 기여도 등도 주요 유도정책으로 추진할 필요가 있다.

산업기술인력 지원정책의 패러다임 전환

현재 정부가 시행 중인 산업기술인력 정책은 예비 산업기술인력 양성, 고용 보조, 현장인력에 대한 재교육 정책 등에 집중되어 있다. 2010년 기준으로 BK21, WCU, 광역경제권 거점대학 육성 등 3개 대형사업의 총 예산이 4,961억 원으로 기술인력 지원사업의 총 예산 8,206억 7천만 원 중 60.5%를 차지하고 있다. 이러한 사업의 대부분은 산업계에 산업기술인력의 공급을 중심목표로 한 대학에의 지원 위주로 과도하게 치우쳐 있다.

반면에 산업기술인력 지원정책 중 중·장년 기술인력 정책은 예산 기준으로 0.3%(25억 2천만 원)에 불과하며, 수행 중인 중·장년 산업기술인력에 대한 지원정책도 해당 인력을 비정규직 컨설턴트(테크노닥터 사업 등)로 활용하기 위한 소극적 정책에 불과한 실정이다. 이러한 대학 중심형 산업인력 정책은 2000년 초반부터 그 기조를 유지하면서 예산은 매년 대폭 확대되고 있으나 기업의 요구에 근본적으로 부합하지 못하여 지속적으로 문제점들을 표출하고 있다.

특히 우리나라는 고령화 사회로 급속히 진입하고 있으며, 30대 이후 타 분야로의 전직으로 산업기술인력이 빠르게 감소하는 추세에 있다. 몇 년 전에 사오정(45세 정년의 속어)이라는 신조어가 회자되었지

〈표 6-5〉 2010년 연구인력 지원사업 예산

단위: 억 원

유형		사업명	예산
인력 양성	교육훈련 지원	이·공학교육 활성화사업, 기술사업화 핵심실무교육 등	450.7
	특정 기술 및 분야 인력 양성	전략기술인력 양성사업, 정보통신기술인력 양성사업 등(12개 사업)	1,245.9
	복합적 지원	2단계 연구중심대학 육성사업(BK21), 산학협력중심대학 육성사업 등(12개 사업)	6,223.9
인력 활용, 인프라 구축	고용보조 및 활용촉진	중소기업 고급연구인력 고용지원사업, 테크노닥터 사업 등 (7개 사업)	271.0
	인프라 구축	산업기술인력 수급동향 통계시스템 구축 등 (4개 사업)	15.2
전체			8,206.7

자료: 2010년도 정부연구개발사업 종합안내서, 한국산업기술진흥협회, 2010.

만, 지금은 정년이 30대 후반~40대 초반으로 내려가며 고용환경은 점점 악화되고 있다. 산업인력의 유입력이 퇴출력보다 지속적으로 저하되고 있으며 이러한 문제점을 해결할 묘책이 필요한 상황이다. 중장년 산업기술인력이 보유한 경험과 노하우들이 지속적으로 우리나라의 산업기술 경쟁력 확보에 기여될 수 있도록 지원체계를 개편해야 한다. 즉, 이상적으로는 산업기술인력의 이직 시 타 분야로 전직하지 않고 이공계 내에서 평생직업(직장)을 실현할 수 있는 정책 마련이 시급하다. 따라서 기존 산업기술인력의 잠정 기대수요에 따라 예비인력 양성에 치중된 산업기술인력 정책을 이공계 생애주기별 지원정책으로 확대하여 이공계의 평생 직업화로 유도할 수 있는 지원체계가 마련되어야 한다.

〈그림 6-3〉 우수 이공계 인력의 경력 경로

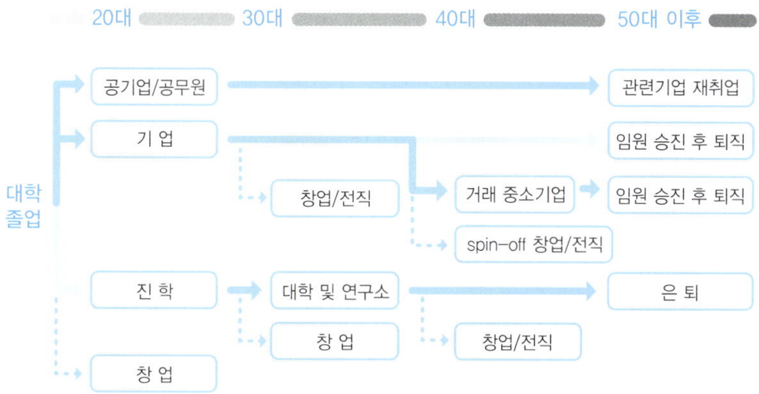

자료: KIAT 내부자료.

또한 현재 시행되는 중·장년 기술인력의 고용지원 정책도 지속적으로 확대하여 추진할 필요가 있다. 현재 석·박사급 청년 취업자 위주로 추진 중인 '고급 연구인력 고용지원 사업'에서 중·장년 기술인력에 대한 지원을 확대하여 전직 지원을 통해 경험 많은 산업기술인력이 사장되는 것을 방지할 필요가 있다.

이공계 생애주기별 지원을 위한 세부 정책으로는 이공계 인력의 고용지속과 산업기술 분야 전직 지원사업의 확대와 전문화, 청·장년 창업 등에 대한 실질적 지원이 중요하다. 정부주도형 산업기술인력 정책에 따라 이공계가 비록 안정된 직장은 아니지만 안정화된 직업으로서 자리매김하게 된다면 현재의 산업기술인력 문제는 근본적인 해결에 한 발자국 다가갈 수 있을 것으로 기대된다.

고용 창출과 새로운 성장 동력으로 제 2의 기술벤처 창업

고용 없는 성장이 지속되는 현 경제상황에서 산업구조 고도화 및 양질의 일자리 창출의 핵심으로서 기술창업의 중요성은 증대되고 있다. 특히 기술창업은 기술경쟁력 강화, 미래 성장 동력 확보, 일자리 창출 등의 효과에 큰 영향을 미치고 있으며, 선진 주요국은 정부 주도의 신(新)성장정책 실현과 경제 활력 회복을 위해 다양한 창업지원 정책〔'스타트업 아메리카'(美), '스타트업 팩토리'(英), '마이크로크레딧'(佛)〕을 시행하고 있다.

그러나 국내의 기술 창업은 2000년대 후반 이후 지속적으로 감소 추세에 있으며 국내 전체 벤처기업 대비 교수·연구원 벤처기업 점유율은 2006년 16.5%부터 2010년 9.2%까지 지속적으로 감소하였다. 이렇게 감소하는 기술창업을 제 2의 벤처창업으로 활성화하기 위해서는 기술창업 지원을 위한 종합 컨트롤 타워로서 정부의 역할을 재정립할 필요가 있다. 특히 지역 테크노파크, 창업보육센터, 대학, 공공연구기관 등에 산재된 창업보육 공간, 혁신시설 및 장비 등 하드웨어 인프라의 정보와 기업지원 네트워크를 통합하여 창업지원 인프라를 체계화할 필요가 있다. 또한 창업 전(前) 과정과 창업 후(後) 기업

〈표 6-6〉 부처별 창업지원 현황

구분	지경부	중기청	노동부	서울시	경기도	대전시
주요 지원분야	기술창업 분야	기술창업 분야	사회적 기업 및 생계형 창업	지식서비스 분야	기술 및 벤처 분야	기술 및 서비스 분야
지원대상	전 연령대	전 연령대	전 연령대	청년	전 연령대	대학(원)생
주요중점 지원단계	창업실행 단계	창업실행 단계	창업실행 단계	창업실행 단계	창업준비 단계	창업준비 단계

자료: KIAT 내부자료.

의 성장기에 필요한 인프라를 일괄 지원할 수 있도록 통합화된 인프라 패키지를 제공해야 한다.

지식경제부, 중소기업청, 교육과학기술부 등으로 분산 지원되는 예산과 기술창업 지원정책을 통합 체계화〔스타트업 '인' 코리아(Start-Up 'in' Korea, 여기서 'in'은 국내 고용 창출적 측면을 강조하기 위해서 기술함)〕하는 전략을 추진할 필요가 있다. 특히 우리나라처럼 민간의 기술금융제도가 취약한 나라에서는 정부 부처, 지자체 등에서 지원되는 예산 등을 통합, 체계적으로 운영할 수 있도록 기술창업 통합 관리·지원방안을 마련하여 추진하여야 하며, 3~5년 단위의 중장기적 기술창업 활성화 종합계획 등을 수립하여 시행할 필요가 있다.

또한, 전문적으로 기술창업을 교육할 수 있도록 '창조적 기술창업 지원센터'를 각 지역 테크노파크 등에 설치하고, 창업 준비자에 대한 창업교육뿐만 아니라 기업가 정신, 관련 지식 등을 종합적으로 교육하여 기술창업의 성공률을 제고해야 할 것이다. 이와 더불어 중·장년 생애전환기 산업기술인력이 지식서비스나 기술경영 분야로 진출할 수 있도록 교육·컨설팅의 지원 강화를 위한 '골든시니어 기술인력센터'를 지역별로 구축하여 운영할 필요가 있다. 또한 기술창업을 위한 지역의 플랫폼으로서 지역 테크노파크도 현재의 하드웨어 중심형 외연 확장에서 탈피하여 기업지원을 위한 소프트웨어 역량을 조기에 확충해야 한다.

산학협력을 통한 개방형 혁신

주요 선진국들은 기업 R&D 투자에 있어 국제협력을 강화하고, 산학협력 활성화를 통해 국가 R&D 투자의 질적 성장을 도모하고 있다. 최근 'OECD 과학기술산업 스코어보드 2011'(OECD Science, Technology and Industry Scoreboard 2011)을 살펴보면, 우리나라 대학과 중소기업의 R&D 투자는 저조하고 과학기술 관련 국제협력은 매우 취약하다. 특히 대학의 R&D 투자를 GDP 대비 비율로 살펴보면 우리나라는 0.37%로 OECD 국가들의 평균인 0.4%에도 미치지 못할 정도이다. 전체 민간 R&D 투자 면에서 중소기업의 R&D 집적도도 OECD 국가 중 하위권에 머물러 있다.

또한 OECD 및 EU(15개국) 국가들의 대학 R&D에 있어 기업 재원 비중을 살펴보면 90년대 대비 최근 소폭 증가하는 경향을 보이고 있으나, 우리나라의 경우에는 대학이 기술원천지로서의 역할이 축소되어 산학협력형 기술개발 재원 비중이 큰 폭으로 감소하고 있다.

최근 혁신의 형태가 다양해져 기술개발뿐 아니라 소프트웨어, 인적자원, 새로운 조직구조 등을 포괄하는 무형의 비 R&D형 혁신도 강화되는 추세이다. 이렇게 기업은 다양한 혁신전략들을 펼치고 있으며, 혁신이 항상 R&D를 통해서만 일어나는 것은 아니다. 특히 미

〈그림 6-4〉 대학 R&D 중 기업 재원 비중(%)

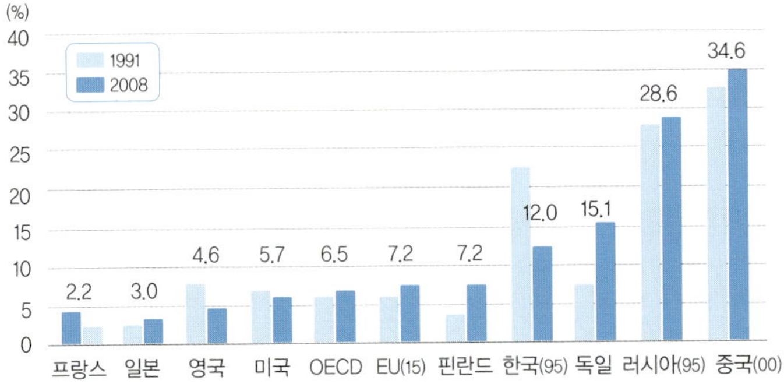

자료: OECD 과학기술산업 스코어보드 2010.

국과 뉴질랜드에서는 혁신기업들의 2/3 이상이, 칠레와 브라질에서는 90% 이상이 R&D를 하지 않을 정도로 비 R&D형 혁신기업이 증가하고 있다.

기업의 R&D 수행 여부에 관계없이 협력은 혁신과정 중의 한 부분이다. 문제는 우리의 경우 외부와의 협력을 통한 혁신의 창출 역량이 취약하다는 데 있다. 상대적으로 OECD 가입 국가에서는 R&D형 기업이 비 R&D형 기업에 비해 약 2배 정도의 협력을 진행하고 있을 만큼 R&D에 있어 공동협력은 무엇보다도 중요하다.

국내의 산학협력의 취약성에 대한 문제는 비단 어제오늘의 일만은 아니다. 우리나라는 R&D 혁신과정에서 협력활동이 그다지 영향을 미치지 않는다. 이는 절대적으로 우리나라 대학제도와 연구비 관리제도가 기업과 대학 상호 간의 협력을 유도하기에 적절하게 구조화되어 있지 않기 때문이다. 즉, '닭이 먼저냐, 달걀이 먼저냐?'가 아니라 '닭이 알을 낳지 못하고, 달걀이 닭으로 부화하지 못할 정도로 곯았냐?'라는 근본적인 문제로의 접근이 필요한 시점이다.

기술 개발을 통해 대학교원은 각자의 연구실 운영비 확보를 제외하고는 그다지 큰 이득을 얻지 못하고 있으며, 우리나라의 경직된 연구개발사업비 관리제도는 대학이 더더욱 연구개발을 멀리하는 원인이 되고 있다. 비단 관리제도의 해결만으로 산학협력이라는 이 복잡한 문제를 해결할 수는 없다. 비록 최근에 많이 개선되기는 했지만, 연구논문에 의존적인 대학교원 평가제도, 큰 성과 없이도 주어지는 정년보장과 성과연봉체계 등도 한 축을 담당하고 있다.

산(産)과 학(學)의 근본적 성과공유체계는 현재 주류를 이루는 기업지원(서비스) 중심의 비계약식 연구체제를 혁신하여 신 기술개발에 따른 이익을 공분(共分)할 수 있는 시장형 체제로 바꾸어주어야 한다. 즉, 교수가 기업과의 공동연구 지원을 통하여 개인의 이익을 취할 수 있는 합리적인 배분제도를 만들어주어야 한다.

현재의 참여형이나 위탁형의 산학협력 연구형태를 과감히 탈피하여 선진국의 산학 공동주관이나 아예 용역형(기업이 대학과의 공동연구 시 일정 기술개발을 계약에 의해 용역화하는 방식)의 연구개발체계를 검토할 필요가 있다. 특히 중소기업의 경우 연구인력 확보에 어려움을 겪고 있으며, 현재 확대되는 고용보조금 지원은 지속 가능한 해결책으로는 적당하지 않다. 대학 내 다수의 우수 연구인력을 중소기업을 위한 연구인력화, 즉 대학의 연구인력을 기업이 공동 활용하는 체계를 갖추도록 〔대학-기업 간 계약에 기반한 공공 기술개발과 공동이익 분배제도〕를 설계하여 시행할 필요가 있다. 현재 교육과학기술부나 지식경제부, 중소기업청 등 정부주도의 산학협력 활성화 사업들 대부분은 이러한 자율적 움직임을 갖추도록 프로그램 되어 있지 않다.

물론 제안한 제도들이 현재의 R&D 체계에 곧바로 적용하기에는 혁신적인 제도임에는 틀림없다. 그러나 30여 년간 지속된 산학협력을 통한 기술개발 지원제도는 더 이상 효과적이지 않다고 평가되며, 이제는 이러한 혁신적인 제도를 도입하여 새로운 산학협력 생태계의 조성을 신중하게 검토해야 할 시점이다.

사람 중심적 R&D 환경 구축

2000년대 들어 지역사회와 조화를 이루면서 사람이 중심이 되는 산업환경 정비의 요구가 증가하고 있다. 이는 근로자의 인식변화와 생산 및 연구입지에 대한 기업의 니즈 변화에 기인한다. 2006년 한국산업단지공단의 조사에 따르면 기업은 산업입지 환경 개선 시 우선추진사항으로 '편익시설과 지원시설 확충'(23%)을 가장 많이 요구하였다. 특히 산업단지는 많이 노후화하고 환경도 취약하여 기존 산업단지 내 중소기업에 대한 취업 기피 현상의 주요 원인이 되고 있다. 대학생 설문조사(산업연구원, 산업입지정책의 현황과 산업기술정책과의 연계강화방안, 2011)에 따르면, '직장선택시 문화·복지·편익시설이 중요하다'(95%), '산업단지 내에서 문화 향유 기회부족, 공해 등으로 산업단지 내 기업 취업 의사 없다'(63.7%)라고 답할 정도로 예비 산업인력의 의식구조는 기존과는 많이 다르다.

최근 중소 제조기업은 부지가격의 상승 등으로 도심 외곽으로의 이전이 불가피한 반면 청년 구직자들은 도심에 위치한 직장에 대한 선호도가 높기 때문에 우수 연구인력 수급에 어려움을 겪고 있으며, 절대적 산업인력의 부족이 아닌 입지적 관점에서의 산업기술인력의 미스매치 현상이 가속화되는 실정이다. 특히 중소기업의 고급인재 부족은 연구소의 운영을 어렵게 하여 제품의 고부가가치화와 신제품 개발 추진에 한계를 갖게 하고 있다. 특히 우리나라 최대의 중소기업 집적지인 반월·시화산업단지의 연구소 보유 중소기업의 비율은 8%에 불과할 만큼 우리나라 중소기업의 연구개발 현장은 매우 열악하다.

중소기업의 R&D 네트워크 환경 구축과 우수 R&D 인력의 유입을 촉진하기 위하여, 교통 편의성이 높고, 기존 도시기반 시설과 시너지 효과를 만들어낼 수 있는 어메니티(*amenity*)[1]가 우수한 지역을 중심으로 중소기업을 위한 전용 연구집적단지의 조성이 시급하다.

중소기업을 위한 전용 연구집적단지에는 연구기능 집적을 위한 핵심 앵커시설을 건립하여 연구소 공간의 임대 및 공동 연구개발 장비를 구비하면 중소기업 연구소가 이를 개방형으로 공동 활용할 수 있을 것이다. 특히 지역의 무분별한 수요와 난개발을 억제하기 위하여 부지조성과 기반시설은 중앙정부와 지방자치단체가 공동으로, 하드웨어형 건물은 지방자치단체나 민간이 건립하되, R&D, 기업지원 서비스사업 등 소프트웨어성 사업은 국가가 지원하는 형태가 바람직하다.

또한 중소기업 연구인력의 문화·학습 환경 욕구 충족과 근로생활의 질(*Quality of working life*)을 제고하기 위하여 2011년부터 지정 중인

1 어메니티(*amenity*)는 연구집적 공간에서의 편의시설, 문화·예술 시설, 도심환경, 건축물, 구성원의 감성 등과 관련된 쾌적함을 의미.

산학융합단지를 내실화하고 지역별로 조성된 테크노파크 등 산학연 연구집적단지의 어메니티 개선을 위한 규제 완화와 지원 또한 필요하다. 이제는 기존의 연구개발 지원 패러다임을 벗어나 어메니티 향상을 위한 후생복지시설(기숙사, 문화·체육시설, 게스트 하우스, 식당, 회의실) 및 주변 조경 등 연구환경 녹색화 등도 과감하게 시행할 필요가 있다.

특허/지식재산권으로 커지는 산업생태계

전 세계적으로 특허 전쟁이 치열하다. 아무리 우수한 신기술을 개발하였더라도 특허와 지식재산권을 사전에 확보하지 않고서는 시장에서 살아남을 수 없게 되었다. 특히 매일매일 새로운 기술이 생겨나는 스마트 시대에는 특허와 지식재산권에 대한 발 빠른 대응 없이는 경쟁에서 도태될 수밖에 없다. 그러나 우리 산업생태계는 그동안 특허를 포함한 각종 지식재산권에 대한 인식과 투자에 소홀한 면이 없지 않았다. 이제라도 산업생태계를 살찌우는 지식재산권에 대한 투자를 확대해야 한다.

글로벌 지식재산권 트렌드

지식재산권 생태계 전쟁

2011년 8월 15일 구글은 모토로라 모빌리티를 125억 달러에 인수하였다. 이는 주당 40달러에 인수한 것으로, 12일 종가에 63% 프리미엄이 붙은 수준이다. 모토로라 모빌리티는 1억 7천만 건의 미국 등록특허 및 7,500건의 출원 특허를 보유하고 있으며, 2010년 이후 IT 관련 미국 특허분쟁 네트워크의 중심에 있는 회사로 구글이 지식재산권 확보를 위해 인수한 것이라는 목소리가 높다.

생태계 간 경쟁구도로 볼 때, 구글은 MS와는 OS, 검색, 브라우저, 클라우드 서비스 등 모든 면에서 충돌하는 강력한 경쟁관계에 있다. 한편, 스마트폰 생태계에서는 스마트폰의 기반인 OS 전쟁에서 구글의 안드로이드가 애플의 iOS와 핵심 전선을 형성하고 있다. 그리고 MS 출신인 노키아의 신임 CEO 스테판 엘롭은 최근 4억 대가 팔린 자사의 자체 OS인 심비안을 포기하고 MS의 윈도 플랫폼을 채택한 바 있다.

따라서 구글의 입장에서는 자신의 최대 경쟁자인 MS와 애플에 대한 다양한 특허 공격을 주도하고 있는 모토로라 모빌리티의 인수는 특허분쟁 네트워크를 분석해보아도 합리적 선택이라 할 수 있다. 실제로 2011년 9월 8일 미국시장에서 안드로이드폰 판매 1위인 대만의 스마트폰 제조업체 HTC는 구글로부터 구입한 특허를 활용해, 애플을 상대로 특허 침해소송을 제기하였다.

또 다른 측면에서 보자면 소프트웨어와 H/W의 융합을 통한 구글의 플랫폼 강화를 인수 배경으로 꼽을 수 있다. 구글 회장 에릭 슈미트는 'salesforce. com'의 드림포스 2011 행사에서 "특허 이상을 보고 모토로라를 인수한 것입니다. 모토로라 팀에서 놀라운 제품이 출시될 것이라 믿고 있습니다. 모토로라에 대해서 큰 기대를 갖고 있습니다. 적어도 한 분야에서 하드웨어와 소프트웨어를 조합할 수 있는 기반이 마련됨에 따라 거기서 뭔가 배울 수도 있을 겁니다"라고 언급하며 최근에 모토로라 모빌리티를 구매한 것에 대해 특허 이상의 목적이 있다고 밝혔다. 모토로라 모빌리티는 통신 및 셋톱박스에 대한 다양한 특허 포트폴리오를 확보하고 있어, 스마트폰뿐만 아니라 스마트TV에 대한 핵심 특허를 다량 확보하고 있었기에 향후 하드웨어와 소프트웨어의 결합을 통한 사업 확장에도 용이할 것으로 판단한 것이다.

최근 이러한 메이저 업체들 간의 특허전쟁은 미국 내에서만이 아니라 전 세계적으로 계속되고 있다. 〈표 7-1〉은 2011년 9월 기준의 삼성전자와 애플의 지식재산권 소송 현황으로 12개의 법원에서 총 19건의 소송이 진행 중이다.

이러한 특허전쟁을 들여다보면 그 근본은 바로 플랫폼의 주도권을 놓고 벌이는 생태계 간의 전쟁이라 할 수 있다. 특히 스마트폰 시장의 경우 애플 생태계와 구글 생태계 간의 플랫폼 주도권을 놓고 벌이는 전면적 전쟁으로, 애플의 수직적·폐쇄적 생태계와 구글의 수평적·개방적 생태계 간의 대결이 현재 벌어지는 전쟁의 핵심 구도이다. 또한 생태계를 형성하지 못한 MS는 변방으로 밀려나자 또 다른 패배자인 노키아를 자신의 세력권으로 끌어들여 생태계를 조성하고 있다.

이러한 생태계 간 전쟁에 특허가 주요 무기로 사용되고 있다. 애플과 삼성 간의 스마트폰, 스마트패드 단말기 전쟁의 핵심은 기술 특허 및 디자인 특허이며, 생태계의 주도권을 상실한 상태인 MS는 안드

〈그림 7-1〉 글로벌 메이저 간의 특허 분쟁 네트워크

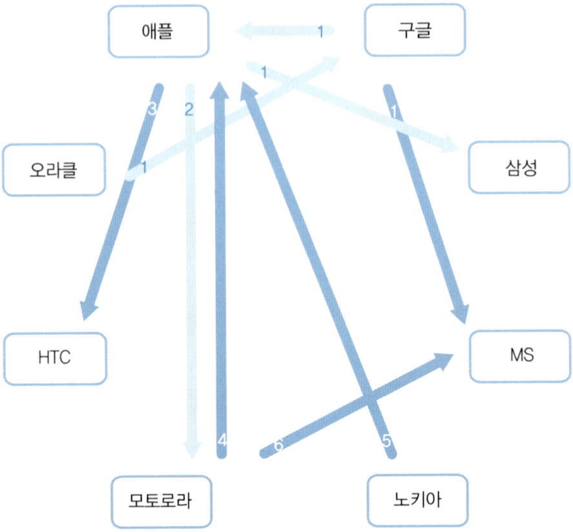

공격자	피소자	일시	특허수	공격자	피소자	일시	특허수
애플	HTC	2010. 06. 21.	4	삼성	애플	2011. 04. 27.	10
	HTC	2010. 03. 02.	10	모토로라	MS	2011. 04. 04.	5
	HTC	2010. 03. 03.	10		MS	2011. 02. 18.	3
	모토로라	2010. 10. 29.	3		MS	2010. 12. 23.	3
	모토로라	2010. 10. 29.	3		MS	2010. 11. 10.	3
	삼성	2011. 04.	15		MS	2010. 11. 10.	6
노키아	애플	2011. 03. 28.	6		MS	2010. 11. 10.	7
	애플	2011. 01. 06.	7		애플	2010. 10. 08.	11
	애플	2010. 05. 07.	5		애플	2010. 10. 06.	6
	애플	2009. 12. 29.	7		애플	2010. 10. 06.	6
	애플	2009. 10. 22.	10		애플	2010. 10. 06.	6
오라클	구글	2010. 08. 12.	7				

〈표 7-1〉 12개의 법원에서 진행 중인 19건의 특허소송 현황

소송 국가	법원	소송 수	비고
미국	캘리포니아 북부 지방법원 국제무역위원회(ITC) 델라웨어 지방법원	1 2 1	맞소송
독일	만하임 지방법원 뒤셀도르프 지방법원	2 1	맞소송(갤럭시탭 10.1 판매 금지 결정)
영국	고등법원	1	
프랑스	파리 특허법원	1	
이탈리아	밀라노 지방법원	1	
네덜란드	헤이그 지방법원	2	
일본	도쿄 지방법원	4	맞소송
호주	뉴사우스웨일즈 지방법원	1	
한국	서울중앙지방법원	2	맞소송

로이드 OS를 탑재한 단말기 회사에 대당 5달러 내지 15달러의 특허 로열티를 요구하고 있다. 이러한 OS를 중심으로 한 생태계 간 전쟁에 따라, 우리나라의 취약 부분이었던 소프트웨어 및 소프트웨어 특허의 중요성이 국내에서도 이슈가 되고 있다. 삼성전자 이건희 회장도 "소프트웨어 기술과 S급 인재, 특허는 5년, 10년 후를 위해 지금 당장 확보하지 않으면 안 된다"라고 말하며 소프트웨어 인력 유치와 특허 확보에 적극적으로 나서고 있다.

이렇게 하드웨어에서 소프트웨어로 주도권이 이동하면서 하드웨어의 전통적 강자 노키아와 모토로라가 몰락하고 있으며, 애플은 하드웨어에 소프트웨어 및 콘텐츠를 결합하는 융합 서비스로 사용자 경

험(*user experience*)에 혁신을 가져왔다. 그리고 소프트웨어 기업인 구글이 소프트웨어 경쟁력을 바탕으로 하드웨어와의 융합 비즈니스를 시도하고 있다. 한편, 자체 OS인 바다 2.0을 보유한 삼성전자는 발 빠른 대응으로 바다를 고집하지 않고 안드로이드와 손을 잡으며 격전의 중심에서 비교적 선전하는 한편, 자체 OS 활성화에도 노력을 기울이고 있다. 하지만, LG전자는 이슈를 전혀 선점하지 못하고 있으며, 최근 LTE 기반의 4G 단말기로 회복을 도모하고 있다.

신종 특허 Biz의 등장

최근 특허괴물(*Patent Troll*)이라 불리는 특허관리 회사가 언론에 자주 등장하고 있다. 특허괴물은 제품을 생산하지 않고 특허만 대량 보유하면서 경고장, 특허 침해소송 등을 통한 로열티 수익을 목적으로 하는 회사 또는 특허 집합체를 말한다. 이들의 비즈니스 모델은 다음과 같이 정리될 수 있다.

① 특허 매집 → 대량 특허 포트폴리오 구축
② 침해 경고장 → 협상 → 로열티
③ 침해소송 위협 → 중지명령 위협 → 협상
④ 침해소송 → 침해 배상금

이러한 특허관리 회사는 미국을 중심으로 약 300여 개가 활발하게 활동 중이며, 최대 규모인 인텔렉추얼 벤처스(Intellectual Ventures)는 자본금만 5조 이상으로 그 규모가 매우 크다. 이들의 주요 타깃 중의 하나는 지불 능력이 있는 대한민국 기업들로 특허괴물 피소 건수에서 삼성이 1위, LG가 6위를 기록하였다. 최근 들어, 수출 대기업이나 수출 중견/중소기업 등도 주요 타깃이 되고 있다.

이러한 특허관리 회사가 특허괴물이라 불리며 문제가 되는 이유는 제품을 생산하지 않기 때문에 타인의 특허를 침해할 가능성이 없어, 크로스 라이선스(*cross license*, 상호 간에 타방의 특허권에 대한 실시를 허용하는 계약)가 불가능하다는 것이다. 이들은 이러한 일방적으로 우월적인 지위를 이용해 고액의 로열티 또는 특허 침해 배상금을 요구하고 있다. NTP가 RIM사의 '블랙베리'에 소송을 제기, 2006년 6억 1,250만 달러의 합의금을 받아내는 데 성공하였고, 1998년 미국 테크서치(Tech Search)는 TMS의 특허권 매입 후 인텔에 매입가 대비 1만 배의 배상액을 요구하는 사건이 발생한 적이 있다.

세계 최대 특허전문관리회사 인텔렉추얼 벤처스

50억 달러 이상의 펀드를 모금해 운영하는 세계 최대의 특허전문관리회사.

- MS의 전직 CTO 및 특허법 전문가들이 2000년 설립해 현재는 전 세계 650여 명의 과학자와 특허전문가가 활동하며 3만 개 이상의 지식재산권을 확보.
- MS, 인텔, 소니, 노키아, 애플, 구글, 이베이 등 주요 하이테크 기업이 투자수익 공유 및 지식재산권 침해소송 예방을 위해 주주로 참여
- 아이디어 창출로부터 수익화까지 특허 가치사슬의 전 과정을 관리:
  ① Invention Labs(브레인스토밍을 통한 아이디어 창출)→
  ② 자체 및 위탁 R&D 수행→
  ③ 특허 획득 및 Invention Library 관리→
  ④ 시장을 통한 수익화

자료: International Ventures 홈페이지(http://www.intellectualventures.com)

발명 자본

발명 자본(*Invention Capital*)이란 특허나 발명 자체를 투자대상으로 하고, 라이선스 수수료나 특허 매각대금을 수입원으로 하는 회사 또는 자본 집합체(기업이 아닌 발명 그 자체)로 아이디어에 투자하여 특허 자산을 생성하고 이를 기술이전이나 산업에 적용하여 수익을 얻는 사업 모델을 말한다. 발명 자본은 발명가와 투자자, 수요 기업이 모두 윈-윈 할 수 있는 사업으로 직접 발명가를 고용하거나 연계하여 미래 유망 기술을 예측 발굴하기도 한다.

발명 자본 중 최대 규모인 인텔렉추얼 벤처스는 자본금만 50억 달러 이상으로 최근 2년간 10억 달러의 수익을 올렸으며, 과학자 200명과 변리사/변호사 200명 등 600여 명의 전문인력을 보유하고 있다. 이러한 발명 자본은 특허괴물보다는 상대적으로 기업에 친화적으로, MS 등도 출자하여 특허펀드를 구성하고 있다. 인텔렉추얼 벤처스는 한국에서 223여 건의 특허를 20%의 배분 비율로 매수하며 한국의 대학 교수들에게 폭발적 반응을 얻은 적이 있다.

우리나라도 정부와 민간기업이 합작으로 창의자본주식회사인 IP 디스커버리(IP Discovery)를 출범해 오는 2015년까지 5천억 원 규모의 재원을 마련하여 국내외에서 다양한 분야의 특허를 매입하여 특허 풀(*pool*)을 구축하고자 하고 있다. 한편, 일본은 905억 엔 규모의 산업혁신기구를 출범하였다.

소프트웨어 특허

소프트웨어는 특허 부여의 대상이 되는 것으로 소프트웨어에 포함된 새롭고 비 자명한 기술사항은 미국, 일본, 한국 등과 같이 대부분의 나라에서는 특허 보호의 대상이 된다. 각국의 소프트웨어 특허 부여 현황을 살펴보면 유럽에서는 특허의 대상에 포함시킬지의 여부에 대해 논란이 있으나 대다수는 특허성을 부정하고 있고, 중국에서는 기술적 기능을 향상시키는 것과 관련된 소프트웨어와 UI(*User Interface*)만 특허의 대상이 된다. 시각적인 부분은 디자인 특허의 대상이 되며, UI의 구현 방법은 소프트웨어 특허의 대상이 된다.

소프트웨어는 미국이 압도적 강점을 가진 영역으로 그 가치 또한 매우 높다. 자바(Java)를 개발한 선 마이크로시스템(Sun Microsystem) 사를 인수한 오라클은 삼성전자를 대상으로 자바에 대한 특허 로열티로 대당 20달러 이상 요구한 적이 있다. 1981년 다이어(Diehr) 사건의 대법원 판결 후부터 미국은 소프트웨어 특허를 가장 효과적으로 보호하고 있다. 반대로 유럽은 소프트웨어 기술력은 있으나, 특허로 강력하게 보호되지는 않기 때문에 혁신에서 폭발력이 없다.

BM 특허

소프트웨어와 동일하게 BM(비즈니스 모델)에 포함된 새롭고 비 자명한 기술사항은 미국, 일본, 한국 등과 같이 대부분의 나라에서는 특허 보호의 대상이 되나 중국에서는 BM의 특허성을 인정받기가 쉽지 않다.

BM 또한 미국이 압도적 강점을 가진 영역으로 인터넷 등의 네트워크를 전제로 하며, 금융, 의료, 보험, 광고, 서비스 및 기타 정보화 시대의 IT 활용 서비스를 대상으로 한다. 대한민국이 초고속 통신망 등 IT 인프라에 강점이 있다면, 미국은 서비스에 강점이 있고 BM 특허는 네트워크를 활용한 새롭고 비 자명한 서비스 방법을 대상으로 하는 특허 영역이라 볼 수 있다.

BM 특허는 미국에서 최초로 보호되기 시작하여(1995년 이른바 State Street Bank 사건) 꾸준히 가장 잘 보호받고 있다. 상당 부분의 BM 특허는 서비스 모델에 관한 것으로 페이스북과 같은 소셜네트워크 서비스(*Social Network Service*), 포스퀘어(Foursquare)의 위치 기반 서비스, 구글의 애드센스(Adsense) 광고 서비스, 그루폰(Groupon)의 소셜 쇼핑 서비스 등이 BM 특허의 대상이 되는 서비스 모델이다.

새로운 서비스는 미국에서 최초로 시작하는 서비스가 대부분이며, 최근의 서비스는 통상적으로 네트워크 또는 IT 기술을 전면적 또는 부분적으로 사용하고 있다. 따라서 BM 특허는 미국에서 지속적으로 대량 발생되는 특성이 있다. 로드시스(Lodsys) 사는 2011년에 휴대폰 또는 스마트 단말기에서 콘텐츠 아이템 구매 등의 용도로 결제 기능을 포함한 게임/앱을 제공하는 회사들을 대상으로 자사의 BM 특허 침해에 따른 손해배상을 요구하는 경고장을 대량 발송하였다. 우리나라 회사들도 다수 이 경고장을 수신했고, 세계적으로 문제가 되었던 적이 있다. 애플은 로드시스와 특허 라이선스 계약을 수행했으나, 라이선스 계약의 범위에 앱스토어를 통해서 판매되는 애플리케이션에도 라이선스의 효력이 미치는지에 대해서는 양 당사자 간에 논란이 되기도 했다.

콘텐츠를 보호하는 법률은 저작권법이다. 전 세계적으로 유료로 활용되는 콘텐츠(뉴스, 음악, 영화, 방송, 출판물 등)의 다수는 압도적으로 미국 콘텐츠이다. 스마트 TV의 핵심 경쟁력은 콘텐츠인데, 이 점에서 미국은 압도적인 강점이 있으며 스마트 TV를 주도하는 기업도 아이튠스를 보유한 애플과 유튜브를 보유하고 있는 구글이 될 것이다.

스마트 시대를 요약한다면 바로 혁신적인 사용자 경험과 지식재산권이다. 스마트 시대의 혁신적인 사용자 경험은 UI를 포함하는 소프트웨어, 서비스, 콘텐츠의 유기적인 결합으로 이루어질 것이며, 소프트웨어와 서비스는 특허권으로, 콘텐츠는 저작권으로 보호된다.

미국이 강점을 가지는 생태계 플랫폼은 소프트웨어 등에 대한 기술력, 콘텐츠, 신뢰성과 리더십뿐만 아니라, 특허권과 저작권으로

도 광범위하게 보호되었기 때문이다. 미국은 스마트 생태계 시대의 최대의 수혜자가 되었고, 이러한 흐름은 상당 기간 지속될 가능성이 높다.

오픈 이노베이션 및 융합과 지식재산권

2003년 미국의 헨리 체스브로(Henry Chesbrough) 교수가 '오픈 이노베이션'이라는 개념을 소개하였다. 헨리 체스브로 교수는 2006년에 《오픈 비즈니스 모델》(*Open Business Model*)이라는 새로운 책을 통하여 오픈 이노베이션 실행 전략과 사례를 다수 소개하였으며 오픈 이노베이션을 '내부의 혁신을 촉진하고 이를 외부와 연계시키고 시장을 확산하기 위해 목적성을 가지고 지식을 내부 및 외부적으로 활용하는 것'으로 정의하였다.

오픈 이노베이션은 내부 기술과 외부 기술의 지속적인 유입과 통합, 개발 기술의 스핀 오프(*spin off*)와 라이선싱(*licensing*)을 포함하며 혁신에 외부 역량을 적극적으로 활용하고, 혁신의 결과물을 내부에만 가두어 두지 않음을 핵심으로 한다.

오픈 이노베이션 실행 전략을 살펴보면, 종래의 폐쇄형 이노베이션은 연구(*research*) → 발전(*development*) → 시장화(*market*)의 흐름을 따랐으며, 제품/서비스는 자사 또는 자사와 긴밀한 관계를 가지는 자들의 내부 역량으로 해결했다. 이러한 경우, 통상적으로 시간이

〈그림 7-2〉 오픈 이노베이션 패러다임의 구성

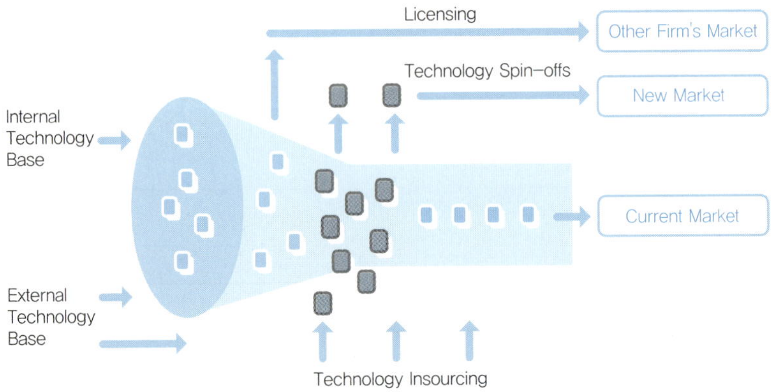

오래 걸려 제품과 서비스가 복합되는 트렌드에서 시장 진입의 기회를 놓치기가 쉬운 문제점이 있다. 이에 반해 오픈 이노베이션은 연결(*connect*) → 발전(*development*) → 시장화(*market*) 라는 흐름을 따라가는 형태로 필요한 요소를 외부에서 조달한다. 따라서 빠르게 시장에 접근할 수 있어 시장 선점이 가능하며, 변화에 능동적으로 대처할 수 있다.

오픈 이노베이션을 통해 성공을 거둔 사례를 살펴보면 애플은 2005년 핑거웍스(Fingerworks) 라는 신생 회사를 M&A하고 이들의 특허 및 기술을 활용하여, 2007년의 아이폰의 혁신적인 터치 UI를 구현한 바 있다. 구글은 2005년에 안드로이드를 개발한 앤디 루빈과 그의 회사를 5천만 달러에 매수하여 자사의 핵심 OS로 성장시켰다. 현 구글

〈그림 7-3〉 폐쇄형 이노베이션과 개방형 이노베이션 개념도

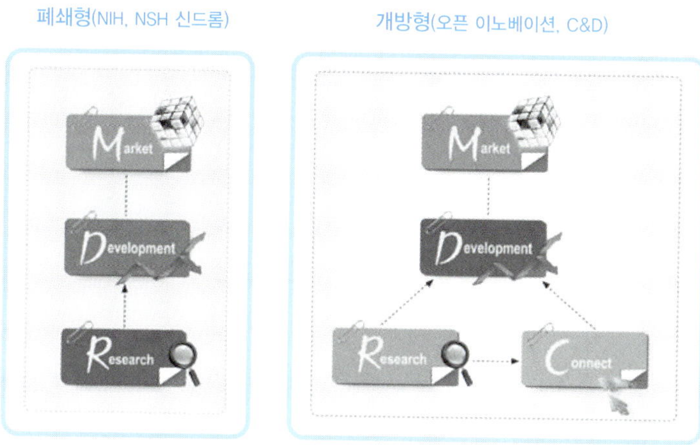

부사장인 앤디 루빈은 2004년에 LG전자와 삼성전자를 방문했으며, 2005년 구글이 인수된 다음 LG전자를 가장 먼저 방문해 안드로이드 폰 제작을 협상했지만, LG전자가 거절했다고 한다. 그 후 대만 HTC가 최초의 안드로이드 폰 제작사가 되었으며, HTC는 스마트폰 시장의 강자로 군림한 반면, LG전자는 패자의 위치로 전락하게 되었다.

오픈 이노베이션 프로그램 공급자 중 대표적인 곳으로 이노센티브(Innocentive, www.innocentive.com)와 나인시그마(Ninesigma, www.ninesigma.com)가 있다. 이노센티브의 경우 솔루션에 대한 수요자(*seeker*)와 공급자(*solver*) 간에 견고한 플랫폼의 장을 마련하여 양단 간의 기술거래에 지적재산권상 문제가 없도록 법률적 조치를 사전에 완벽하게 지원해 많은 Solver들이 참여할 수 있게 초기 장벽을 없애

주고 있다.

나인시그마는 기업의 오픈 이노베이션 프로그램을 지원하는 새로운 서비스 'RapidOI'를 보유하고 다단계적 접근(*multi-step approach*)을 통해 복수 기업의 오픈 이노베이션 프로그램의 발전과 수행을 지원하고 있다. 방법론과 컨설팅의 조합을 통해 기업들이 프로그램 목표를 정의하는 것에서부터 연구자와의 연결, 기술의 획득과 솔루션까지 총체적인 길잡이 역할을 수행하고 있다.

이러한 오픈 이노베이션은 외부 역량의 활용을 필수적으로 포함하며 외부 역량과 관련된 지식재산권은 그 역량을 소유한 자의 것이거나, 제3자의 것일 수 있다. 외부 역량의 정당한 평가와 계약에서 범위(*scope*)의 명시(*specification*)가 상당히 어려우며, 법률적인 논란이 다수 발생할 수 있기에 주의해야 한다.

융합과 지식재산권

융합이란 '분리되어 있던 두 개 이상의 요소들이 동일한 방향으로 움직이거나 하나의 요소로 수렴되는 현상', 또는 '이러한 양상을 따르는 모든 사회/경제적 현상'을 의미한다. 융합의 의미로 'convergence'와 함께 'fusion', 'hybrid', 'bundle', 'overlap' 등의 용어가 혼용되고 있으나, 융합이 진전된 정도를 나타내는 용어로 이해하는 것이 바람직하다. 융합의 대표적인 예는 아이폰을 들 수 있다.

〈그림 7-4〉 아이폰에 융합된 기능과 서비스 예시

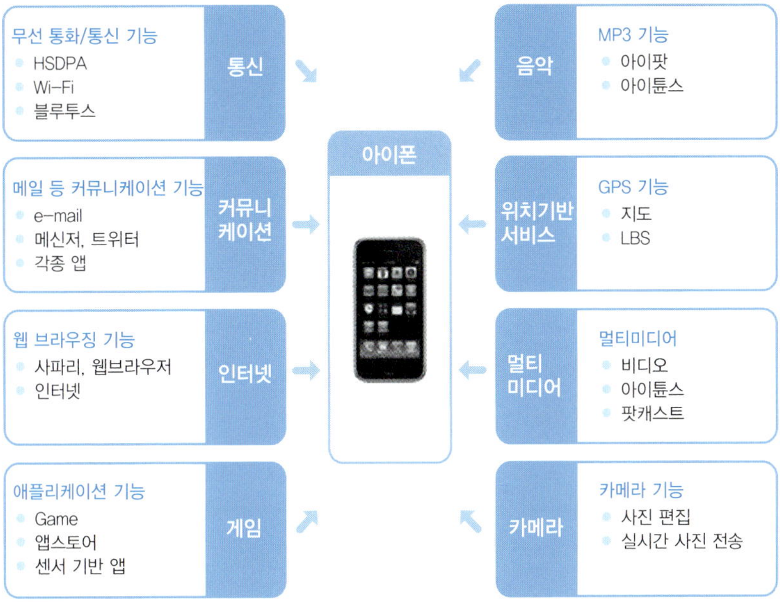

〈표 7-2〉 융합의 계열

융합 계열	개 념	예 시
제품/제품 융합	기존의 2개 이상의 제품에서 독립적으로 제공되는 기능을 1개의 제품에 통합	세탁기 + 건조기, 냉/난방 일체 기기 복합기, 스마트폰 등
제품/서비스 융합	제품과 관련 서비스를 일체화하거나, 제품 사용에 관련된 다양한 서비스를 한 번에 제공	애플의 아이폰 + 아이튠스 코닥의 디지털 카메라 + 온/오프라인 인화서비스. 웅진 그룹의 정수기 렌탈
서비스/서비스 융합	2종 이상의 독립적인 서비스를 연계하여 제공함	통신 융합 상품: 방송 + 전화 + 인터넷 융합 서비스 상품

〈그림 7-5〉 융합의 개념 및 다양한 융합 계열

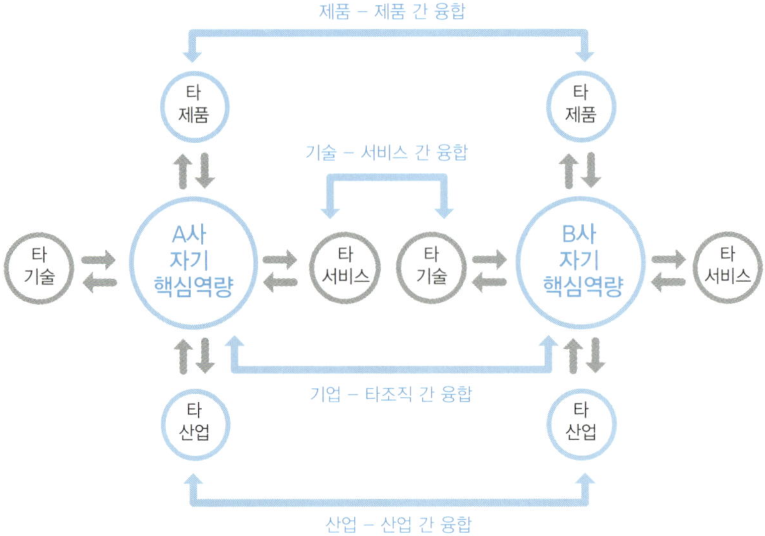

융합의 계열을 살펴보면 융합은 상품/서비스의 관점에서 융합의 결과를 제품 간/ 제품-서비스 간/ 서비스 간 등 융합되는 요소들의 조합으로 분류할 수 있다. 또한 융합의 본질은 자사의 핵심 역량이 아닌 기술, 서비스, 제품 및 산업을 새롭게 자사에 도입하거나, 자사의 핵심 역량이 아닌 기술, 서비스, 제품 및 산업으로 새롭게 확장하는 것에 있다.

융합과 관련하여 지식재산권 문제의 배경을 살펴보면 다음과 같다. 융합은 자사가 익숙하지 않은 새로운 외부 요소/영역의 도입이나 새로운 외부 요소/영역으로의 확장을 필요로 하며, 그 외부 요소/

영역에는 타인의 지식재산이 형성되어 있을 가능성이 높아, 필연적으로 지식재산권 리스크가 따르게 된다.

외부 요소/영역과 관련된 이러한 지식재산권의 문제 중 하나가 그리드락(*Grid-Lock*)이다. 그리드락이란 하나의 대상에 대한 다중 소유, 또는 파편화된 소유권으로 인해, 아무도 소유권을 행사하지 못하는 교착 상태를 말한다. 30년 동안 미국에 대형 공항이 들어서지 못하는 것은 대형 공항을 위해 필요한 대규모 토지의 소유권자가 다수로 나뉘어져 있어 전원의 합의가 없는 한 공항 개발이 불가능하기 때문이다. 그리고 유전자를 활용한 신약 개발이 어려운 이유 중의 하나는 여러 유전자 후보군을 대상으로 실험해야 하는데, 각 유전자마다 유전자 특허권을 가진 자가 달라, 이들의 동의나 실시 허락을 모두 얻어야 합법적인 신약 개발이 가능하기 때문이다. 이는 사실상 불가능에 가까우며, 파편화된 유전자 특허권으로 인해 신약 부문의 혁신이 사실상 저해되고 있다.

지식재산권의 속성을 살펴보면 지식재산권은 배타권(*exclusive right*)이지 독점적 실시권(*monopoly right*)이 아니다. 특허권이 있는 경우, 그 특허권의 권리 범위에 들어오는 타인의 실시를 배제하는 권리가 배타권이며, 그 권리 범위에 포함되는 기술 내용을 독점적으로 실시할 수 있는 것이 독점적 실시권이다. 특허권자는 자신의 실시가 없어도 타인의 실시를 막을 수 있으며 특허권을 보유하고 있지만, 그 특허권을 활용하여 제품을 생산하거나 서비스를 제공하지 않는 NPE

(*Non Practicing Entity*, 비실시 주체)가 타인의 실시에 대해 경고장을 발송하거나 소송을 제기하여 로열티를 수취할 수 있는 것은 특허권의 배타권적 속성 때문이다. 이러한 속성 때문에 특허 괴물 비즈니스가 성립되는 것이다.

그리드락의 대표적인 예시 상품인 스마트폰을 살펴본다. 스마트폰과 관련된 미국 특허는 모두 합하면 약 25만 개나 된다는 주장이 있다. 어떠한 주체도 이러한 엄청난 개수의 특허를 모두 피하면서 제품을 생산하지는 못한다. 삼성전자 등과 같은 제품 생산자는 특허 포트폴리오를 가진 자에게 로열티를 제공하거나, 크로스 라이선스를 체결하여 특허권의 배타권적 속성을 극복하려 한다. 이로 인해 양질의 특허로 구성되는 특허 포트폴리오를 갖춘 기업/기관은 강력한 특허 협상력을 가지게 된다.

구글이 모토로라 모빌리티(미국 특허 1만 7천여 건 보유)를 매수한 것이나, 애플 컨소시엄이 45억 달러에 노텔 네트웍스(Nortel Networks, 미국 특허 6천여 건 보유)를 매수한 것도 자사의 비즈니스 전개를 위해 필요한 특허 포트폴리오를 확충하고, 협상력을 극대화하기 위한 것으로 볼 수 있다.

산업융합촉진법과 지식재산권

산업융합촉진법은 2011년 4월 5일 법률 제 10547호로 입법되고 공표된 후, 2011년 10월 5일부터 시행되었다. 이를 제정한 이유는 21세기 세계경제는 융합의 시대로 급속히 전환되고 있으며, 이러한 패러다임의 전환기를 맞아 산업융합은 신성장 동력과 일자리 창출의 핵심적인 보고(寶庫)로 인식되고 있기 때문이다. 이에 따라 종전에 칸막이 식으로 구획된 산업의 틀 속에서 만든 법령과 제도를 융합의 시대에 맞도록 정비할 필요성이 대두되었다. 산업계에서 융합산업의 발전이 뒤쳐진 주된 원인 중 하나로 '법제도적 기반의 미비'를 지적했으며, 기존의 법령이나 규정으로 인하여 융합 신제품의 창출에 장애가 되는 사례도 나타났다. 융합 신시장의 활성화에 장애가 되는 기존의 법제도상의 한계를 보완하고 산업융합을 미래 먹거리 창출의 핵심기반으로 확고히 하기 위하여 이 법을 제정한 것이다.

산업융합촉진법의 지식재산권 관련 지원 법령 내용(안 제 19조)은 다음과 같다.

① 관계 중앙행정기관의 장은 산업융합을 촉진하기 위하여 지식재산권과 관련된 다음 각 호의 지원사업을 할 수 있다.

1. 산업융합 관련연구의 결과 발생한 특허권 등 연구 성과물과 국가 또는 지방자치단체 등이 보유한 지식재산권의 사용과 실시 및 교

류 활성화 등과 관련한 사업

2. 산업융합을 촉진할 수 있는 시험제품 또는 제품을 개발하려는 자를 위한 지식재산권의 중개 및 알선 등의 사업

② 관계 중앙행정기관의 장은 대통령령으로 정하는 바에 따라 지식재산권에 관한 업무를 수행하는 기관 또는 단체를 지정하여 제 1항의 지원사업을 하게 할 수 있다.

③ 관계 중앙행정기관의 장은 제 2항에 따라 지정된 기관 또는 단체에 대하여 그 지원사업에 드는 비용을 출연금 또는 보조금으로 지원할 수 있다.

이러한 법안 외에도 '융합 촉진형' 특허제도 개선 및 운영이 필요하다. 특허권 획득을 촉진하기 위해 일정 요건을 갖춘 융합기술에 관련된 특허에 대해서는 특허권의 획득 및 유지 과정에서 혜택을 제공하고 융합 기술의 특허 우선심사 및 우선심판의 대상화 및 융합기술에 불리하게 작용하지 않는 특허심사 기준 가이드라인을 제공해야 한다.

특허성 심사 시 가장 중요한 것은 진보성(특허법 제 29조 제 2항)에 대한 판단이며, 진보성은 출원된 발명이 종래의 기술들의 조합/결합으로 용이하게 발명할 수 있는지를 판단하는 것으로 특허성 판단은 기술의 종적(*vertical*) 방향으로 발전(심화/개선/개량)해온 바가 크다. 융합은 횡적 수평(*horizontal*) 방향의 결합이 많으며(특히, IT 서비스 결합, 제품+제품 결합, 제품+기능 결합 등), 이 경우 진보성 판단에서 불리한 점이 다수 있다.

특히, 상업적 성공을 진보성 판단의 참고사항에서 삭제하는 등 시장 관련된 요인들이 특허성 판단에 적극적으로 반영되지 않고 있다. 그러므로 서비스 융합을 포섭하도록 특허 대상을 확대 개편해야 한다. '자연법칙' + '기술적 사상'을 활용한 것에 한정된 특허 대상이 근래에는 네트워크상의 사업 모델인 비즈니스 모델 특허까지 확장되었으나, 현행 체계에서는 '제품 + 서비스', '서비스 + 서비스' 융합 중 소수만이 특허로 보호된다. 따라서 특허 대상을 확장하거나, 기존 체계에서 융합 결과물의 유형별로 변형 보호에 대한 연구가 필요하다.

또한 융합기술 해외특허 출원비용 지원을 확대해야 한다. 국제출원의 경우, 비용 지불을 보조하는 제도들이 다수 있는데 이들 제도의 요건에 '융합기술'을 포함시킬 필요가 있다. 또한 융합제품의 개발 시에는 타인의 지적재산권을 사용할 필요성이 큰데, 이때 타인의 동의 획득이 중요하다. 동의 획득 과정이 용이하지 않을 경우에는 그리드락의 문제가 발생하여 사회적 비용이 크게 증가하게 되므로 융합제품 개발에 필요한 타인 특허권 사용의 활성화를 기하는 방안도 필요하다.

중소기업 보호와 지식재산권

대기업의 중소기업 특허권 편취가 다수 발생해왔음은 주지의 사실이다. 일반적으로 전속적 계약 관계하에서의 대기업 요구에 대한 중소기업의 거부 및 대체 거래선 확보는 사실상 어렵다. 하도급거래 시 구두계약 관행이 유지되고 있으며, 기술 편취나 특허 침해에 대하여 소송을 통한 피해 보상이 사실상 무의미하다.

2007년 3월 중소기업중앙회 자료에 따르면 중소기업의 30%가 대기업과 납품거래 시 핵심기술 유출 경험이 있으며 2009년 공정위에서 실시한 서면실태조사 결과 대기업 기술자료 요청대상 중소업체의 22%가 기술탈취 경험이 있다고 응답하였다.

특히 하도급거래 시 구두계약 관행으로 증거 확보가 어렵고 소송을 제기해도 보상 규모가 거래 단절로 인한 손실에 못 미치는 경우가 많아 중소기업을 보호하기 위한 실효적인 대책이 필요하다. 최근 영업비밀 등 기술유출·침해 사례가 지속적으로 증가하면서 중소기업의 피해 우려가 확산되고 있다.

2009년 12월 발표된 중소기업 실태조사 보고서에 따르면 중소기업

〈그림 7-6〉 기술유출 범죄 처리현황

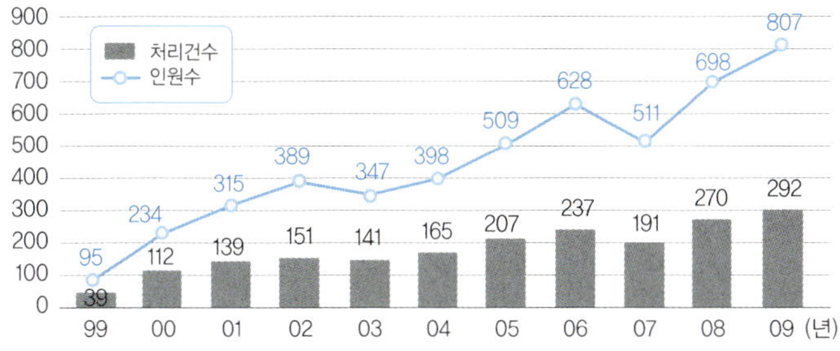

자료 : 법무부 (대검찰청).

의 15%가 최근 3년간 기술유출에 의한 피해를 경험하였다고 한다. 기업 1건당 평균 피해금액은 10억 2천만 원으로 연 매출액 대비 9%에 달했으며, 기업부설연구소 보유 중소기업의 피해규모는 약 4조 2,156억 원으로 추정된다고 한다. 이러한 기술탈취는 중소기업의 기술개발에 큰 장애요소로 작용한다.

이를 해결하기 위해 고의성에 대한 손해배상 책임을 강화할 필요가 있다. 고의성에 대한 가중적 처벌규정 도입 또는 3배 보상제도 등을 도입해 피해보상의 실효성을 높여야 한다. 이러한 기술탈취 문제는 대・중소기업 동반성장을 위한 주요 과제가 될 것이다. 또한 표준하도급계약서 보급으로 서명계약문화 정착을 유도할 수 있도록 기술탈취・유용 금지 규정 등을 반영한 표준하도급계약서를 마련하고 이의 활용성 제고를 위한 인센티브 도입도 필요하다.

'독점 배타형' 지식 패러다임을 극복하는 '상생 촉진형' 지식재산권 패러다임의 실행

대학/공공기관이 보유한 특허/인적 자원에 대한 효과적인 양방향 연계 인프라를 구축해야 C&D(*Connect & Development*)가 일어날 수 있다. 이를 위해 대학/공공기관이 보유한 특허 풀 정보를 구축하여 대학/공공기관이 보유하는 특허를 기술 분야별, 교수/연구자별로 다차원으로 분류하고, 각 분류에 속하는 개별 특허에 대해서는 관련성 높은 기업들을 연관성이 높은 기업 순으로 매칭시켜 대학/공공 관련기업의 접근 편의성을 제고해야 한다. 개별 중소기업별로 자사와 관련성 높은 대학/공공기관 보유 특허 및 교수/연구자를 매칭시켜 중소기업 관계자의 공공 영역 접근 편의성을 제고하는 것도 필요하다.

또한 C&D 실행 시의 마찰(*friction*)을 최소화하고 속도를 극대화하기 위한 구체적인 기준, 가이드라인 및 실무 매뉴얼을 제공해야 한다. 계약 문화의 성숙도가 약한 국내 현실에서, 이해 관계가 대립되는 쌍방 간에 C&D가 발생하기 위해서는 상세한 고려사항, 기준, 효율적인 가이드라인, 실무상의 점검 요소 및 절차 매뉴얼이 필수적이다.

산학연 보유 특허의 크로스 라이선스를 촉진해야 한다. 크로스 라이선스의 장려를 통해 C&D 활성화를 위한 문화를 마련해야 한다. 과제 선정 시 컨소시엄 사 및 외부특허 활용계획을 포함하는 경우 과제 선정 시 혜택을 준다거나 세제를 지원해주는 것도 좋은 방법이다.

지금까지는 컨소시엄 내부 자원은 목록 제시에 그치는 경우가 많았으나 컨소시엄 구성 사나 외부의 특허에 대한 활용 계획을 제안에 포함시키게 되면 그 결과로 C&D가 필수적으로 발생하게 될 것이다. 그러나 이러한 혜택이 남용되지 않도록 남용 방지를 위한 세부안도 함께 고민해야 한다.

이외에도 민간-민간 C&D 실행 인프라 구축도 필요하다. 수평적 협업문화가 약한 국내 현실에서 하청/납품 수준이 아닌 민간-민간 간의 C&D가 활성화되기 위해서는 C&D 환경 인프라의 구축이 선행되어야 할 것이다. 또한 민간 특허 결합형 R&BD(*Research & Business Development*) 프로그램의 실행 및 확산을 위한 인프라도 구축되어야 한다. 이러한 특허 결합형이 필요한 이유는 특허를 매개로 할 경우 법률적 관계 설정이 명확하다는 장점이 있으며 민간은 사업성에 민감하므로, R&BD형 프로그램이 더욱 적합하다.

나아가 세부 기술분야별 핵심 연구자들의 네트워크 정보를 구축하는 것도 필요하다. 국내외 핵심 연구자 정보를 알아야 C&D의 타깃 대상을 용이하게 발견할 수 있으며 나인시그마나 이노센티브 등과 같은 C&D 모델은 국내 여건상 활성화되기 쉽지 않기 때문이다.

C&D의 촉진을 위해서는 기술적/인적/문화적으로 다양한 장애를 극복해야 하며 타사 역량의 정당한 평가를 위한 특허 평가 프로그램을 활성화하여 C&D 전 프로세스를 대상으로 한 조사, 알선, 조정, 심의 및 자문을 수행하는 C&D 촉진기구를 운영해야 한다.

대기업·중소기업 간 특허 공유의 문제점

법률상 특허 공유는 토지 등의 공유와는 다른 독특한 속성을 지니고 있다. 지분권자는 지분의 비율과는 무관하게 전체 특허권을 실시할 수 있다(특허법 제99조3항). 즉, 1% 지분을 가진 대기업도 공유 지분권자의 동의나, 어떠한 제재나 추가비용 지불 없이 특허권의 권리 내용에 대한 100% 실시가 가능한 것이다. 특허권의 공유가 성립되는 순간부터, 대기업은 언제든지 중소기업을 배제할 수 있으며, 타 기업을 대상으로 그 특허권의 권리내용을 합법적으로 실시하게 할 수 있다. 타 기업이 대기업의 완전한 지배하에서 그 대기업만을 위하여 그 특허권의 내용을 실시하는 경우에는 대기업이 타 기업에게 실시권을 허여한 것으로 보지 않으므로, 지분권자인 중소기업은 타 기업에게 특허권을 행사할 수 없다.

또한 지분권자의 100% 동의 없이는 양도, 실시권 설정 등 특허권을 활용한 수익행위를 할 수 없다(특허법 제99조2항, 4항). 따라서 중소기업이 지분비율이 높다고 해도 대기업의 종속을 피하여 독립적인 다른 파트너를 찾기가 사실상 불가능하며 대기업의 동의가 없으면 특허권의 지분을 제3자에게 양도하여 특허권에 대한 대가를 받을 수도 없어 대기업으로의 법률적 종속을 심화시키고 있다. 만약 중소기업이 고사하거나 폐업하는 경우, 그 특허권은 사실상 대기업의 것이 되며 중소기업이 청산되는 경우라도 지분 양도는 오직 합병 등 일반 승계로만 가능해 그 중소기업의 특허권은 경매대상이 되지 못한다.

이처럼 대기업과 중소기업 간에 특허 공유가 발생하는 경우가 있는데 납품의 조건으로 납품 대상물품이나 서비스에 관련된 특허권의 지분을 요구하는 경우도 있고 비용투자의 조건 등으로 중소기업에서 기인되는 특허권에 대한 지분을 요구하는 경우도 있다. 공동으로 자체 또는 국가 R&D를 수행하는 경우, 대기업이 자사가 수행하지 않은 영역에서 개발되는 기술에 대해서도 특허권의 지분을 요구하기도 하며 일부 대기업은 특허권에 대한 공유 지분이 아닌 특허권 전체를 요구하기도 한다.

대기업·중소기업 간의 상생적 특허 문화 사례

• SKT 사례 •

SK텔레콤은 오픈 이노베이션 센터(OIC)를 운영하며 자사가 보유한 특허 중 100여 건을 협력업체에 공개하고 기술 혁신을 지원하고 있다.

• KT 사례 •

협력사에 약 1천 건의 보유 특허를 무상 양도하여 KT로부터 라이선스, 기술 전수 등 기술이전을 받는 업체에는 동반성장 가점을 주고 향후 협력사의 제품 구매를 확대하는 혜택을 부여한다.

• 하이닉스 사례 •

보유중인 반도체 장비 관련 국내 특허 및 실용신안 기술 831건을 협력회사에 공개하고 협력회사가 원할 경우 관련 기술을 매각하거나 사용권을 허여할 예정이다. 공개된 831건 외에도 협력회사의 요청이 있을 경우 이전 가능성을 적극 검토하고 협력회사가 출원 등 특허 관련 업무를 수행하는 과정에서 전문성 부족 등으로 실무적인 어려움을 겪을 경우 하이닉스의 전담 특허인력이 자문을 제공한다. 또한 협력회사가 우수한 기술을 개발하고도 출원비용이 부족해 특허화에 어려움을 겪을 경우 특허출원 비용의 일부를 지원하고 출원될 특허를 공유하는 방안도 검토 중이다. 이와 같이 중소기업이 출원 비용이 부족하여 출원조차 할 수 없는 경우에는 특허권 자체가 발생하지 않으므로, 이러한 공유는 상생적 공유가 될 수 있다.

지식재산권 남용 방지

최근 특허 소송을 남용하거나 기술표준화 과정에서의 특허매복 행위, 특허권 만료 이후 로열티 부과 등 지식재산권을 부당하게 이용하는 사례가 증가하고 있다. 핵심 특허를 선점한 다국적 기업의 권리남용 사례로 이동통신 관련 기술, 부품, 소프트웨어 개발·판매 기업인 퀄컴은 2007년 전체 매출 중 35%(38.7억 달러)가 한국 시장에서 발생한 회사로 2009년 7월 시장 지배적 지위남용 행위로 시정명령 및 2,732억 원의 과징금을 부과받기도 했다.

이를 해결하기 위해 지식재산권 남용행위에 대한 규율을 강화시킬 필요가 있다.

- 2010. 6. 의약품 분야의 특허권 남용행위에 대한 서면실태조사
- 2010. 8. IT 분야의 특허권 남용행위에 대한 서면실태조사

실효적 지식재산권 보호

손해배상액 증액제도의 도입

특허 침해소송 시 우리나라 특허권자의 승률은 미국 60%, 프랑스 55%, 캐나다 38%에 비해 매우 낮으며 개인이나 중소기업들이 특허 침해에 대한 손해배상을 청구해도 손해배상액 판결은 청구액의 10분의 1 수준밖에 되지 않는다. 더욱이 무효율 70%, 침해 인정률 25%를 감안하면 특허권자 승률은 약 7.5%(30%×25%=7.5%) 정도로 아주 낮다. 이처럼 특허제도가 침해를 억제하는 기능을 다하지 못하고 특허 무용론이 대두되고 있어, 특허 침해 억제력 확보를 위해 판사가 특허권자의 성격, 침해의 성격, 특허권자와 침해자의 관계, 사건의 경합 정도, 공익, 모방(*copying*)의 정도 등 사정을 종합적으로 판단하여 1배, 2배 또는 3배의 증액을 결정하는 손해배상액 증액제도의 연구 및 도입이 필요하다.

미국에서는 특허권이 침해되는 것을 인지하고 침해 행위를 하는 고의적인 특허 침해의 경우에는 3배까지 손해 배상금을 중과할 수 있다. 우리나라도 침해자의 고의가 인정되는 경우 판사의 재량으로 산정된 손해액의 3배까지 증액 가능하도록 법제화하는 주장이 성균관

대학교 로스쿨 정차호 교수 등을 중심으로 강하게 제기되었다. 우월적 지위에 있는 대기업에 중소기업이 효과적으로 대응할 수 있는 것이 특허권이므로, 특허권 침해 배상 성립 시의 고액 배상액은 중소기업을 효과적으로 보호하고 공정한 기업질서를 유지하는 데 기여할 것이다.

지식재산권의 안정성 제고

특허권자는 자신의 권리를 침해하는 자에 대해서 특허법에 정한 각종 권리를 행사할 수 있다. 특허권자의 권리 중 대표적인 것이 민사상의 침해금지 청구와 침해물 폐기, 침해 행위에 제공된 설비의 제거 및 손해 배상 청구이며, 침해자는 형사상 7년 이하의 징역이나 1억 원 이하의 벌금에 처해지게 된다.

반대로 특허권자에게 침해를 주장 받는 자는 특허권의 대표적인 하자인 특허 무효를 주장하거나, 해당 행위가 특허권의 권리 범위에 속하지 않음을 주장하는 것이 일반적이다. 만약 특허권이 무효가 되면, 특허권은 무효 심결이 확정된 때에 소멸하는 것이 아니라, 처음부터 없었던 것으로 간주된다(특허법 제 133조 2항). 특허권이 무효가 되면 특허권의 유효성을 믿고 행한 모든 행위의 근거가 사라지게 되므로, 권리로서의 안정성이 중요하게 된다. 특허가 무효가 되는 확률이 높으면, 특허권을 존중하지 않는 풍토가 만연하여, 특허권 행사의 실

〈표 7-3〉 특허심판원에서의 특허 무효 심결 인용(무효) 비율

구분	2005	2007	2009
특허	50.5%	57.6%	60.1%
실용	50.1%	53.7%	62.9%
디자인	52.4%	47.2%	39.1%
상표	48.0%	48.5%	46.2%
전체	49.9%	52.5%	52.1%

효성이 낮아지게 돼 중소기업의 기술투자 보호가 미흡하게 되며, 기술 개발의 의지를 꺾게 되는 부작용이 발생할 수 있다. 또한 특허청의 특허심사 결과에 대한 신뢰도 및 권위가 추락하게 된다.

특허무효심판의 현황을 살펴보면, 특허무효심판의 청구율은 증가하고 있고 등록받은 지식재산권에 대한 특허심판원의 무효심판에서 인용(무효) 되는 비율은 2001년 이후 증가 추세로 권리의 안정성이 낮다.

특허 침해소송 대리권

현재 무효심결 취소소송(특허법원) 분야는 변리사의 소송 대리가 가능하나, 침해소송(일반법원) 에서는 변리사 소송 대리를 인정하지 않아 이에 대해 의견이 대립하고 있다. 특허청과 대한변리사회는 변리사법 제 8조[1]를 문안대로 해석하여 변리사에게도 대리권이 인정되어야

한다고 주장한다.

이에 반해 법무부와 대한변호사회는 변리사는 민사소송 절차에 대한 전문지식이 없으므로 대리권을 인정할 수 없다고 주장해 현재까지 소송 실무에서는 대체적으로 변리사의 민사소송 대리권을 인정하고 있지 않다. 이처럼 변리사에 대한 특허 침해소송 대리권 부여와 관련하여 직역(변호사 vs. 변리사) 문제와 연계되어 입장 차이가 현저하게 나타난다. 2008년 11월 이종혁 의원이 특허 침해소송에서 변리사·변호사 공동대리 제도 도입을 위한 변리사법 개정안을 제출하여 지경위에서 수정통과(2009. 4) 된 후 현재 법사위 계류 중에 있다.

최근 지식재산(특허 특허) 침해 여부의 판단은 특허 발명과 관련 기술에 대한 이해와 사실 확인을 통한 판단이 핵심이 되면서 기술개발 내용을 잘 알 수 있는 특허·기술 전문가인 변리사의 특허 침해소송 참여에 대한 요구가 지속되고 있다. 기업들은 기술전문가의 침해소송 지원을 건의하고 있으며, 2009년 1월 대한상공회의소에서 조사한 결과 제조업체의 93.7%가 특허 침해소송에서 특허·기술 전문가인 변리사의 대리권 부여가 필요하다고 답변하였다. 또한, 해외에서는 기술 전문가의 소송 참여가 국제적 추세이다.

1 변리사법 제8조(소송대리인이 될 자격) 변리사는 특허, 실용신안, 디자인 또는 상표에 관한 사항에 관하여 소송대리인이 될 수 있다.

특허·상표권 등 지식재산이 새로운 투자 수단으로 급부상하고 있다. 기업 활동 중 지식재산 비중이 증가하고 이로 인해 직·간접적 수익이 발생하면서 지식재산이 독립적인 수익 창출 수단으로 인식되기 시작했다. 2001년 IT 버블 붕괴 시 파산한 벤처기업의 특허를 인수한 특허전문회사(NPE)가 라이선싱 및 소송 등을 통해 잇달아 고액의 로열티 수입을 창출한 것이 계기가 되었다.

2000년 이후 민간자본이 특허 비즈니스에 본격적으로 투입되면서 단순 중개 중심의 비즈니스가 새로운 유형의 투자산업으로 급변하고 있다. 아이디어나 특허권을 매입하여 소송에 강한 특허 풀로 보강하는 등 부가가치를 높여 기업에 라이선싱을 통한 로열티나 매각 양도 수익을 회수하는 새로운 비즈니스가 창출되었다.

이러한 특허 생태계 변화는 국내 제조업과 연구계에는 불리하게 작용하고 있다. 제조 기업에는 특허관리회사(NPE)의 증가로 침해소송 위험 및 로열티 부담이 증폭되었고 이러한 상황이 심리적·경제적 위기로 작용하고 있다. 한국기업의 해외 특허분쟁 건수를 살펴보면 2006년 47건에서 2007년 89건, 2008년 127건으로 점점 증가하고 있다.

반면, 특허관리회사의 등장은 그간 지식재산을 보유하고도 정당한 보상을 받지 못한 연구기관 및 휴면특허 보유기업 등에는 새로운 수익창출 기회로 작용하였다. 인텔렉추얼 벤처스 등 특허관리회사의 국내 특허 매입 건수가 2007년 300건에서 2008년 500건으로 크게 늘어난 적이 있으며, 이는 많은 연구자들로부터 환영을 받은 바 있다. 이는 지식재산 생태계 변화 트렌드를 국내 비즈니스의 선진화 기회로 활용할 필요성이 대두되고 있음을 시사한다.

지식재산 전문 관리 비즈니스

신규 비즈니스 창출을 위해 민·관 합동의 창의자본 조성이 필요하다. 국내외 아이디어 특허를 선점하고, 인큐베이션[2] 등으로 강한 특허 풀을 확보하여 안정적·장기적 운용이 가능한 대규모 자본을 조성해야 할 필요성이 크다. 이에 국내 특허시장의 여건상 100% 민간자본의 자발적 투자에 기반한 비즈니스 창출은 시기상조로 보이므로, 민간투자의 마중물로 자본은 정부 주도로 조성하고, 사업은 민간 주도로 추진하여 시장친화적인 비즈니스로의 정착을 유도해야 할 필요가 있다.

2011년부터 향후 5년간 약 5천억 원 이상 규모의 자본을 민(70↑)·관(30↓) 합동으로 조성할 예정이다. 국내 지식재산 환경에 적합한

2 국내외 우수 지식재산(아이디어, 발명, 특허 등)의 매입·확보와 권리범위 보강 및 패키징을 통해 강한 IP 포트폴리오 개발 → 국내기업 실시 허여로 소송 리스크 절감.

비즈니스의 출현과 성공적 모델의 조기 선발과 정착을 위해 투자대상 기업의 다양성을 유지하고 다양한 수익모델의 지식재산관리회사(NPEs)를 육성해야 하며 국내 제조업과 특허전문 기업이 공생하여 국제특허분쟁에 대비할 수 있도록 공공성이 강한 방어형 비즈니스 육성에 우선 투자해야 한다.

도전과 창의의
벤처 2.0 생태계

우리나라는 1995년 벤처기업협회 설립 이후 2000년도까지 질풍노도와 같은 벤처 1.0 시대를 통하여 세계 역사에 유례가 없는 벤처 발전을 이룩하였다. 그러나 2000년 말 불어닥친 미국의 IT 버블 붕괴의 직격탄을 맞아서 한국 벤처산업도 오랜 침체기에 돌입하였다. 이제 '스마트와 소셜' 혁명이라는 인류 역사상 어쩌면 최대의 혁명을 맞아서 벤처 창업 붐이 되살아나고 있다. 이 기회를 최대한 활용하여 21세기 한국을 재편하는 벤처 2.0 프로젝트가 필요한 때가 되었다.

벤처 1.0 - 벤처의 태동과 성장

1995년 벤처기업협회 설립 이후 1996년 코스닥 설립, 1997년 벤처기업 특별법을 통하여 한국 벤처 발전의 양대 인프라가 구축되었다. 코스닥의 역할이 선도벤처의 자금 조달이었다면 세계 최초의 벤처기업 특별법의 의미는 창업벤처의 지원이라고 할 수 있을 것이다.

코스닥을 통하여 연간 수조에 달하는 벤처 투자자금이 선순환하면서 한국벤처의 꿈이 꽃피우게 되었다. NHN, 다음, 엔씨소프트, 휴맥스, 주성엔지니어링, 다산네트웍스 등 한국을 대표하는 벤처기업들은 코스닥이 없었다면 현재 위치에 도달하지 못했을 것이다. 일본

〈그림 8-1〉 코스닥과 벤특법

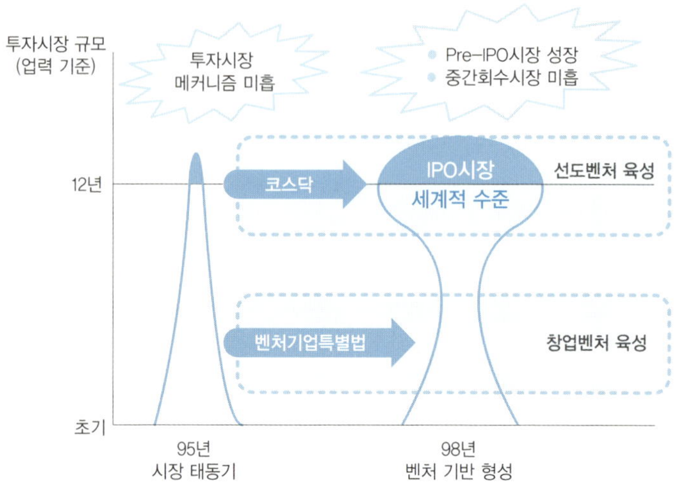

은 한국보다 3년 늦게 벤처 증권시장을 활성화한 결과 한국보다 IT 산업 전반에서 뒤쳐지는 결과가 초래되었다. 현재 코스닥은 몇 가지 문제점을 안고 있으나, 통계상 전 세계 이머징 증권시장의 거래량 2위, 시가 총액 5위권을 유지한다는 것은 매우 의미 있는 결과로 보인다.

세계 최초의 벤처기업특별법은 자금, 인력, 입지를 포괄한 총체적인 벤처창업 지원정책으로서 폭발적인 벤처붐 형성에 큰 역할을 하였다. 예를 들어 1만여 개 벤처기업이 밀집한 G밸리 형성과정을 보면 정부의 지원자금은 전혀 없었다. 단지 벤처특별법상의 벤처빌딩 제도(벤처 집적 시설) 하나로 거대한 벤처생태계가 형성된 것이었다. 이후 세계 최초의 벤처기업특별법은 중국을 비롯한 전 세계로 확산된 한국의 자랑스러운 '벤처 새마을운동' 사례가 되었다.

이러한 준비를 거쳐 벤처산업은 1997년 말 한국을 강타한 IMF 충격을 극복하는 견인차 역할을 수행하게 되었다. 실험실 창업운동, 인터넷 코리아 운동 등의 추가적인 벤처 정책에 힘입어 2000년 벤처기업 수는 1만 2천 개에 육박하였으며, 수많은 벤처 스타기업들이 탄생되었다. 이들 기업 중에서 2010년 말 기준 6개의 1조 매출기업이 배출되었다(NHN, 휴맥스, 넥슨, 팬텍, 디에스, 태산엘시디).

2010년 말 매출 기준 1천억 벤처가 315개에 달하고 이들의 매출액만 60조 규모를 훌쩍 뛰어넘는다. 2만 8천 개가 넘는 전체 벤처기업의 매출액은 삼성전자 규모를 능가하는 200조 이상으로 추정된다. 벤처는 연평균 15% 이상 성장을 지속함으로써 대기업과 더불어 국가 GDP 성장의 양대 축을 형성하고 있으며(1% 이상) 더 나아가 대기업이 연평균 4% 축소시킨 고용을 연평균 20% 성장하며 흡수해왔다.

시련의 벤처, 그리고 한계

2000년 말 미국의 나스닥 주가가 10분의 1로 폭락하면서 촉발된 IT 버블 붕괴는 한참 성장 중인 한국 IT 업계에도 쓰나미처럼 몰려와, 코스닥 주가가 12분의 1로 폭락하는 벤처 버블 붕괴를 초래했다. 이후 정책당국은 2002년 벤처 버블 붕괴와 관련하여 도덕적 해이 방지를 핵심으로 하는 "벤처 건전화 정책"을 발표하게 되었다. 엔젤투자세액공제 축소, 벤처인증제의 보수화, 주식옵션제도의 제한, 코스닥 적자등록 금지 등으로 구성된 벤처 건전화 정책은 이제 막 성장을 시작한 벤처생태계를 취약하게 만드는 한 원인이 되기도 하였다. 다행히 2005년의 '벤처 AGAIN' 정책으로 성장의 영양분을 다시 찾게 되었으나 여전히 우리 벤처생태계는 여러 가지 문제점을 지니고 있다.

코스닥 기업의 3분의 1이상이 성장이 정체되고 불건전한 기업사냥꾼에 노출되어 있다. 창업에 절대적인 초기 엔젤투자는 2000년에 5천억 규모에서 3백억 대로 대폭 축소되었다. 벤처 캐피탈 업계도 2000년 2조 원이 넘던 규모가 1조 원대로 내려앉았다. 가장 중요한 기업가 정신은 한국은행에 따르면 2000년에 비하여 5분의 1로 축소되었다. 심지어 사회적인 분위기 역시 벤처창업에 대한 도전보다는 안정된 직업을 선호하는 경향이 강화되었다. 결과적으로 대기업은

〈그림 8-2〉 벤처생태계의 성장과 한계

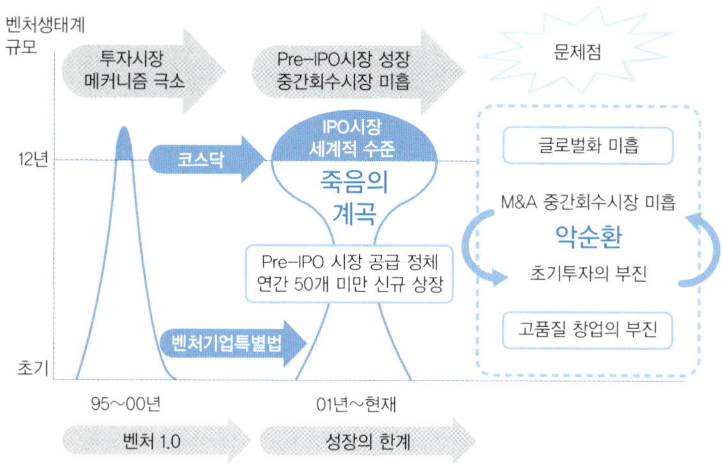

고용 없는 성장을 지속하고 전통산업은 성장 없는 고용을 유지하고 고품질 벤처창업은 부진하여, 청년실업 문제는 국가 전체에 최대 문제로 부상하였다.

구체적으로 신규 창업기업들은 극심한 투자 부진에 시달리고 있는데, 이 핵심 원인은 투자 회수시장의 부재에 있다. 현재 코스닥이 거의 유일한 투자 회수시장인데, 상장은 창업에서 평균 12년이 소요되는 반면 5년 이내의 회수 사이클을 갖는 벤처 캐피탈의 초기 창업투자에 대한 중간 회수시장이 없다.

이는 회수시장의 부재로 선도 벤처기업도 투자 유치가 어려웠던 1996년 코스닥 설립 이전 상황과 비슷하다. 당시에도 자금공급 정책은 많았으나 코스닥이라는 회수시장이 없어 투자가 부진했다. 결국 회수시장, 즉 코스닥 설립 이후 비로소 벤처 캐피탈의 투자가 활성화되었다. 모태 펀드를 통한 초기 벤처 투자를 권장하나, 근본적으로 회수시장 없이는 실효성이 의문시된다. 공급의 확대가 문제의 해결이 아니라는 역사적 성찰이 절실하다.

전국 보육센터 입주기업에 대한 벤처 투자 역시 극히 미미하며, 테크노파크, 창업보육센터의 활성화는 돌파구를 찾지 못하고 관계기관의 지원에 기대고 있는 실정이다. 결국 창업 초기의 정부 지원 이후에 코스닥 등록을 3~5년 앞둔 Pre-KOSDAQ까지의 평균 5년간이 벤처생태계의 병목으로 작용하며 결과적으로 Pre-KOSDAQ 진입 기업이 증가하지 않는 결과를 초래하여, 이는 벤처생태계 전체 성장의 병목으로 작용하고 있다고 볼 수 있다.

B2C 기업은 글로벌 시장 개척에 어려움을 겪고 있다. 이들은 휴맥스, 넥슨 등 극소수 기업을 제외하고는 세계시장 진출에 실패했다. 세계화 도전 성공 확률이 극히 낮다는 현실을 인정할지라도 여러 가지로 준비되지 않은 국내외 많은 벤처 기업들이 미국, 중국, 일본 등의 세계시장에 도전하여 막대한 손실을 본 후 다시 국내 시장으로 회귀했고, 손실을 만회하기 위해 비주력 품목 다각화 전략으로 매출 증대를 시도하는 사례가 빈번했다. 이로 인해 제한된 국내 시장에서 경쟁이 격화되고 기업 이익률이 저하되는 등 기업 부실화를 초래하기에 이르렀다. 결과적으로 벤처기업 중 B2C에 도전하는 기업은 감소하

고 시장 개척이 용이한 B2B 형태가 확대되는 결과가 초래되어 자체 시장을 개척하는 B2C 기업은 전체 벤처기업의 1/3 이하에 불과하다.

그렇다고 B2B 기업의 생태계가 건전한 것도 아니다. B2B 기업의 성장과 이익은 대기업과의 관계, 특히 거래조건에 크게 좌우되는데 일방적인 납품단가 인하 등 불공정 거래로 위기에 직면하는 경우가 많다. 정당한 시장 경쟁에 의한 자율적인 납품단가 협상은 자유시장 경제의 대원칙이나 국제 사례에 맞지 않는 불공정한 납품단가 인하로 B2B 기업들은 시간이 지날수록 한계 이익에 봉착하고 재도약을 위한 연구개발 재투자 여력을 상실하는 등 혁신과 성장을 위한 동력을 잃고 있다. 한국에서 독일의 보쉬(Bosch), 일본의 교세라(Kyosera) 같은 초우량 B2B 기업 탄생이 어려운 이유이기도 하다.

더 나아가, 이러한 불평등 구조는 언젠가는 부메랑이 되어 대기업에 돌아온다. 지나친 단가 인하는 제품의 품질을 떨어뜨리고 중소기업의 혁신을 가로막게 되며, 이는 필연적으로 대기업 제품의 경쟁력 저하로 이어진다. 얼마 전 세계를 충격에 빠뜨린 도요타 사태가 단적인 예다. 한편, 대기업의 전략적 필요 시 B2B 벤처 투자 및 M&A가 쉽지 않아, 대기업도 자구책으로 부당 인력 스카우트, 기술 탈취 등 불공정 거래를 할 수밖에 없는 것도 건전한 생태계 미비의 결과라고 할 수 있다.

벤처의 재도전, 벤처 2.0 프로젝트

벤처 2.0 프로젝트의 핵심은 창업벤처의 혁신역량과 선도기업의 시장 역량을 결합하는 개방형 혁신(*Open Innovation*)에 있다. 이러한 개방형 생태계를 통하여 선도기업은 창업 기업의 기술역량을 활용해 신성장 동력을 창출하고 창업 기업은 선도기업과의 제휴를 통해 시장 접근성을 확보하는 선순환 구조를 만들 수 있을 것이다.

또한, 창업 벤처들은 시장이 확보되면 투자 유치, 인재 영입, 기술 개발은 개별기업 차원에서 자생적으로 해결할 수 있게 될 것이다. 이는 후술할 지식원가 방정식을 만족시킬 수 있는 대안으로, 국가 자

〈그림 8-3〉 벤처의 재도전, 벤처 2.0 프로젝트

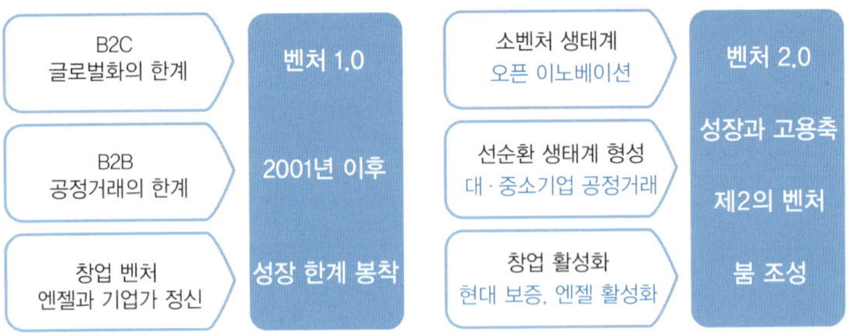

- 고용과 성장의 지속은 혁신을 주도하는 벤처 활성화로 가능
- B2B, B2C 창업 벤처의 문제를 극복하는 도전

원의 효율적 배분에도 기여할 수 있다. 지금부터는 창업과 성장의 두 관점에서의 벤처 재도전을 위한 벤처 2.0 프로젝트를 제시하고자 한다.

신규 창업기업: 기업가 정신과 엔젤투자

21세기 국가경쟁력의 주역은 빠른 추격자(*fast follower*)에서 시장 선도자(*first mover*)로 점차 변하고 있으며, 1인당 국민소득 2만 달러 이후의 국가 성장은 열심히 하는 성실한 인재가 아니라 창조적 도전을 하는 혁신적인 인재가 주도하게 된다. 따라서 혁신을 만드는 창조적 기업가 정신은 아무리 강조해도 지나치지 않을 것이다.

그러나 GEM(Global Entrepreneurship Monitor) 보고서에 따르면 우리나라에서 생계형 창업은 지나칠 정도로 과다하고 벤처형 창업은 부진하다. 따라서 창업에 대한 전체 흐름은 생계형 창업을 혁신적 창업으로 이동시키는 데 있으며 그 첫 번째 필요조건은 차별화된 핵심역량을 확보하는 것이다. 즉 콘텐츠라고 할 수 있는 융합기술과 그릇이라고 할 수 있는 기업가 정신을 고양시키는 데 있다.

기업가 정신 교육은 창조적 도전을 발현시키는 본질적인 부분이나 우리나라의 기업가 정신 교육은 너무나도 일천하다. 제대로 된 기업가 정신 교육을 제공되는 대학은 10%도 되지 않는다. 핀란드의 경우 중등과정부터 제공되는 기업가 정신 교육이 한국에는 거의 전무한 것이다. 기업가 정신 교육의 가장 부족한 자원은 교수요원이다. 부족한 교수요원을 보완하기 위해 인터넷을 기반으로 한 개방교육이 대안이 될 수 있을 것이다.

문제해결을 위한 융합기술 교육도 아무리 강조해도 지나치지 않을 것이다. IT, BT, CT, NT 등 각 분야의 첨단기술의 흐름을 제시하고 스스로 문제를 파악해서 팀 프로젝트를 통한 해결책을 제시하는 것이 기업가적 교육과정이라 할 수 있다. 이러한 프로젝트 중심형 융합교육기술이 산학협력을 통해서 더욱 축적될 수 있을 것이다. 이 단계에서 실제 산업화 이전에 지식재산권 개발을 중심으로 하는 산학협력의 더욱 효율적인 대안이 될 수 있을 것이다.

벤처기업의 창업 활성화의 충분조건은 자금 조달이다. 사업자금의 조달 방안으로는 두 가지가 있다. 첫째는 융자이고, 둘째는 투자라고 할 수 있다. 문제는 벤처 선진국인 미국에서조차 벤처 캐피탈의 초기 투자가 20% 미만인 등 벤처 캐피탈을 통한 초기 창업투자는 대단히 어려우며, 융자는 연대보증으로 인한 신용불량자 양산을 초래하고 있다는 것이다. 따라서 엔젤 캐피탈을 통한 투자 활성화와 투자회수시장을 육성하는 것이 필요하며, 엔젤투자가 활성화되는 시점까지 신용불량자 양산을 방지하고 실패를 기회로 삼을 수 있도록 연대보증제도를 개선하는 것이 필요하다.

엔젤 캐피탈

엔젤 캐피탈은 벤처창업 활성화에 절대적인 인프라다. 벤처 캐피탈은 타인의 자금을 모아서 운영하는 펀드구조이므로 지나친 불확실성을 감당하기에는 본질적인 한계가 존재한다. 대부분 벤처 캐피탈은 리스크관리를 위하여 투자심의위원회를 중심으로 운영된다. 객관화된 평가를 추구하기에 불확실한 가능성이 너무 많은 초기 창업투자에는 벤처 캐피탈이 적합하지 않은 것이다. 벤처 캐피탈은 기술이 검증되어 시장진입을 앞둔 단계에서 주로 투자된다. 대략 이러한 단계가 Pre-IPO 투자 단계와 일치한다. Pre-IPO 투자는 대체로 5년 이내에 회수를 원칙으로 운영되고 있다.

그렇다면 초기 창업투자는 누가 하는가? 엔젤투자가들이 단독 의사결정이 가능한 개인 엔젤 혹은 기업 엔젤로 구성될 수밖에 없는 이유다. 이들은 불확실한 기술에 투자한다. 기술과 시장의 불확실성이라는 두 가지 관문을 통과하는 데 대체로 기술 완성에 5년, 시장 진입에 5년, 그리고 추가적인 기업 모양 다듬기에 2년, 합쳐서 12년이 소요된다. 평균적으로 창업기업이 IPO(상장)하는 데 필요한 기간이다.

여기서 엔젤 캐피탈이 왜 투자하는가를 반문해보자. 다른 이유도 있겠으나 투자수익을 목적으로 한다는 것은 변함없다. 엔젤 활성화에 가장 본질적인 문제는 투자 회수시장의 활성화라고 할 수 있다. 투자 이후 12년이 걸리는 코스닥 상장 이후 회수하라고 한다면 엔젤투자가는 사라질 것이다. 지금 바로 엔젤투자가가 사라진 이유인 것이다. 엔젤 활성화를 위한 중간 회수시장 형성이 바로 창업 활성화의 핵심 인프라인 이유다. 결국, 엔젤투자가들이 5~7년 이내에 회수할 수 있는 회수시장 전략이 논의의 초점이 되는 것이다.

전 세계적으로 엔젤 회수시장은 M&A 시장이 주류를 이루고 있다. 미국은 매년 다르긴 하나 IPO 시장보다 M&A 시장 규모가 5~10배에 달한다. 투자시장의 경우는 2010년도 엔젤투자 금액이 210억 달러로써 벤처 투자시장의 3배에 달한다. 반면에 한국은 엔젤투자 시장이 2000년 5천억 원대에서 2010년 3백억 원대로 축소되어 1조 4천억 원 벤처 투자시장의 2% 대에 불과하다. 결국 엔젤투자와 회수의 선순환 사이클이 한국 벤처생태계에 빠진 연결고리(*missing link*) 다. 벤처 1.0이 코스닥이라는 IPO시장을 중심으로 발전했다면, 벤처 2.0은 M&A 시장이라는 중간 회수시장을 중심으로 발전할 것이다.

그렇다면 엔젤투자 회수 사이클과 회수시장의 본질에 대해서 면밀한 검토가 필요하게 된다. 엔젤투자는 기술의 불확실성을 수용하는 투자다. 기술이 완성되면 시장을 가진 회사와 결합하는 것이 창조경제 시대의 국가적 대안이라 할 수 있다. 창조경제는 창조경제 패러독스를 극복하기 위해서 기술역량을 가진 회사와 시장역량을 가진 회사의 오픈 이노베이션이 전제되어야 한다. 제 3시장(*secondary fund*) 등 M&A 외에 다른 중간 회수시장도 있으나 압도적인 비율로 M&A가 중간 회수시장을 형성하고 있다. 그렇다면 중간 회수시장으로 M&A 시장을 어떻게 활성화하냐는 것이 논의의 초점이 된다.

M&A 거래소

M&A 시장은 바이어, 셀러, 딜러의 3대 요소가 일정 질량 이상으로 모여야 형성될 수 있다. 미국은 이러한 역할을 대규모 투자은행이 수행하고 있다. 한국에는 이러한 투자은행이 전무하다. 투자은행을 육성하려면 막대한 자금과 법적·제도적 장벽을 넘어야 한다. 그 대안으로서 M&A 거래소를 생각할 수 있다. M&A 거래소는 시장을 가진 기업과 혁신을 추구하는 기업들이 생태계를 형성하고 이를 전문적인 딜러가 확실한 책임하에 중계를 수행하는 구조로 구축할 수 있다. 비슷한 예로서 채권거래 시장의 딜러 브로커 제도가 벤치마킹 대상이 될 수 있다. 정보는 제공되나 프라이버시는 보호된다.

이를 위해서 위임장 기반의 정보 제공과 딜러 인증제도가 2009년 기술거래소 연구에서 제시된 바 있다. 활성화를 위한 임계질량은 300여 개의 벤처 1천억 클럽과 한국의 대기업으로 구성된 바이어 그룹, 전국창업보육센터인 5천여 개의 기업 G밸리, 분당밸리 등의 1만여 개 창업기업과 캠퍼스 창업기업 등의 셀러 그룹, 그리고 전국 TLO 각종 협/단체 벤처 캐피탈 등의 딜러 그룹으로 구성할 수 있을 것이다.

바람직한 엔젤투자 규모는 미국을 기준으로 볼 때 벤처투자의 2배 수준인 3조, M&A 시장규모는 5조 원을 제시해본다. 3조 원의 투자와 5조 원의 회수가 선순환으로 확대 재생산되는 기술혁신 사이클이 M&A 거래소로 구현될 수 있을 것이다. 이것이 벤처 1.0 정책의 미비점을 보완하는 벤처 2.0 정책의 핵심이라고 할 수 있다. 이를 위한 정책적 리스크는 수백억 원을 넘지 않을 것이다.

기업엔젤의 육성

창업 활성화에 필요한 엔젤 활성화와 중간 회수시장의 육성은 본질적으로 중요하나, 자리 잡기까지 상당한 시간이 소요되는 정책이다. 그렇다면 중간 회수시장의 활성화 이전에 엔젤투자를 활성화하는 대안을 강구할 필요가 있다. 미국의 경우에는 개인 엔젤 못지않게 기업 투자가 초기 벤처투자의 중요한 부분을 점하고 있다(각 40% 수준). 기업 투자는 틈새시장을 확보한 선도기업들이 자체 로드맵에 입각하여 투자하므로 M&A 회수시장 활성화 이전에도 충분히 육성 가능하다.

기업은 ① 자체 킬러 테크놀로지의 핵심역량 구축, ② 이를 바탕으로 전 세계 틈새시장 확보의 단계를 거친 후, ③ 확보된 시장을 활용한 오픈 이노베이션을 통해 외부 역량을 흡수하여 발전, 진화한다.

한편, 창업기업들은 선도기업과 손을 잡음으로써 시장과 자금을 동시에 획득할 수 있게 된다. 미국 나스닥 상장기업이 바로 이러한 전략하에서 선순환 발전하고 있다. 이는 다시 소생태계 전략으로 융합하게 된다. 기업 엔젤 활성화를 위해서 개별기업의 맞춤형 펀드 구성이 대단히 효과적인 것이다.

엔젤투자는 기술적 불확실성과 시장의 불확실성이 혼재되어 있어 객관성 있는 투자판단이 아주 어렵기 때문에 몇 개 기업의 합의에 의한 투자결정은 현실성이 약하다. 벤처 캐피탈이 주도하는 펀드 형태의 의사결정 시스템은 물론 부적합하다. 엔젤투자는 개인 혹은 개별기업이 자기 책임하에 의사결정을 하되 필요한 정보는 공유하는 클럽 형태가 일반적인 것이다. 개별기업의 입장으로 볼 때(대부분 상장기업) 미래의 전략을 위한 투자가 공시를 통해서 경쟁사에 노출되는 것은 바람직하지 않을 것이다. 그 대안이 캡티브(Captive) 펀드로서 개별기업과 모태펀드가 출자하고 운영은 기업이 주도, 사후 관리는 벤처 캐피탈이 유지하는 형태를 제안하고 싶다.

연대보증제도 개선

한국이 혁신국가에 진입하기 위해서는 향후 10년간 10만 개의 벤처 창업이 요구된다. 문제는 지금과 같은 제도 아래서는 5만 명의 신용불량자가 발생될 것이며 이는 벤처 재도전을 가로막는 장애물일 수밖에 없다. 이를 보완하기 위해서는 첫째, 신용불량의 원인인 연대보증제도를 개선해야 하며, 둘째, 이미 발생한 신용불량자에 대한 재도전 허용제도를 마련해야 한다. 연대보증제도는 과거 불투명한 기업 경영, 즉 창업자와 기업의 소유 불분명과 불투명한 경영의 산물이었다. 과거에는 기업은 망해도 기업가는 산다고 하는 말이 나올 정도였다. 금융기관은 그 대안으로 창업주에 대해서 무한연대보증을 요구하게 된 것이다.

그러나 이제는 상황이 정반대가 되었다. 기업은 살아도 기업가는 매장되고 있다. 이제는 주식회사의 본원적 정의인 유한책임회사로 회귀해야 한다. 창업주의 횡령이 있다면 이는 현재 민·형사법으로 처벌하면 되지 않는가? 궁극적으로 일반금융기관까지 연대보증제도를 개선하는 것이 바람직하나 우선 국책기관인 신용보증기관, 기술보증기관, 중소기업진흥공단부터 연대보증제도를 개선하는 것이 필요하다.

제도 개선의 핵심은 연대보증에 따른 사회적 비용편익의 극대화에 두어야 한다. 구체적으로 보증기관의 연대보증을 통한 회수금액은 보증 총액의 0.3% 수준이다. 0.3%의 가산 보증료를 기업주가 부담한다면 추가적인 비용 없이 재도전을 활성화할 수 있는 국가적 편익이 발생할 것이다. 미국 성공 기업가의 평균 창업횟수가 2.8회라는 것을 명심하자.

다음으로 통합도산법 250조의 개정이 필수적이다. 기업의 채무가 출자전환을 통하여 자본화되면 기업은 부채가 사라진다. 그러나 연대보증한 창업주는 부채가 사라지지 않는다. 채무부종성의 원칙을 정면으로 부인하는 이러한 불합리한 조항은 국가적 손실이 너무나 크다. 한 기업의 사례를 들면, 5백억 원의 부채를 출자전환한 주식을 금융기관이 다시 1천 5백억 원에 매각하여 1천억 원의 흑자를 낸 경우 연대보증인은 그 혜택을 받을 수 있을 것인가? 놀랍게도 금융기관은 1천억 원의 수입을 얻었음에도 출자전환 금액에 대한 채권을 행사할 수도 있다. 금융기관의 모럴 해저드가 우려되는 사유다.

B2C 벤처기업 : 소 벤처생태계

지식사회에서 제한된 국내 시장으로 지식 원가 경쟁력 확보는 어려우나, B2C 기업의 개별적인 각개 약진에 의한 세계시장 진출은 성공 가능성이 대단히 낮은 것도 현실이다. 따라서 소수의 세계화 성공 선도 벤처를 기반으로 세계시장에 동반 진출하는 전략이 효율성이 높은 대안이라고 할 수 있다. 이를 위해서는 신규 창업벤처들의 기술을 시장을 확보한 선도 벤처가 확산하는 소(小) 벤처생태계 구축이 필요하다.

구체적으로 살펴보자. 과거 기업 활동의 핵심이었던 생산이 이제는 통상적으로 아웃소싱 되고 있다. 기업 내부의 깊숙한 곳에서 비밀과 통제하에 이루어지던 R&D도 이제는 열린 R&D로 변화하고 있다. 오픈 이노베이션은 연구개발도 시장의 영역에 합류시켜 경쟁을 통한 진화단계에 들어서는 것을 의미한다. 심지어, 인텔, 시스코, 구글 등 첨단기업들조차 내부 R&D 비율을 지속적으로 축소하고 있다. 이들은 이제 외부의 벤처기업들과의 열린 혁신, 즉 오픈 이노베이션을 지속적으로 확대하고 있는 것이다.

이제 오픈 이노베이션을 통한 혁신의 차별화를 이룩하지 못하는 기업은 경쟁에서 탈락할 수밖에 없게 된 것이다. 그렇다면 왜 이 시대에 오픈 이노베이션이 화두로 대두하는가? 이에 대한 답은 크게 3가지로 요약할 수 있을 것이다.

첫째는 기술융합의 확산이다. 특히 IT에서 IT 융합으로의 확산은 핵심 신성장전략이라 할 수 있다. 융합 기술은 내부가 아니라 외부와의 협조에서 효율이 배가된다. 이러한 기술 이전 및 거래는 한국기술거래소, 나인시그마, 이노센티브 등 다양한 중계기관에 의하여 촉진되고 있다.

둘째는 가치 사슬의 이동이다. 생산에서 R&D로 이동한 핵심 차별화 역량이 이제는 지적재산권으로 이동하고 있다. 기술을 만드는 기술이 발달하고 표준화가 확대되고 벤처생태계의 성장에 따라 기술 자체의 차별화는 오래가지 못하는 반면, 지적재산권의 차별화는 상당기간 지속되고 있음을 눈여겨보자. 이제 R&D도 생산과 같이 아웃소싱의 대상이 되고 있는 것이다.

세 번째이자 가장 핵심적인 변화요인은 '지식 경제 패러독스'라고 할 수 있다. 지식경제에서의 원가는 통상적인 인건비 + 재료비가 아니라 연구개발비를 고객 규모로 나눈다고 정의할 수 있다. 그런데 연구개발은 작은 벤처가 효과적이고 고객 규모는 선도기업들이 효율적이어서 어느 누구도 통합 원가경쟁력을 가지기 어렵다는 것이 지식경제 패러독스다. 결국 벤처의 연구개발력과 선도기업의 고객관계를 통합하는 벤처생태계가 21세기 지식경제에서의 경쟁력을 좌우하게 될 것이다.

이제는 단일 기업이 아니라 산업생태계 간의 경쟁으로 경쟁의 구조가 급변하고 있는 것이다. MS, 구글, 시스코, 인텔, 닌텐도의 경쟁력은 지식원가를 극소화하는 산업생태계의 경쟁력인 것이다. 복합 산업생태계에서는 창조성을 바탕으로 하는 창조기업, 사업화를 담당하는 사업화 기업, 글로벌 시장을 담당하는 시장기업으로 기업의 역할이 나누어질 것이다. 이미 영화 산업, 게임 산업, 밀라노의 섬유 산업은 이러한 복합 생태계 진화의 예가 되고 있다. 복합 산업생태계 내부 효율성 극대화를 위한 혁신의 거래가 바로 오픈 이노베이션인 것이다. 그러나 여기에서 강조할 것은 오픈 이노베이션이 만병통치약이 아니며, 적용의 한계와 전제 조건들을 잘 이해할 필요가 있다는 것이다.

지식경제의 경쟁력은 기술의 차별성과 시장 규모의 곱으로 이루어진다고 정의한 바 기술과 시장의 결합이 바로 문제 해결의 열쇠인 것이다. 세계시장으로 도전한 벤처기업의 성공률이 1% 미만이라는 점을 간과해서는 안 될 것이다. 기술도 중요하나, 벤처의 성공은 시장과의 결합이 없이는 불가능하다. 이미 세계시장에 진출하여 고객을 확보한 선도기업(대기업 및 선도 벤처)과 기술개발의 창조성과 효율성을 가진 기술 벤처의 결합이 초기 투자와 세계화 확산이라는 두 마리 토끼를 잡는 대안일 것이다. 이제 전 세계 경제전쟁은 단일기업 간 경쟁이 아니라 산업생태계 간의 경쟁이라는 점은 명확해지고 있다.

이 점에서 선도벤처의 역할은 아무리 강조해도 지나치지 않을 것이다. 자체 핵심기술로 도전하여 개척한 세계시장을 후발기업들과 공유하는 것은 상호이익이 된다. 이제 선도 벤처들은 기술 세계화라는

1차 역량을 거쳐 글로벌 고객관계라는 2차 역량을 극대화하는 전문 상사로서의 역할이 요구된다. 과거 산업시대의 종합상사가 이제 지식시대의 전문상사로 역할을 전환한다고 볼 수 있다. 여기에서 첨언할 것은 한국의 대기업들 역시 분야별 전문상사로서 복합 산업생태계를 만들어갈 수 있다는 것이다. 이러한 벤처 소생태계 구축을 위해서는 연합을 위한 선도 벤처기업 중심의 투자펀드 형성 촉진책이 필요하며 주식매각 등으로 회수된 자본이 다시 재투자되는 경우 투자금 회수 시까지 과세가 이연되는 소득세 이연제도 등이 도입되어야 한다. 또한 당연히 후술할 공정거래의 문제도 해소되어야 할 것이다.

B2B 벤처기업

B2B 벤처 기업의 성공은 ① 플랫폼 개방과 ② 공정거래 확립에 달려있다고 할 수 있는데, 차별화 기술의 지속적 확보를 위한 재투자는 결국 공정거래 확립에 달려있으므로 결국 공정거래 질서가 B2B 벤처의 핵심 과제가 된다. 개별기업은 거래 중단을 각오하지 않는 한 공정위에 제소하는 것이 불가능하므로 공정거래 확립은 개별기업 차원에서는 해결 불가능하다고 볼 수 있다.

기업 호민관실은 2010년 7월 23일 공정거래 세미나에서 20건의 공정거래 대안을 제시하였고 이 중 9건이 9월 29일 공정거래 대책회의에서 통과되었다. 이 중에는 입증책임 전환, 징벌적 배상제, 비밀유지 약정 등 중소벤처 기업의 협상력의 근간인 기술 탈취에 대한 핵심 정책 등이 포함되어 있었다.

그러나 공정거래 정책의 핵심은 보복금지 정책에 있다. 보복을 금지하면 언젠가는 공정거래 질서는 바로잡힐 수 있다. 문제는 보복에 대한 입증책임이 중소기업에 있다는 점과 지난 10년간 현행법상 양벌제인 보복으로 처벌받은 사례가 없다는 점이다.

2011년 11월 하도급법 시행령이 개정되면서 이제 공정위의 투명한 법집행만으로도 불공정 문제의 대부분은 바로잡힐 수 있는 기반이 호민관실의 문제제기로 구축되었다. 문제는 지난 5년간 9천 800건의 제소 건 중 불과 11건이 고발되고 기각된 제소 건에 대한 투명성 있는 기각사유가 공개되지 않고 있다는 점이다.

대·중소기업 간 불공정 거래는 기업 간의 문제로만 끝나지 않는다. 이는 우리나라가 선진국으로 진입하는 데 가장 큰 걸림돌이 되고 있다. 일단 불공정 거래는 사회 양극화의 근본원인이 되어 사회통합을 저해한다. 대·중소기업의 부가가치 분배의 격차는 사회자원의 균형 배분을 저해한다. 대기업의 임금은 이제 지방 중소기업의 거의 2배에 달한다. 이러한 현실 속에서 청년들에게 중소기업에 취업하라고 장려하는 것은 공허할 뿐이다. 대·중소기업 문제는 청년 일자리 미스매치의 원인이 되고 있다. 이런 현상은 사회적으로는 결혼이 늦어지고 출산율이 저하되는 등의 결과를 가져오는 원인도 된다. 결론적으로 왜곡된 대·중소기업 관계는 국가의 성장과 분배 전체를 왜곡하여 선진국 진입을 가로막는 근본적인 원인인 것이다.

지난 정부에서도 대・중소기업 상생을 적극 추진한 바 있다. 그러나 2004년 참여정부가 추진했던 대・중소기업 상생은 문제의 본질인 공정거래보다 대기업의 시혜적인 지원에 초점이 맞춰져 대기업에 오히려 '면죄부'를 준 측면이 있다. 핵심 문제는 상생 이전에 공정거래의 확립이다. 대만은 대기업이 부족하고, 일본은 중소기업 혁신이 약하다. 이런 상황에서 우리나라가 대기업의 글로벌 시장 개척력과 중소벤처의 혁신역량의 선순환 구조를 만들어낼 수 있다면 그 어떤 나라보다 강력한 경쟁력을 구축할 수 있다고 믿는다. 대기업을 위해서라도 '공정거래 문화'의 정착은 필요하다.

우리 경제의 최우선 당면 과제는 바로 일자리 창출이며 벤처 2.0 프로젝트는 양질의 일자리에 기여할 가젤형 기업육성에 가장 효과적인 대안이라고 할 수 있다. 가젤형 기업이란 매출액 또는 고용자 수가 3년 연속, 평균 20%이상 지속적으로 고성장하는 기업을 일컫는 용어로 빠른 성장과 높은 순고용 증가율이 '빨리 달리면서 높은 점프력을 갖고 있는' 영양류의 일종인 가젤과 닮았다고 해서 붙인 이름이다. 미국의 경우 4%의 가젤형 기업이 신규 고용의 54%를 창출했다. 가젤이 될 역량 있는 고품질 벤처 창업과 성장에 국가적 역량을 모아야 할 것이다.

열린 소프트웨어
산업생태계

스마트 시대에 가장 역동적으로 변모하는 생태계는 소프트웨어 산업생태계일 것이다. 소프트웨어 산업생태계에는 소수의 주도기업과 수많은 중소 코너기업들이 상호 의존적으로 존재한다. 하루마다 새로운 아이디어와 신기술로 무장한 신규 기업들이 소프트웨어 산업생태계로 진입하는 반면, 환경에 적응하지 못하고 도태한 기업들의 퇴출도 빈번하게 이루어진다. 또한, 소프트웨어 산업은 부가가치가 높은 산업으로 잘 조성된 소프트웨어 산업생태계는 소프트웨어 산업생태계뿐만 아니라 여타 산업 생태계까지도 풍요롭게 할 수 있다. 개방성을 갖춘 열린 소프트웨어 산업생태계가 중요한 이유이다.

우리나라 소프트웨어 산업의 발전사

현재 우리가 자랑하는 IT 인프라는 대부분 완제품 시스템이라고 볼 수 있다.[1] 한국의 전자정부 시스템, 금융 시스템, 교육 시스템, 국방 시스템은 1960년대와 1970년대 한국 섬유산업이 초기에 주력하였던 봉제과정과 유사하다. 섬유산업 개발 초기, 한국의 섬유산업은 천을

1 이승규(2009), "국내 IT서비스 산업의 실태와 성장전략", 산업은행 산업분석 보고서.

만들 수 있는 제직 기술이나 가공 기술도, 실(絲)을 만들 수 있는 제사 기술도 없이 일본에서 수입한 천과 실을 가지고 옷을 만들던 봉제 과정에서 출발하였음을 다시 떠올려보자.

1980년대까지도 한국의 소프트웨어 인프라는 대부분 외산이었고, 우리나라 국내기술은 이들 외산 시스템을 고객들에게 설치하고, 맞춤형(*customization*)으로 시스템을 변경하거나 다듬는 수준이었다. 1990년대 초반 한국의 독자적인 소프트웨어들이 개발되어 많은 우수한 인력이 소프트웨어 분야로 진출하여 소프트웨어 벤처 붐이 조성되었다. 한글이나 안철수연구소, 핸디 소프트웨어는 이러한 움직임의 결과였다. 드디어 한국의 소프트웨어는 섬유산업의 봉제과정에 해당하는 단순 조립에서 제직(製織)과정과 염색가공 과정에 해당하는 응용 소프트웨어 개발에까지 이르게 되었다. 그러나 섬유산업의 제사공정에 해당하는 운영체제(OS) 개발, DBMS, Office 제품기술 확보까지는 상당한 시간과 노력이 필요하였다.

우리나라도 소프트웨어의 가장 근본적인 인프라라 할 수 있는 운영체제, DBMS 기술을 확보하기 위해 많은 노력을 기울였다. 특히 1980년대 후반 기업과 정부가 야심차게 시작한 중대형 컴퓨터, 타이컴 개발 사업에서 운영체제, CPU, 응용 소프트웨어 분야의 독자적인 기술 확보에 노력하였고, 1990년대 들어오면서 이 사업은 순항하는 것처럼 보였다. 1989년에 중형 행정전산망에 사용되는 슈퍼 미니급 컴퓨터인 톨로런트 I이 완성되었고, 1991년에는 자체적인 기술로 주전산기 II(타이컴 II)가 개발되었다. 이러한 야심찬 개발 사업에는 삼성전자, LG전자, 대우통신, 현대전자와 같은 국내의 대표적인 기업들이 참여하였다. 1994년에는 타이컴 III가 개발되고, 멀티미디어용 PC도 개발되었다.

그러나 1998년 닥친 IMF 외환 위기로 우리 사회가 격랑에 휘말리면서 이전까지 확보된 운영체제 기술과 CPU 기술은 모두 묻혀버리고 말았다. 운영체제 개발에 관여했던 고난도 기술자들은 대부분 타 부문으로 옮겨가고, 대학에서조차 복잡하고 어려운 운영체제보다는 손쉽고 가르치기 쉬운 Web이나 Java같은 과목을 중점적으로 가르치게 되었다. 심지어 일부 교수들은 '대학에서 더 이상 운영체제를 가르칠 필요가 없다'는 주장을 제기하기까지 했다.

ETRI가 개발한 RTOS(실시간 운영체제)인 QPlus는 자동차, 미사일과 같은 소형기기에 들어갈 수 있는 운영체제로 지금도 꾸준히 진화하고 있고, 성능 면에서 VxWorks, Embedded Linux, Win CE 등과 경쟁하고 있다. 2008년 소프트웨어 전문업체인 티맥스가 MS의 운영체제에 도전하겠다는 포부를 가지고 독자적인 운영체제인 Tmax OS를 개발하였다고 선언하였다. 기술적인 면에서 여러 가지 논란이 있었지만, Tmax가 야심차게 추진한 운영체제 개발은 Tmax의 부실화로 SDS를 거쳐 결국 삼성전자의 '바다 OS'의 바탕 시스템으로 진화하였다. 현재 '바다' OS는 한국의 대표 OS로 발전하고 있다. DBMS의 경우도 ETRI의 타이컴 프로젝트에서 시작하여 오랜 준비

기간과 변화, 진화를 거쳐 오늘에는 한국이 상당한 수준의 기술력을 갖추었다.

현재 시장에서 활발한 활동을 벌이고 있는 알티베이스(RT Base)는 ETRI의 타이컴 서버 개발에서 비롯된 국산 DBMS 프로젝트에서 시작되었다. 이는 1990년대 초 타이컴 프로젝트에서 시작되었지만 2000년부터는 '바다'(현재 삼성의 운영체제인 '바다'와 같은 이름)라는 이름으로 추진되었고, 이로부터 진화하여 현재의 국산 DBMS 1위의 자리를 차지하였다. 큐브리드는 1980년대 미국에서 '객체지향형 멀티미디어 DBMS'를 주창하여 이름을 날리던 김원 박사(현재 경원대 교수)가 설립한 미국의 UNI-SQL에서 진화한 제품이다. 지금은 NHN이 인수하여 공개형 DBMS가 되었지만, 원래의 모습은 텍스트, 이미지, 음악과 같은 여러 가지 데이터를 객체형으로 표현하고 다룰 수 있도록 하자는, 당시로서는 상당히 앞서는 개념으로 시작되었다.

한컴은 1990년 한글날(10월 9일)에 공식 출범을 하였지만 최초의 훈글 편집기는 이미 1988년에 개발되었다. 이후 MS 워드(Word)와 경쟁하면서 성장해온 훈글은 IMF 사태로 인해 최초의 창립멤버였던 이찬진 씨로부터 백종진 씨로 주인이 바뀌었고, 이후 백종진 사장의 주도로 한컴 오피스가 개발되었다. 이후 훈글의 사촌격인 싱크프리가 한컴에 의해 인수되면서 PC에 탑재되는 훈글 오피스와 모바일에 탑재되는 싱크프리 체제를 갖추게 되었다. 최근 보도에 의하면 한컴이 중국의 최대 리눅스 기업인 홍기(紅旗)에게 싱크프리 기술을 전수하는 양해각서를 체결했다는 뉴스가 있었다. 세계 경제를 쥐고 흔드는 인구 13억 명의 중국이 인구 7천만 명인 한국으로부터 문서 편집 기술을 전수받겠다고 하는 것은 대단히 의미심장한 일이라고 하겠다. 클라우드 컴퓨팅(*cloud computing*)이 보급되면 한컴의 가치가 엄청나게 상승할 것으로 기대된다.

소프트웨어 산업을 육성해야 할 이유

우리나라가 소프트웨어를 육성해야 할 이유는 많다. 소프트웨어 산업은 고용 효과가 크고, 수출 가능성도 높다. 더욱이 한류(韓流)붐 이후 한국에 대한 인지도가 높아지면서 소프트웨어의 수출 가능성도 훨씬 높아지고 있다.

우선 소프트웨어는 인력고용 효과가 가장 큰 산업이다.[2] 최근 사회적으로 논란이 계속되는 청년인력 고용문제의 중심에는 삼성전자나 현대자동차, LG와 SK와 같은 대기업들이 글로벌 기업으로 자리 잡고 엄청난 수익을 올리고 있음에도 불구하고, 국내에서의 고용효과는 미미하다는 인식에서 출발한다. 이는 한국의 발달된 IT 기술도 한몫하고 있다. 자동화와 IT 기술의 발달로 대부분의 생산 공정이 로봇으로 대체되고, 글로벌화를 IT가 뒷받침함으로써 대부분의 생산시설은 해외로 이전되고 있기 때문이다. 예를 들어 화학 분야의 경우 생산 목표량이 1조 원 증가하여도 인력고용 효과는 한두 명 정도에 그치고 있고, 그것도 대학 졸업자보다는 낮은 학력을 요구한다.

이와 반대로 소프트웨어 솔루션업체에서 1조 원의 매출을 달성하기 위해서는 최소한 5천 명 이상, 1만 명까지 인력이 필요하다. 섬유, 기계, 화학 등 다른 분야에서는 인력을 줄이기 위해 자동화를 추진하지만 소프트웨어 분야는 일단 자동화가 어렵다. 소프트웨어를 자동 생산할 수 있는 기술 개발과 소프트웨어 재사용이 1990년대 많은 주목을 받았지만, 결국 '소프트웨어는 프로그래머의 손으로' 개발하는 것으로 결론 난 바 있다. 소프트웨어는 대표적으로 인력고용 효과가 높은 분야이다.[3] 2006년 산업은행 보고서에 따르면 업체당 종업원 수의 측면에서 IT 서

2 이승규(2009), "국내 IT서비스 산업의 실태와 성장전략", 산업은행 산업분석 보고서.

〈그림 9-3〉 산업별 업체당 종업원 수 추이

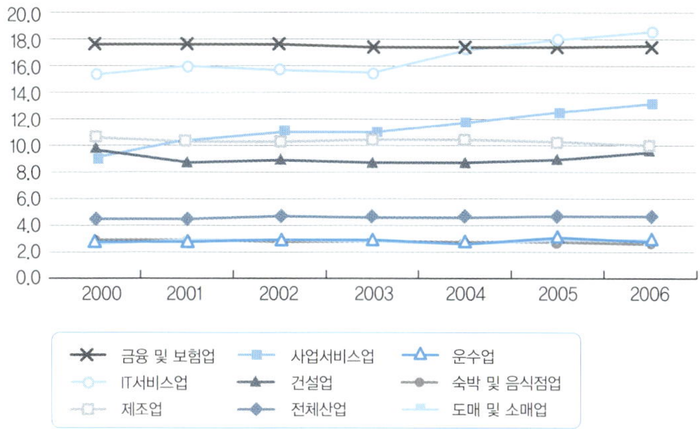

자료: 이승규(2009), "국내 IT서비스 산업의 실태와 성장전략", 산업은행 산업분석 보고서.

비스(SI) 산업은 전체 산업(4.8명)의 3.8배, 제조업(101.1명)의 1.8배에 달하는 인력고용 효과를 가진 대표적인 고용창출 산업이다.[4]

소프트웨어는 해외 이전이 어렵다. 물론 삼성이나 LG, SK, 현대차 등이 이미 수천 명의 해외 프로그래머를 고용한 소프트웨어 개발센터를 인도와 중국의 대련, 연변에까지 확대하고 있지만, 근본적인 인력 대체는 불가능하다. 예를 들어 우리나라의 지하철과 금융 시스템, 국방 시스템과 전자정부 시스템을 해외 인력들에게 외주를 주기에는 너무 민감한 부분이 많다. 게다가 인도와 중국의 경우, 대기업들조차 핵심기술의 유출 가능성 때문에 해외 인력의 고용을 꺼리고 있다.

다음으로는 수출 가능성이다. 2011년 하반기 세계 경제계를 강타한 유럽 국가

3 류지성 등(2011), "IT인재 양성을 위한 한국 대학교육의 과제", SERI 연구 보고서.

4 이승규(2009), "국내 IT서비스 산업의 실태와 성장전략", 산업은행 산업분석 보고서.

들과 미국의 재정적자는 세계 경제의 흐름을 아시아 국가들로 옮겨 놓았다. 비록 낮은 수준이기는 하지만 빠르게 발전하는 중국과 인도, 인도네시아 등의 아시아 국가들이 향후 세계 경제의 성장 동력이 될 것임을 누구도 의심치 않는다. 빠르게 성장하는 이 나라들이 공통으로 겪는 어려움은 도로, 수도, 전기, 통신 등의 사회 인프라 부족이다. 경제 발전을 위해 필수적으로 갖추어야 할 시설들이 도로와 전기, 수도이기 때문이다.

이제 어느 정도 사회적인 인프라가 갖추어진 이들 나라들에 다음으로 필요한 것은 교통 문제, 금융 서비스, 교육 서비스, 정부 공공 서비스를 '더 편리하고 빠르게 할 수 있는' 소프트웨어 인프라이다. 한국은 이러한 사회적 서비스를 가능케 하는 인프라 기술을 가졌고, 오랜 운영 경험까지 갖추고 있다. 정부의 노력 덕분에 많은 저개발 국가들이 한국의 발달된 소프트웨어 인프라를 이해하고, 도입하고 싶어 한다. 좋은 기회가 온 것이다. 섬유와 가발 산업으로 시작한 한국의 수출산업이 기계, 조선, 자동차, 화학과 철강, 그리고 전자로, 나아가서는 소프트웨어 인프라로 이어질 수 있게 된 것이다. 더구나 한류(韓流)의 유행으로 한국 기술과 소프트웨어에 대한 신뢰도와 인지도가 높아지고 있어 소프트웨어 수출을 위한 기회가 오고 있다.

기업용 소프트웨어 산업의 실태

소프트웨어는 편의상 기업이나 정부 기관이 주로 사용하는 B2B 형태의 기업용 소프트웨어(*enterprise SW*)와 개인이 주로 사용하는 B2C 형태의 개인용 소프트웨어(*personal SW*)로 분류할 수 있다. B2C 소프트웨어 산업은 B2B 소프트웨어보다 늦게 시작하였지만 상당히 성공했다. 대표적인 B2C 제품인 게임과 개인용 오피스 제품, 자동차 내비게이션, 스크린 골프 등은 고객을 직접 상대로 하거나 하드웨어와 결합하는 경우가 많은데, 이미 높은 수익성을 자랑하고 있다.

예를 들어 2010년 NHN의 매출은 1조 3,225억 원, 영업이익은 6,150억 원으로 영업이익율이 무려 46%에 달한다. 2010년 삼성전자의 매출이 153조 6천억 원, 영업이익은 17조 3천억 원으로 영업이익률이 11.2%였다는 점을 감안하면 게임 산업이 얼마나 수익률이 높은지 이해할 수 있을 것이다. 2011년 10월 〈재벌닷컴〉이 발표한 한국의 부자 20명에 김정주 NXC 대표이사와 NHN 김택진 사장이 이름을 올렸다. 한국의 최고 부자 20명이 대부분 재벌가 2세들임에도 불구하고, 자수성가한 이들 두 명이 이름을 올렸다는 것은 소프트웨어가 새로운 산업으로 우리 경제계에 진입했음을 나타낸다.

골프존의 경우 하드웨어와 결합한 제품으로 2011년 8월 이미 반기

〈그림 9-4〉 기업용 소프트웨어와 개인용 소프트웨어

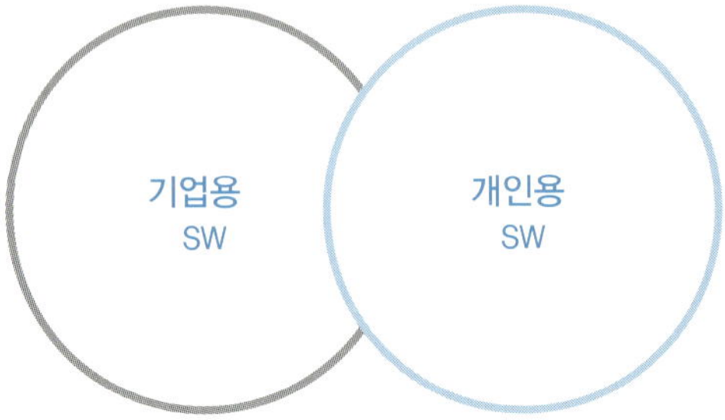

DBMS, BI, SCM, ERP … 게임, 사무실, 개인용 어플리케이션

매출 1천 90억 원으로 연매출 2천억 원을 넘어섰고, 자동차 내비게이션 업체인 팅크웨어(아이나비)는 이미 2009년에 매출액 2,294억 원을 넘어섰다. 기업이나 회계 사무실이 사용하는 사무용 소프트웨어 기업인 '더존'도 순수한 소프트웨어만으로 1천억 원을 훌쩍 넘어서는 매출을 보이고 있다. 골프존이나 팅크웨어, 더존 모두 규모는 비록 작지만 철강이나 조선, 화학 기업들에 필적하는 수익률로 사회적인 성공을 거두고 있다.

그러나 기업용 소프트웨어를 개발하는 많은 B2B 소프트웨어 기업들은 왜 실적이 부진하고, 도산의 위협에 시달리고 있는 것인가?

지금까지 성공한 소프트웨어 기업들의 특징은 대부분 최종 사용자인 고객에게 직접 제품을 팔거나 유통을 하는 B2C 기업이라는 점이다. 게임업체들이 대부분 최종 사용자인 게임 고객을 상대로 하고 있고, 골프존이나 팅크웨어, 더존 역시 대기업이나 정부 기관에 납품하고 있지 않다는 점이 특징이라고 할 수 있다. 즉 가격 결정권을 시장과 공급자가 쥐고 있는 것이다. 정부 기관과 대기업에 납품하면서도 성장을 거듭하는 소프트웨어 기업으로는 안철수연구소가 유일하다. 안철수연구소는 여러 가지 한국적인 상황에서 '국민기업'으로 주목을 받아왔고, 2011년 1천억 원 매출의 고비를 넘었다고 보도되었다. 하지만 안철수연구소가 1995년에 설립되었다는 점과 국민적인 관심을 감안할 때, 지난 해 달성한 1천억 원 매출이 소프트웨어 기업으로는 비교적 늦은 감이 있다.

이 책에서 다루려고 하는 B2B 소프트웨어 기업들은 대기업이나 중소기업, 혹은 정부 기관에 제품을 개발·판매하는 회사들이다. B2B 분야의 대표적인 소프트웨어 기업으로는 핸디 소프트가 있다. 1991년에 설립하여 한국형 ERP 제품을 정부 기관에 독점적으로 보급하면서 한국형 소프트웨어 시장을 선도하였고, 과감하게 미국 시장에 진출하여 기염을 토했지만, 2010년 결국은 코스닥 시장에서 상장 폐지되는 수모를 겪었다. B2B 소프트웨어 기업의 경우, 교통과 통신, 전력과 도시 운영, 금융과 정부, 교육과 국방 등의 사회적인 시스템들의 운영을 맡고 있다는 점에서 이들의 생존은 사회적으로 중요하다. 결코 해외 업체들에게 외주(*outsourcing*)로 맡겨 해결할 수 없는 분야이다. 이 책에서는 최종 소비자가 기업이거나 정부 기관인 기업용 소프트웨어 분야를 중점적으로 다루고자 한다.

서비스기업이 솔루션기업을 지배하는 산업구조

기업 그룹과 소프트웨어 계열사

한국에서 기업용 소프트웨어 산업은 대단히 특이한 구조를 갖추고 있다. 국내에서 '반도체를 생산하는 기업'을 꼽으라면 삼성전자, 하이닉스(SK 그룹), 서울 반도체 정도로 쉽게 꼽을 수 있고, 냉장고를 만드는 기업이라면 삼성전자, LG전자 정도를 꼽을 수 있다. 그러나 소프트웨어 기업을 꼽으라면 대부분의 그룹사들이 소프트웨어 자회사를 갖고 있다. 이런 곳으로는 삼성의 자회사인 삼성 SDS, LG그룹의 자회사인 LG CNS, SK그룹의 자회사인 SK C&C, 롯데그룹의 자회사인 롯데정보통신, 현대 자동차그룹의 오토에버, 한화그룹의 한화 S&C, 우리은행의 우리 FIS가 있다. 조금 규모가 작은 그룹사도 대부분 'IT 산업'을 표방하는 소프트웨어 관련 자회사를 갖고 있다. 그룹 계열사가 2개 이상이 되면 자동적으로 '소프트웨어/혹은 IT 기업'을 표방하는 자회사부터 만들고 있다고 봐야 한다. 그룹사의 '전산실' 혹은 '전산센터'로 기업 내부에 존재해야 할 부서들이 독립적인 기업을 만들고, 실제로 소프트웨어를 개발하거나 영업에 뛰어들기도 한다.

또 하나의 특징은 이들 IT 계열사들이 대부분 비상장 기업이라는 점이다. 2011년 매출이 5조 원에 이를 것으로 추정되는 삼성 SDS는 아직도 비상장 기업이고, 2010년 매출 2조 8,067억 원을 달성한 LG CNS 역시 비상장 기업이다. 이러한 IT 계열사들은 대그룹 가족들이 작은 종잣돈으로 소프트웨어(IT) 기업을 설립하고, 그룹의 모든 일감을 몰아주어 소프트웨어 자회사를 키우고, 상장 후 막대한 이윤을 챙겨서 다음 세대에 물려주고 있는 것으로 시민 단체들은 의심하고 있다. 적절치 못한 부(富)의 대물림이라는 주장이다.

자본주의 형태를 취하고 있는 우리나라에서 기업을 설립하거나 기업 간의 거래를 하는 것은 전혀 법에 저촉되지 않지만, 계열사에 일감을 몰아주거나 그룹사의 주력 기업의 이익을 IT 계열사로 이전하는 행위는 명백한 배임행위라고 그들은 주장하고 있다. 개인이 상속세를 포탈하는 경우 형사처리를 하면서도 이 같은 대기업 그룹들의 법적인 허점을 이용한 상속에는 손을 쓰지 못하고 있는 정부와 사회에 대해 비판이 일고 있는 것이다.

2011년에 작성된 NIPA의 보고서[5]에서는 2011년 솔루션 시장과 SI 서비스 시장의 규모를 3조 2천억 원과 10조 2천억 원으로 잡고 있다. 2009년 산업은행 보고서 역시 패키지 소프트웨어 시장과 소프트웨어

〈표 9-1〉 국내 IT 서비스 업계의 시장 점유율

업체명	2007년			2008년		
	매출		영업	매출		영업
	금액	점유율	이익률	금액	점유율	이익률
삼성SDS(주)	2,164,100	20.2%	11.8%	2,519,425	21.0%	10.3%
(주)LG CNS	1,738,776	16.3%	8.1%	2,001,581	16.7%	7.1%
SK C&C(주)	1,160,946	10.9%	6.9%	1,275,185	10.6%	7.0%
상위 3사 소계	5,063,822	47.4%	9.4%	5,796,191	48.3%	8.5%
오토에버시스템즈(주)	417,972	3.9%	2.9%	493,472	4.1%	4.6%
한전KDN(주)	371,634	3.5%	5.5%	409,583	3.4%	7.0%
포스데이타(주)	365,245	3.4%	2.3%	384,380	3.2%	Δ2.9%
롯데정보통신(주)	251,636	2.4%	5.1%	298,701	2.5%	5.2%
노틸러스효성(주)	305,313	2.9%	18.9%	287,052	2.4%	7.3%
한화 S&C(주)	223,736	2.1%	4.9%	274,290	2.3%	5.9%
우리금융정보시스템(주)	270,700	2.5%	3.3%	269,157	2.2%	4.7%
기 타	3,429,137	31.9%	4.1%	3,806,295	31.6%	4.7%
총 계	10,699,195	100.0%	7.0%	12,019,121	100.0%	6.5%

주: 점유율은 조사대상 업체 전체에 대한 비중임. 외국계 기업 대상 제외.
자료: 전자공시시스템, 산은경제연구소.

5 http://survey.lemonmail.co.kr/nipa_vol10/reports/images/2011_IT_KRG.pdf

시장보다 월등하게 큰 것이다. 그런데 2008년의 IT 서비스 업체 48개 서비스 시장은 10%내외, 60%내외로 잡고 있다. SI 시장이 솔루션 사의 매출 12조 191억 원 중에서 삼성 SDS, LG CNS, SK C&C의 매출 비중은 전체 매출의 48.3%, 국내 시장 전체의 28.8%를 차지하는 것으로 조사되었다. 국내의 모든 SI 시장은 힘 있는 몇 개의 대기업 그룹 IT 계열사들이 독점하다시피 운영하고 있는 것이다.

서비스 사업자들에게는 제품이 없다

대형 서비스 업체에는 독자적인 제품이 없다. 국내 시장은 좁은데 국내 30대 그룹사들이 대부분 소프트웨어를 생산, 판매, 설치하는 소프트웨어 전문 계열사를 갖고 있기 때문이다. 만약 삼성그룹의 소프트웨어 계열사인 SDS에서 기업의 전산관리 시스템(ERP)을 개발하여 판매한다고 하면 나머지 29개 그룹의 SI 계열사들은 외산을 도입하거나 국내의 다른 솔루션을 도입하게 될 것이다. 이는 LG그룹 계열사인 LG CNS나 SK그룹의 SK C&C가 독자적인 제품을 개발하여도 마찬가지일 것이다. 그렇다고 해서 삼성의 SDS나 LG그룹의 LG CNS가 자기 소속 계열사만을 상대로 제품을 개발할 수는 없다.

따라서 국내의 기업용 소프트웨어의 시장 규모와 시장 구조를 감안하면 'SI 기업들이 독자적인 제품을 개발하여 국내 시장에서 판매하는 것은 영구히 불가능하다'는 결론에 이르게 된다. 한국 소프트웨어 업계의 발전을 저해하는 심각한 장애요인이 되고 있는 것이다.

'1천조 원의 세계 소프트웨어 시장에서 우리나라 소프트웨어 시장은 1.8%에 불과한 20조 원 규모'6이다. 이 소규모 시장에 엄청나게 많은 소프트웨어 기업들이 포진하고 있기 때문에 영세성을 면치 못하고, 결국은 제품도 기술도 개발하지 못하고 있는 것이다. 삼성경제연구소(SERI)의 "한국 소프트웨어 산업의 경쟁력 분석" 결과 한국의 경쟁력은 경제협력개발기구(OECD) 19개 회원국 중 하위권인 14위에 머물렀다. 한국의 산업생산 내 소프트웨어 활용도는 선진국의 3분의 1 수준(34.2%)에 불과하다.7 이것이 경제규모 면에서 세계 12위권에 있는 우리나라가 소프트웨어를 수출 상품화할 수 없는 가장 큰 이유이다.

그룹사의 부침과 같이 하는 서비스 업체

대형 서비스 업체들은 자체적인 기술과 제품을 갖고 있지 않기 때문에 자신의 실력이 아니라 소속 그룹의 부침에 따라 생존이 결정되는 현상을 보이고 있다. 예를 들어 소프트웨어 개발 초기였던 1980년대, 시장에서 주요한 서비스 업체로 활동하던 쌍용정보통신, 대우정

6 류지성 등(2011), "IT인재 양성을 위한 한국 대학교육의 과제", SERI 연구보고서.

7 "IT한국, 소프트웨어 홀대로 20년 만에 최대위기", 〈매일경제〉, 2011. 8. 24.

보통신, 현대정보통신은 모그룹의 해체와 침체로 제 3그룹으로 공공 시장에서 밀려났다. 이는 대형 서비스 업체들이 모그룹사의 잉여 수익에 기생하고 있어 모그룹이 어려워지면 자연스럽게 수익도 나빠지기 때문이다. 스스로 유지 발전할 수 있는 수익모델과 제품을 갖지 않고 모그룹의 시스템 운영(SM)으로 연명하면서 기업 시장과 공공 시장을 독점하고 모그룹과 공공기관이 요구하는 고객 맞춤형 시스템을 개발, 설치해왔기 때문이다.

이런 구조는 역설적으로 한국 소프트웨어 업계의 가장 심각한 문제인 '저가 입찰'로 이어진다. 수익성이 높은 소속 그룹의 다른 기업에서 벌어들인 막대한 수익을 무기로 공공기관 입찰에서 '저가 입찰' '출혈경쟁'을 마다하지 않는 것이다. 규모를 키우기 위해서이다. 모그룹의 IT 시스템을 유지 보수하거나 새로운 시스템을 개발해주면서 과다한 비용을 청구하고, 그 남은 잉여이익으로 정부나 공공기관의 사업에 적자를 감수하면서 뛰어들고 있는 것이다. 그러나 실제적으로 출혈경쟁으로 수주된 사업의 실제 적자는 대부분 참여하고 있는 솔루션 업체들에게 전가되고 있다.

이들 대형 서비스 업체들이 한국 소프트웨어 발전에 지대한 공헌을 한 점도 있다. 소프트웨어 시스템을 통합하고 프로젝트를 수행하기 위해 필요한 노하우와 기술 발전에 중요한 역할을 했다. 그러나 전체적으로 볼 때 소프트웨어 업계의 발전에 기여했다기보다는 기술 개발과 전문기업의 성장을 방해하고 생태계를 착취하였다는 평가를 면하기 어렵다. 대기업 SI 업체들이 철저한 품질관리를 했더라면 한국 솔루션 업체들의 제품과 기술이 세계적인 수준에 와 있어야 할 것이다. 그러나 대형 SI 업체들은 '저가'와 '납기'에만 관심을 두다보니 결국 국내 솔루션의 기술을 높이는 데 별 공헌을 하지 못한 것으로 평가된다. 철강, 자동차, 선박, 화학과 전자 분야에서는 세계 1위 수준에 와 있는데 그동안 오랫동안 투자한 소프트웨어 분야는 왜 이처럼 뒤쳐져 있는지, 그것이 누구의 문제인지 따져볼 필요가 있다.

솔루션 기업은 서비스 업체의 하청업체

대형 서비스 업체들이 자신들이 속한 대기업 그룹사들과 공공 시장의 발주를 독점하고 있어, 실제적으로 소프트웨어 시장을 모두 장악하고 있다. 한국의 GDP 규모가 대략 1조 달러, 삼성전자의 2011년 매출규모가 165조 원이라고 한다면 삼성전자는 국내 총생산의 14%쯤을 맡고 있다고 볼 수 있다. 이러한 삼성전자의 모든 소프트웨어 물량을 삼성 SDS가 총괄하고, 게다가 정부와 공공기관의 일감의 15%~20%를 차지한다고 하면, 삼성 SDS가 소프트웨어 시장에서 차지하는 비중은 대략 20% 정도에 달한다. 이러한 수치는 SDS가 삼성그룹에서 삼성전자 물량만을 맡고 있다고 가정했을 때의 대략적인 수치이다. 화재와 보험, 캐피탈과 화학, 기타 부분을 합하는 경우 삼성 SDS가 한국의 소프트웨어 업계에서 차지하는 비율은 아마도 20%이상일 것이다.

한국의 10대 그룹사가 우리 경제에서 차지하는 비율이 50%를 넘어서고, 정부 물량의 60%이상을 독점하고 있다. 이들 10대 그룹 계열 SI업체들의 시장 점유율은 국내 시장의 내부 물량과 공공기관의 발주 물량을 합하면 50%를 넘어서는 것은 분명하다. 따라서 국내의 솔루션 업체들은 모두 대기업 SI 업체들의 하청업체 역할을 할 수 밖에 없는 상황이다. 즉, SI 업체들이 솔루션 업체들을 지배하는 수직적인 구조를 가진 것이다. 국내의 대형 프로젝트는 기업 고객이든, 정부 고객이든 소수의 대형 서비스 업체들이 지배하고 있으며 대기업군과 공공시장을 제외한 10% 미만의 소프트웨어 시장에서 솔루션 업체들이 경쟁하는 양상을 보이고 있다.[8]

그러나 실제로 제품을 개발하고, 시스템을 완성하는 것은 하청업체들인 솔루션 업체들이다. 국내 소프트웨어 시장의 규모가 작은데다 모든 대그룹사가 SI 회사를 갖고 있어 실제로 그룹 계열 SI 업체들은 자기 제품이나 기술도 없으면서 시스템의 설치를 관리하고 감독하는 '기관' 역할을 하고 있다. 그룹사와 정주 공공기관의 대규모 시스템 개발에 동원되는 하청업체들은 SI 업체의 선택을 받아 제품을 공급하기 때문에 선택권을 가진 SI 업체들에게 철저하게 종속되는 구조가 된다.

8 김은 외(2011), "경쟁 제한적 규제 개선방안 마련을 위한 연구", 공정거래위원회.

〈그림 9-5〉 국내 소프트웨어 업체 발주구조

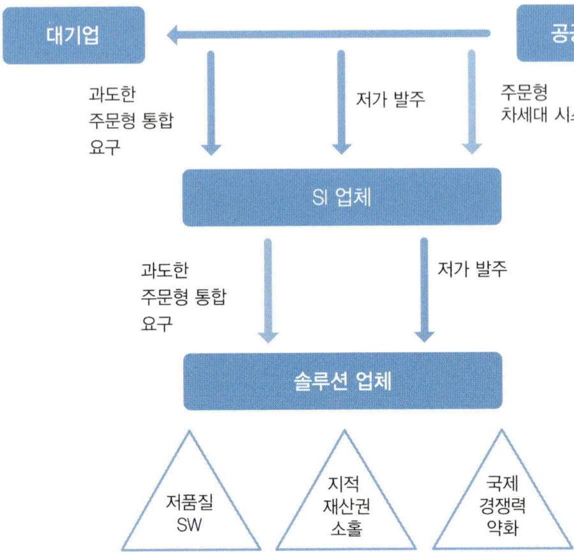

대기업 SI 업체들은 주력사업인 전자, 혹은 통신시장에서 남은 잉여 이익으로 정부공사를 저가에 수주하고, 실제적으로는 그 적자를 참여하는 솔루션 업체들에게 전가하고 있는 것이다. 규모의 경쟁 때문이다. 저가로 인한 모든 피해는 실제적으로는 하청업체들에게 전가되고 만약 '저가 수주를 못 하겠다'고 하는 경우 손쉽게 다른 솔루션 업체로 바꿔치는 사례가 비일비재하게 발생한다.

영업력과 저가에만 의존하는 경쟁구도

저가 수주는 결국 솔루션 기업 제품과 기술의 질을 떨어뜨리고, 지적재산권을 소홀하게 하는 주범이 된다. 저가에만 의존하는 시장 구조는 결국 솔루션 업체들의 '지적재산권'과 '소프트웨어의 품질'에까지 영향을 미쳐, 지적재산권도 없고, 질적으로 차별성도 없는 '3류' 생태계를 만들게 된다.

생태계 관점의 우리나라 소프트웨어 산업

소수가 지배하는 왜곡된 수직적 구조

우리나라 소프트웨어 생태계에 활동하는 개체들을 대체적으로 구분한다면 최하층에는 여러 가지 제품을 만들어내고(유기물을 생산하고 분해하는 기능) 제품들을 통합하는 기본적인 기능을 가진 솔루션 업체들이 존재하고, 다음으로는 시장을 조정하고 통합하는 대형 SI 업체들이, 그리고 그 상층부에는 실제적인 사용자 역할을 하는 대기업 고객과 정부 기관이 있다고 할 수 있다.

물론 이러한 3개 층 외에도 소규모 시장과 업체들이 존재하고, 두 가지 역할을 겸해서 하는 업체들이 있지만, 이는 논외로 하기로 한다. 벤처 인큐베이터와 금융기관도 존재하고, 개인 고객도 소프트웨어 생태계에 들어와 있지만 논의를 위해 솔루션 업체와 대형 SI 기업, 그리고 고객(기업 고객과 공공기관)만으로 생태계를 구성하자.

생태계의 가장 중요한 가정은 '다수가 경쟁하는 진화하는 구조'이지만, 한국 소프트웨어 업계의 현실은 소수의 서비스 사업자들이 기업 시장과 공공 시장을 독점적으로 지배하면서 살아남고, 수익을 나누어 갖지 못하는 솔루션 업체들은 고사하는 구조로 바뀌어가고 있다. 이러한 독점적인 생태구조는 날이 갈수록 심화되고, 고칠 수 없는 고질적인 병폐로 악화되고 있다.

소수의 지배자가 '독립적인 생명력을 갖춘 유기체'로 생존하는 것이 아니라 거대그룹의 주력 기업들이 벌어들인 수익을 바탕으로 공공시장의 저가 경쟁에 뛰어들고 있다. 결과적으로는 생태계의 독립적인 유기체로서 활발하게 먹잇감을 만들어내고 외부 세계와 교류해야 할 솔루션 기업들을 고사시키는 생태계 교란현상이 일어나고 있다.

기술과 제품의 질로서 경쟁할 수 있도록 고객과 생산자 사이에서 중개 역할을 해야 하는 대형 서비스 업체들이 고객들의 '과도한 저가'와 '주문형 통합'(*customization*) 요구를 생산자들에게 그대로 전달하여 공급자 생태계를 고사시키고 있는 것이다. 이 때문에 외부적인 환경이 변하는 경우, 생태계 전체가 공멸하는 구조로 변해가고 있다.

게다가 시장에 소프트웨어의 질과 지적재산권 같은 기준이 없다보니 회사 간판만 걸고 지하실에서 라면을 끓여 먹으면서 소프트웨어 시장에 진입하려는 기업들의 지나친 의욕과 좀비 기업을 살려주려는 정부의 보조금이 생태계를 더욱 망가뜨리고 있다.

우리나라 소프트웨어 생태계가 황폐화되는 현상을 단순히 대형 SI 업체들의 탓으로만 돌리기에는 어렵다. 생태계에 공생하는 유기체들이 복잡하게 얽혀 있기 때문이다. 대형 SI 업체들은 최종 고객인 정부기관과 모기업들이 원하는 주문형 시스템을 저가로 납기에 맞추어 조달하고 있을 뿐이다. 저가 조달을 강요하고, 주문에 대한 맞춤형 시스템을 요구하는 정부 기관과 모기업에서 문제가 시작된다. 더 상세하게는 '국민의 혈세'를 핑계로 모든 소프트웨어를 '더 낮은 가격으로' 발주하도록 압력을 가하는 감사 시스템과 '원가를 낮추어 더 높은 수익을 올리도록' 강요하는 대기업 그룹본부에서 문제가 시작된다.

우리 소프트웨어 생태계가 황폐화되고 있다는 증거는 대한민국의 가장 심각한 문제인 '청년백수 100만 시대'에도 불구하고 소프트웨어 개발을 원하는 젊은이들이 줄어들고 있고, 서울대를 비롯한 우수 대학들의 전산학과, 컴퓨터공학과 인력이 미달되는 현상으로부터 미루어볼 수 있다. 정부가 취업을 보증하는 '취업 연계형 석사 과정'은 벌써 몇 번이나 지원자 미달로 과정이 없어지거나 축소되고, 중소 솔루션 기업들의 인력은 모두 대기업으로 이동하고 있다. 결국 국내의 소프트웨어 생태계가 무너지면서 삼성이나 LG 등의 대기업은 이제 해외로 눈을 돌려 값싼 인력을 채용하기 시작하였고, 이는 결국 국내의 소프트웨어 생태계가 무너지고 있음을 명확히 보여주는 증거들이다.

우리나라의 많은 제조업 과정이 이미 해외로 옮겨간 마당에 국내의 소프트웨어 생태계가 무너진다고 해서 걱정할 일은 아니다. 지금까지 섬유산업과 신발산업이 이미 그런 과정을 거쳐 해외로 거점을 이전했고, 농업도 많은 부분에서 해외로 생산기지를 옮길 것이기 때문이다. 그러나 우리 사회를 움직이는 금융과 교육, 교통과 제조업, 통신, 국방과 정부 서비스가 이제는 모두 소프트웨어에 의존하고 있다는 것이 중요하다. 이 모든 사회적인 시설이나 시스템은 외국 인력에 의존하기에는 너무 중요한 사회근간시설이기 때문이다.

제조업을 거의 포기하다시피 한 미국이 아직도 소프트웨어 분야를 육성하며, 소프트웨어를 포기한 일본이 더 이상 생산성 향상을 이루지 못하고 있는 점을 주목할 필요가 있다. 일본의 경우에서 보듯이 소프트웨어의 지원 없이는 좋은 하드웨어를 만드는 것도 불가능하다.

한국이 최근 스마트폰 분야에서 세계의 중심에 있지만 이 역시 소프트웨어의 강세 덕분으로 볼 수 있다. 미국이 주도하는 스마트폰의 하드웨어는 실제적으로는 중국의 기술이라고 봐야 한다. 스마트폰의 혁명을 몰고온 아이폰이 실제적으로는 중국의 폭스콘(Foxcon)에서 생산한다는 점에서 하드웨어 생산 기술에서는 우리나라와 중국이 별로 차이가 없어 보인다.[9]

더구나 2~3년 전까지만 해도 삼성의 옴니아(Omnia)는 동남아 시장과 미주 시장에서는 대만의 HTC에 밀려왔다는 점에서 더욱 그렇다. 이제 하드웨어 기술이 대부분의 내장 부품을 조립하는 수준이라면 외양이나 디자인에서 차이가 나겠지만, 기술적으로 차이가 나는 것은 아니기 때문이다. 그러나 아이폰 2와 갤럭시(Galaxy)의 등장 이후 가장 두드러진 차이는 소프트웨어이다.

중국이나 대만 업체들은 갤럭시와 같은 정도의 기기를 조립할 실력

9 "애플 아이폰이 美서 만들어질 수 없는 이유, 해외 제조, 임금이 저렴해서만은 아니다", 〈전자신문〉, 2012, 1, 23, http://www.etnews.com.

은 갖추었지만, 아이폰이 갖춘 다양한 소프트웨어 기술과 갤럭시의 편리하고 질 좋은 소프트웨어를 따라잡지 못하고 있다. 예를 들면 조그만 모바일 기기에도 개인 일정을 관리하는 소프트웨어와 DBMS, 그리고 간단한 메시지를 보낼 때마다 이를 편집할 수 있는 편집기, 음악 파일을 연주할 수 있는 소프트웨어와 음성을 인식하는 소프트웨어 등 수없이 많은 소프트웨어가 들어가야 한다. 이러한 기술들은 한국에는 널려 있지만, 아직까지 중국에는 많지 않다.

최근 동남아 지역에서는 삼성의 갤럭시 때문에 그동안 욱일승천하던 HTC의 성장이 완전히 멈춘 것도 그 때문일 것이다. 모바일 폰 속에 들어가는 콘텐츠(음악, 영화, 전자책)에서는 아직도 삼성의 갤럭시가 애플에 상당히 열세이지만 소프트웨어에서는 대만이나 중국 제품보다 훨씬 앞서 있다고 볼 수 있다. 결국 한국 하드웨어의 경쟁력이 소프트웨어 기술에서 나오고 있는 것이다.

최근 세계시장에서 선전하고 있는 삼성의 승리 뒤에는 국내 소프트웨어 업계의 지원이 있었다. 삼성은 이미 2009년부터 소프트웨어 인력을 대폭 확보하기 시작하였고, 티맥스의 인력을 SDS를 통해 확보하면서 '바다'와 같은 운영체제 기술을 가질 수 있었다. 중소 솔루션 업체에 있던 실력 있는 개발자들이 삼성으로 옮겨갔고, 지금도 이동 중이다. 아직은 '바다' 운영체제가 완성된 제품이 아니라고 하지만 하드웨어를 자유자재로 움직이고 최대의 성능을 발휘할 수 있도록 하는 소프트웨어 기술은 확보하였다고 생각된다.

환경파괴의 원인: 대기업과 공공기관 고객의 저가 강요

경제행위를 영위하는 모든 개체들이 동일한 품질이라면 '낮은 가격'으로 구매하려고 하고, 해야 한다. 더구나 국민의 혈세로 운영되는 공공기관의 경우 저가 구매는 당연한 것이다. 동일한 제품을 더 비싼 가격이나 불리한 조건으로 구입한다면 당연히 문책 대상이 되어야 할 것이다. 다만 저가 구매가 원칙이지만 공급자가 생존할 수 없을 정도의 '저가 강요'는 장기적인 관점에서 수요자에게도 손해일 수 있다. 공급자가 사라지고 난 이후의 시장은 고가 구매를 강요당하는 '공급자 시장'(*supplier's market*)으로 바뀔 수 있기 때문이다. 우리나라 최종 소비자인 대기업이나 공공기관의 저가 강요는 도가 지나쳐 이는 공급자인 소프트웨어 솔루션 업체들의 도산을 유발하고 있다. 한때 미국 시장으로 진출하여 '세계적인 소프트웨어 기업으로 발돋움하자'고 의욕을 과시하던 핸디 소프트가 상장 폐지의 지경으로 내몰리고, 한국의 소프트웨어 개발의 중추적 역할을 하던 한컴의 주인이 몇 번 바뀐 것이 그 증거이다.

이제 글로벌 기업으로 도약한 한국의 자동차, 전자, 반도체, 조선, 그리고 정부 기관이 전사적 자원관리 시스템(ERP)을 구매할 때, 국산 ERP의 경우 외산 ERP 시스템의 10%~20% 가격을 지불하고 있다는 점이 저가 강요의 또 다른 증거이다. 물론 SAP, Oracle의 ERP 시스템 성능을 따라잡기에는 우리나라 ERP의 성능이 부족하

〈그림 9-6〉 저가 발주의 고리와 영향

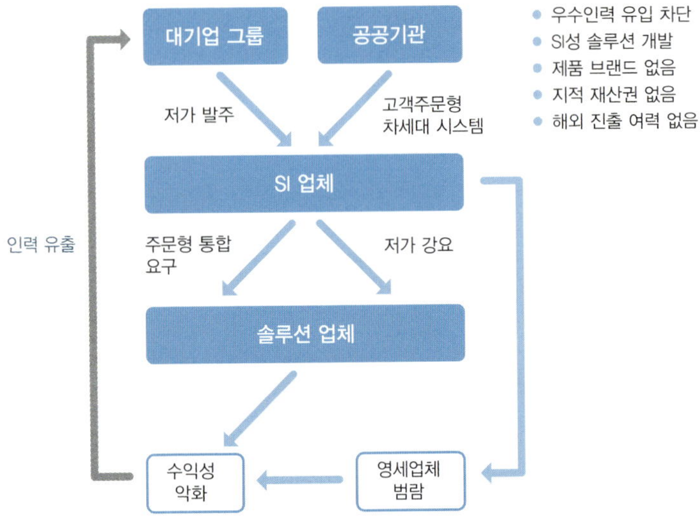

다. 하지만 20%성능 부족에도 가격을 80% 깎아야 하는 국산 소프트웨어 기업들의 수익 구조는 어렵기만 하다. 생존이 거의 어렵다고 봐야 한다.

생태계의 입장에서는 주요한 구성원인 솔루션 개발기업이 제품개발에 재투자하지 못하는 직접적인 원인은 고객과의 중간에 위치한 대형 SI 업체들의 저가 강요와 과도한 주문형 작업 요구 때문이다. 물론 대형 SI 업체들의 '저가' 강요는 그 상층부에 위치한 모그룹 대기업이나 공공기관의 '저가 발주'로 시작된 것이라고 봐야 한다. 대기업과 공기관의 '저가 발주'로 국내 기업과 정부 기관은 '저가'로 편리한 시스템을 구축하였지만, 그 부담은 결국 최하층에 있는 솔루션 업체들에게 전가되는 결과를 가져왔다. 이 때문에 솔루션 업체들은 신제품 개발 여력과 해외진출 능력이 떨어지고 우수 인력을 유치할 수 없게 되었다. 최근에는 국내 전자업체들이 우수 인력을 기존의 솔루션 업체들에게서 빼앗아가는 바람에 더욱 심각한 타격을 받고 있다.

환경파괴의 원인: 고객의 과도한 주문형 작업 요구

소수의 대형 서비스 업체들이 시장을 지배하기 때문에 고객의 요청사항이 가감 없이 솔루션 업체에게 전달, 고객의 편리를 위한 맞춤 작업이 늘어나고 있다. '저가 수주를 못하겠다'고 저항하는 경우 대형 SI 업체들이 손쉽게 하청 솔루션 업체를 교체하고, 고객(대기업, 정부기관)은 '납기만 맞춘다면' 언제든지 교체를 허용하기 때문이다. 즉, 솔루션 업체들이 시장 지배력을 갖고 있지 않다는 것이다. 반대로 해외 솔루션 업체인 SAP는 자사 ERP 시스템의 설계에 맞춰(*best practice*) 기업의 업무 자체를 바꾸도록 요구하고 있다.

국내 대기업과 정부 기관은 SAP의 요청에 맞추어 업무 흐름과 하부시스템을 바꾸면서도 국내 ERP 시스템 도입 시에는 과도한 맞춤작업을 요구하고 있다. 고객의 과도한 주문형 수정작업의 요구를 수용하면서 고객 설치 때마다 새로운 제품이 만들어지고, ① SI성 작업이 늘어나고 과도한 인건비의 지출로 수익성이 악화되며, ② 표준화된 제품개발이 불가능하여 대표적인 제품이 없어지는 현상이 발생하고 있다. 솔루션 업체는 '사업(*project*) 경험은 있지만, 제품(*product*)은 없는 품팔이 기업'으로 전락하고 있는 것이다.

공공고객의 경우, '국민의 혈세'를 아끼기 위한 저가 요청이 일반화되었고, 이러한 요청은 공공사업의 앞장을 선 서비스 업체들의 과다 경쟁과 맞물려 '출혈경쟁'과 '저가 수주'로 결정되고, 결국은 솔루션 업체들의 저가 개발로 이어진다. 저가 수주는 솔루션 업체들의 경쟁력 약화로 이어져 ① 신기술과 제품의 성능 향상을 방해하고, ② 우수 인력의 진입을 가로막는 주요 요인이 되고 있다. 주요 사업체나 공공기관에서는 사업비를 절약하는 경우 담당자의 승진으로 이어지고, 순환보직과 맞물려 사업비를 절감한 담당자는 승진 이동하는 경우가 많다. 사후에 시스템에 문제가 생기더라도 책임질 사람이 없이 2~3년마다 새로운 '차세대 시스템 구축', '신정보 시스템 개발'로 이어져 실제적으로 국민의 혈세를 낭비하는 일이 벌어지고 있다.

생태계 파괴의 현실 : 솔루션 업체엔 '인력도, 제품도, IP도 없다'

인력의 유입 차단

저가 수주는 곧 저임금으로 이어지고, 잦은 주문형 작업과 사양 변경은 소프트웨어 인력들의 과도한 업무 스트레스로 이어진다. 이로 인해 '급여는 낮고, 일은 많은 소프트웨어 분야'라는 인식으로 인해 우수 인력의 유입이 차단되고 있다. 소프트웨어 업계가 젊은이들이 모두 기피하는 3D(*Dirty*, *Dangerous*, *Difficult*) 직업이라는 말이 나온 지 오래다. 야근과 휴일 출근은 오래된 얘기이고, 게다가 급여마저 금융권이나 서비스 업종에 비해 떨어지기 때문에 꿈을 가진 젊은 인재들이 기피하는 대표적인 직업으로 전락하였다.

2010년 7월 27일 〈매일경제〉에 실린 "한국 IT, 이유 있는 애플 쇼크"라는 제목의 기사에서는 소프트웨어 업계의 우수 인력 기피 현상을 이렇게 보도하고 있다.

> 한때 의대나 전기공학부보다 높은 인기를 누렸던 서울대 컴퓨터공학부는 2010년 2학기 모집에서 학생이 45명만 지원해 정원(55명)을 채우는데 또다시 실패했다. 2005년 이후 무려 5번째다. 이 기간 서울대 컴퓨터공학부가 정원을 채운 건 2009년 단 한 차례에 불과하다. 전기공학부를 지원했다 떨어진 학생들을 영입하기도 했지만 부작용이 커 그나마 올해는 이마저도 포기했다. 연세대 컴퓨터정보통신공학부 역시 2009년 113명에 달했던 정원이 올해엔 74명으로 감소했다.
>
> 한국소프트웨어진흥원 정책연구센터에 따르면 전국의 대학교 컴퓨터공학부 평균 정원 수는 2005년 87명에서 2008년엔 76명까지 떨어졌다. BK21 사업에서 정한 입학단위 군으로 선발한 학생들이 컴퓨터공학부를 기피하는 현상이 나타나면서 정원 수가 계속 줄고 있기 때문이다.
>
> 컴퓨터공학부가 왜 이처럼 외면받고 있을까. 박수용 서강대 컴퓨터공학부 교수는 "국내에서 소프트웨어 업종은 3D로 치부된다"며 "졸업자

〈그림 9-7〉 IT 관련학과 입학정원 규모 추이

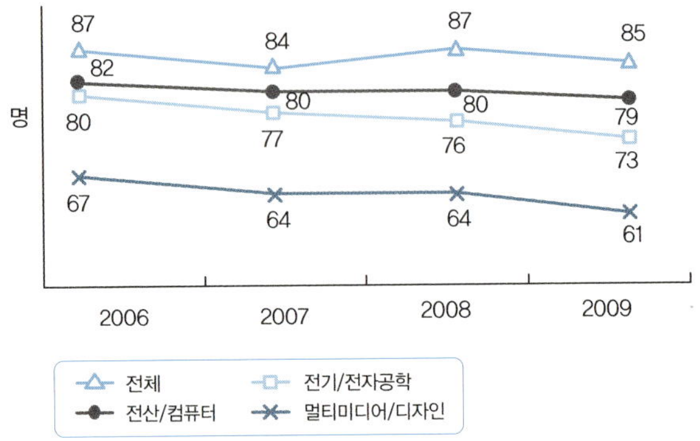

자료: 권문주 · 이병묵, "국내 소프트웨어 인력 현황", 한국 소프트웨어 진흥원.

중 우수 인재들도 삼성이나 LG의 하도급 업체에서 소프트웨어를 담당하게 되는데 열악한 일을 해야 하는 것으로 인식한다"고 말했다. 이상구 서울대 컴퓨터공학부 교수는 "한국에서 애플의 아이폰 운영체제나 구글 안드로이드 같은 명품 소프트웨어가 나오지 못한 것은 국내 고급 컴퓨터 엔지니어의 부재 때문"이라고 잘라 말했다.

훌륭한 학생들이 낮은 대우를 이유로 컴퓨터공학부를 기피해 고급 인력은 줄고, 휴대폰 소프트웨어는 몇 개월 교육만 받은 프로그래머가 뚝딱 만들다 보니 게임에서 이길 수 없다는 것이다.

또한 서비스 사업자들의 독점적 지위로 인하여 필요한 솔루션 선정 시 지적재산권이나 제품의 품질을 무시하고, '가격'과 '납기'만을 기준으로 하고 있다. 이로 인해 독특하고 차별화된 솔루션을 개발하여도 제품을 공급할 수 있는 보장이 없고, 늘 시장은 저가를 제시하고 고객의 모든 주문을 맞추어주는 기업에게 돌아간다. 누구나 진입이 가능한 열린 생태계가 오히려 생태계의 질을 망가뜨리고 있다.

소프트웨어 인력의 유출 현상

우수 인력의 진입이 차단되는 현상도 문제이지만, 생태계의 가장 아래쪽에 있는 솔루션 업체들의 인력 유출도 심각한 문제 중의 하나이다. 소프트웨어 솔루션 업체들보다 비교적 나은 복지정책과 급여시스템을 갖춘 하드웨어 업체, 예를 들어 삼성전자와 LG전자 등으로 인력이 유출되는 현상 역시 우려할 만하다. 생태계 파괴와 멸종 현상으로 보인다.

특히 삼성 이건희 회장의 "소프트웨어가 중요하다"는 2010년 발언과 구본무 회장의 "소프트웨어 인력을 확보하라"는 2011년 지시 이후 솔루션 업계의 숙련된 인력이 모두 대기업 그룹사로 이동하고 있어, 생태계의 뿌리가 흔들리고 있다. 즉, 외부로부터 인력이 공급되지 않는 상황에서 훈련된 인력만 이동하게 되면 향후 솔루션 업체들이 공급할 수 있는 제품이나 기술, 서비스 모두 사라지게 되고 결국 해외 인력이나 서비스로 지탱하게 될 것으로 전망된다.

브랜드 없는 제품의 양산

저가 수주에 의한 수익성의 악화로 사전 시장조사와, 제품기획, 설계와 테스트를 통한 질 높은 솔루션 개발이 불가능해진다. 더구나 과도한 고객의 주문형 통합 요구로 인해(대형 SI 업체들이 고객의 요청을 강요) 개발한 제품들은 고객마다 각기 다른 형상(*version*)을 가지므로 해외 시장에서 팔 수 있는 모듈화(*module*)된 제품이 없다. 즉, '엔진은 없고 기능만 있는 제품'이 양산되고 있어, 해외 주문의 경우 고객의 요청에 따라 처음부터 다시 개발해야 하기 때문에 실제적으로 시장에서 팔 수 있는 표준화된 제품이 없다.

지적재산권 미비

제품의 질(*quality*)보다는 가격으로만 승부하는 업계의 수주 관행은 제품의 질을 떨어뜨릴 뿐만 아니라 지적재산권의 미비로 이어지며, 이는 향후 해외시장에서 상당한 문제가 될 것으로 예상된다. 현재 정부는 소프트웨어 솔루션의 수출을 독려하고 있으나 아이폰을 둘러싼 삼성과 애플의 사태에서 보듯이 향후 해외시장에서 지적재산권 때문에 심각한 문제에 부딪칠 것이다. 이미 2008년 스페인의 스티마 사에 의해 국내 글로벌 업체(삼성, LG)들과 정부 기관이 제소 당한 예가 있고, 2009년 티맥스도 호주의 FNS에게 제소 당한 경험이 있다. 이러한 소프트웨어 저작권 제소가 국내 시장에서 이루어진 점과 대부분의 국내 솔루션들이 해외제품의 아이디어를 모방한 것이라는 점은 향후 해외 수출에 대단히 부정적인 영향을 미칠 수 있다.

소프트웨어에서의 지적재산권은 아직도 논란이 계속되고는 있지만, 이미 애플과 삼성의 특허 전쟁에서 보는 것처럼 디자인도 특허기술이 될 수 있다는 점이 중요하다. 만약 우리가 소프트웨어를 향후 전자제품의 다음 주력 수출품으로 만들기 위해서는 정부가 이 점에 더욱 관심을 가질 필요가 있다. 특허는 새로운 기술과 아이디어 위에서 생겨나는 것이고, 브랜드는 기술과 아이디어 없이 얻을 수 없다. 국내의 특허 분쟁 시 법원이 가능하면 특허를 주장하는 쪽보다는 방어하는 쪽의 피해를 우려하여 관대한 판결을 내리는 것도 문제이다.

그러나 보다 더 중요한 것은 '특허 쪼가리 하나 있다고 해서 모든 시장을 독점할 수 있느냐?'는 최종 고객의 생각이다. 지적재산권에 대한 높은 평가와 존경 없이 '지식사회'를 만들어갈 수 없다는 것을, 지식사회를 만들어가지 못할 경우 중국의 추격을 따돌리지 못하고 몇 년 안에 중국의 경제권에 편입될 수밖에 없음을 명심해야 한다. 지적재산권에 대한 인식의 전환은 기술 개발보다 훨씬 중요하다.

영세 솔루션 업체들의 난립

소프트웨어는 밖으로 드러나는 결과물(UI) 외에는 그 부품들의 조합과 작동을 사용자들이 볼 수 없는 제품이다. 〈뷰티풀 마인드〉(*Beautiful mind*) 라는 영화의 모델로 널리 알려진 알란 튜링(Alan Turing)이 1936년에 주창한 UTM(Universal Turing Machine) 이론에 따르면 컴퓨터에서 조작되는 기호와 조작방법으로 세상의 모든 것을 만들어 낼 수 있다. 후일 앨런 뉴웰(Allen Newell), 허버트 사이먼(Hubert Simon)의 물리적 기호체계 가설(Physical Symbol Hypothesis)로 발전되어 인공지능 이론의 기초가 된 알란 튜링의 UTM 이론은 컴퓨터의 기호 조작으로 어떤 결과도 만들어낼 수 있다고 주장하고 있다. 원용하면 우리가 눈이나 손으로 제품의 견고함이나 부드러움, 작동의 상태를 확인할 수 있는 하드웨어 제품과는 달리 원하는 결과만 보여주는 소프트웨어는 그 속의 부품과 구성을 사용자가 알 수 없다는 견해도 성립된다.

한국의 고객들은 주된 관심이 가격과 납기에 있기 때문에 소프트웨어 제품의 개발 방식과 설계, 그리고 성능 테스트에는 관심이 없는 경우가 많다. 어떤 방법을 쓰더라도 원하는 결과만 얻을 수 있다면 OK라는 고객들의 인식 때문에 지속적으로 전산사태가 터지는 것으로 본다. 이로 인해 2011년의 심각한 농협 사태나 교육정보원(KERIS) 소프트웨어 문제가 발생하는 것이다. 이처럼 가격과 납기에 맞추어 돌아가게만 해주는 소프트웨어를 개발하다보니 고객의 주문이 바뀔 때마다 시스템을 처음부터 다시 개발하는 '차세대 시스템', '신정보 시스템' 구축작업이 3~4년마다 되풀이되는 것이다.

소프트웨어의 질과 설계에는 관계없이 고객인 대기업과 공공기관의 기능적 요구사항만 만족시키는 '저가 시스템 구축'의 관행으로 인해 영세업체들이 난립하고 있다. 너무 많은 영세업체들의 난립은 경

〈그림 9-8〉 서비스 기업의 요구사항과 솔루션 기업의 결과

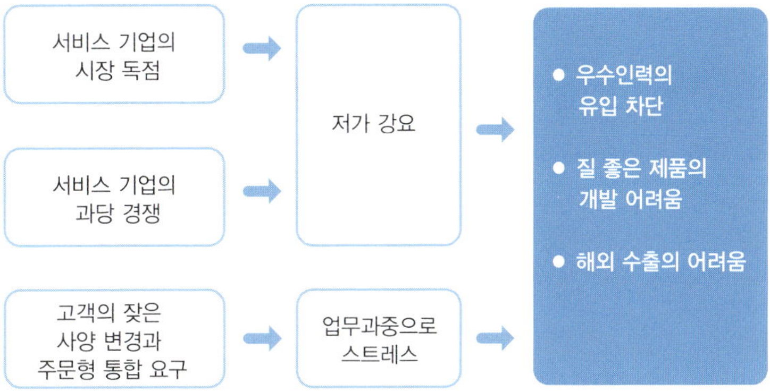

쟁을 통해 '낮은 가격으로 좋은 제품을 만드는 계기'가 되는 것이 아니라 오히려 소프트웨어의 질만을 낮추는 요인이 된다. 예를 들어 한국에서 많이 보급된 EDMS의 경우 해외 제품(IBM File Net, Oracle Stellant, EMC Documentum)에는 이미지 스캐닝 문서의 문자인식 기능, 검색, 자동 서식생성 기능이 통합되어 있으나 한국의 경우 EDMS 엔진 업체, 변환기 문자인식 업체, 검색 업체, 자동 서식생성 업체들이 모두 모여야 시스템을 개발할 수 있다. 영세업체들이 모이는 경우 결과적으로 제품의 질은 떨어지고 가격은 오르는 현상이 발생, 해외 수출의 큰 걸림돌이 되고 있다.

이런 열린 생태계가 소프트웨어 생태계에 다시 '저가 개발'을 가능케 하는 부정적인 작용을 하고 있다. 즉, 솔루션 업체들의 생태계는 열려 있기 때문에 누구든지 개발을 원하는 경우 진입이 가능하고, 이

를 소수의 시장 지배자들이 최대한 이용하고 있는 것이다. 우수인재의 유입은 차단되고 있지만, 소프트웨어 관련 인력은 인력의 질과 관계없이 무한대로 늘어날 수 있어, 솔루션 기업의 경우 '내가 공급하지 않더라도 누군가 공급할 수 있다'는 강박관념 때문에 저가 수주를 받아들이고 있다. 소프트웨어 업계의 가장 고질적인 이 문제 때문에 '저가 수주'가 해결되지 않고 있는 것이다.

해외의 경우, 지적재산권과 브랜드 등의 진입 장벽이 높아서 기존 시장의 진입이 비교적 어렵다. 이 때문에 새롭게 시장에 진입하는 솔루션 기업은 대부분 새로운 기술이나 아이디어를 가지고 진입하게 되고 빠르게 기술 혁신이 일어나게 된다.

생태계 파괴의 현실: 해외 수출할 제품이 없다

반복되는 차세대 시스템 구축

한국에는 끊임없이 '차세대 시스템'이 구축되고 있다. 금융권과 정부기관이 3~4년마다 한 번씩 관행적으로 반복해서 차세대 시스템을 구축하고 있다. 고객의 요구사항이 변해서 시스템을 바꾸기도 하고, IT 기술이 변하기 때문에 바꾸기도 한다. 정부 기관의 경우, 차세대 시스템을 구축할 때면 기존 시스템을 구축한 업체를 바꾸어 DB 설계부터 응용 프로그램을 새롭게 구축하는 경우가 많다. 대부분 고객의 요구에 정확하게 들어맞는 맞춤형 시스템을 개발한다. 근간 시스템으로는 글로벌 기업의 DBMS, ERP 시스템을 활용하지만 때로는 고객에게 맞는 시스템을 처음부터 설계하고 개발하는 경우가 있다.

이 같은 맞춤형 차세대 시스템 개발의 반복은 해외 수출에 있어 대단히 불리하다. 늘 고객의 요구조건에 정확하게 들어맞는 시스템을 개발하다보니, 조금만 상황이나 요구조건이 달라지면 현재의 시스템을 다른 고객에게는 적용할 수가 없게 된다. 예를 들어 한국 국세청에서 개발한 법인세 시스템은 세법구조가 다른 인도네시아 법인세 시스템에 그대로 적용할 수가 없고, 한국에서 개발된 관세 시스템을 중남미 국가에 적용하려면 처음부터 다시 모든 것을 재설계하고 개발해야 한다. 한국의 발달된 시스템을 다른 나라에 수출하기 어려운 이유이다. 이미 세계시장은 기성품 시장으로 바뀌었는데 아직도 국내에서는 맞춤형 양복을 위해 몸을 재고, 재단하고, 가봉하는 중이다.

국내에서 개발되는 대부분의 시스템이 범용성과 상품성을 고려하여 개발되는 것이 아니라 특정한 고객의 특수한 요구조건을 반영하는 구조이기 때문에 해외 수출이 어려운 것이다. 더구나 늘 처음부터 개발하는 차세대형이기 때문에 비용과 시간이 많이 소요된다. 처음부터 구조화되어 있어 요구조건이 다른 부분만 새로 개발하여 전체 시스템에 맞추어 넣은 '부분 개발'이 아니기 때문에 해외에서 국제경쟁을 하게 되면 비용 면에서 경쟁력을 상실하게 된다.

바람직한 생태계로: 알타이 스테피에서 프레리로

알타이 스테피(*Altai montane steppe*)는 우랄 알타이 산맥이나 우즈베키스탄의 천산에서 보는 것처럼 사막 기후와 고산 기후가 만나면서 이루는 특이한 식·생물 생태계이다. 생명력이 강한 나무류와 식물류가 1년에 200mm 내외의 강우량을 가지고 경쟁하기 때문에 결국 키가 아주 큰 나무 종류와 아주 작은 식물류만 남아 있는 생태계로, 사막 기후이기는 하지만 나무들은 일반 온대기후에서만큼 크게 자란다. 일반적으로 이 생태계에서는 낮은 풀들이 연명하고 있어 목축은 어느 정도 가능하지만 곡물 재배는 불가능하다. 대규모 마을과 도시가 발달할 수 없고 소규모 마을과 골짜기 집들만이 주위에 서 있는 것이 일반적이다. 고비 사막 부근, 우즈베키스탄의 천산에서 이 같은 알타이 스테피를 쉽게 볼 수 있다.

프레리(*prairie*)는 미국의 중부나 아프리카 등지에서 쉽게 볼 수 있는 나무는 별로 서 있지 않지만 주로 키가 큰 풀로 덮인 평평하거나 완만한 지역 혹은 언덕으로 이루어진 땅을 가리킨다. 미국 중서부의 프레리를 처음 본 서부 개척자들은 이를 '풀의 바다'라고 불렀다고 한다. 프레리에는 풀들이 길게 자라고 많은 생물들이 서식하면서 '생물의 낙원'을 이루며, 땅이 비옥하고 강우량은 많지 않지만 곡물 생산

〈그림 9-9〉 알타이 산의 스테피 생태계

© Alexandr frolov

〈그림 9-10〉 미국의 프레리 생태계

© www.blueplanetbiomes.org

에 유리하다. 실제로 미국 중서부가 밀과 옥수수의 곡창지대가 된 것은 프레리 덕분인 것으로 알려져 있다.

한국 소프트웨어 생태계는 이제부터 알타이 스테피 생태계로부터 인간에게 유익한 곡물과 동물이 함께 유기적인 관계를 이루어 번성하고 생태계의 순환을 지속할 수 있는 프레리 생태계 구조로 바뀌어야 한다. 생태계 구성원 각자가 자유로운 경쟁 속에서 미리 정의된 규칙을 지키며 정의된 역할을 수행하는 조화로운 생태계를 만들어가야 한다. 프레리 생태계에도 늘 물 부족 현상은 있다. 그러나 알타이 스테피 생태계에서와 같이 질기고 튼튼한 나무들이 비가 오면 이를 독점하여 결국 싹이 나온 풀들은 말라 죽고 없어져 나무 아래 바위만 남은 황폐한 생태계가 아니라 풀들이 가득하고 동물들이 함께 어울려 사는 프레리 생태계라야 지속 가능한 발전이 이루어질 수 있다.

저가 발주 관행을 바꾸자

한국 소프트웨어 생태계는 대기업과 공공기관의 '저가 발주' 관행으로부터 시작되었다. '저가 수주'의 폐해는 심각하다. 솔루션 업체들의 모든 문제가 여기서 비롯되었다. 질 좋은 소프트웨어를 개발할 수 없는 기본적인 이유도, 좋은 인재를 육성하거나 영입할 수 없는 이유도, 해외 수출을 추진할 수 없는 이유도 모두 이 저가 수주 때문이다. 이는 솔루션 업체들의 실질적인 재무구조에 막대한 피해를 입히고,

사기를 떨어뜨리고, 소프트웨어 산업 전체를 파괴하는 주범이다.

이를 개선하기 위해서는 공공기관의 저가 발주 관행을 바꾸어야 한다. '국민의 혈세'를 내세운 저가 발주가 결국은 부실한 제품과 서비스로 이어지고, 최근에 보는 것과 같은 대형사고로 이어짐을 인식해야 한다. 눈에 보이지 않는 제품의 질적인 차이는 장기적으로 누적되면 엄청나게 다른 결과를 낼 수 있다. 저가 위주의 구매는 결국 국민들의 피해로 돌아가고, 저가 수주한 업체들의 저수익성과 영세성은 결국 소프트웨어 생태계 전반을 붕괴시킨다. 저가 발주를 통해 경비를 절감한 공무원에 대한 승진과 포상도 이제는 그만두어야 한다. 공무원의 경비절감이 궁극적으로는 솔루션 업체들에 대한 생계유지형 자금 지원으로 이어지고, 최악의 경우 대한민국 정부의 IT 시스템 운영을 해외 업체들에게 맡기게 될지도 모른다.

또한 대기업 고객의 저가 강요와 과도한 주문형 통합 요구 습관을 버려야 한다. 그동안 국내 대기업들은 국산 싸구려 소프트웨어 덕분에 고객의 입맛에 맞는 시스템을 구축해왔다. 해외 제품을 고가에 구입하면서도 동일한 국내 제품은 싼값에 설치할 수 있었다. 그러나 이 같은 저가 발주가 계속되면 국내 솔루션 업계들이 사라져 결국은 맞춤형 시스템 구축이 어려워지고, 비용이 높은 해외 제품을 살 수밖에 없다. 현재도 인도, 중국의 인력을 고용해서 싼값에 시스템을 구축하고 있는데 향후 기업보안 문제와 기술유출 문제는 어떻게 해결할 수 있을지 고민할 필요가 있다.

시장 구조를 바꾸자

2011년 10월 27일 정부가 서비스 업체가 중간에서 저가 경쟁을 하지 못하도록 한 조치는 장기적인 관점에서 대단히 잘한 일이다. 단기적으로 상당한 혼란과 불만이 있겠지만 이것이 장기적으로는 국내의 패키지 업계를 살리고 궁극적으로는 세계시장에 진출하여 K-POP 같은 힘을 발휘하도록 할 수 있을 것이다. '호랑이 없는 곳에서 토끼가 왕이 되어 설치게 된다'는 비판도 있지만 전문화된 SI 업체들을 양성하고 경쟁력 있는 패키지 업체들을 육성하기 위해 불가피한 조치라고 생각된다.

단기적으로는 공공기관 IT 담당자들의 업무 부담이 과중해지고 업체 선정기준과 관리 등에서 상당한 혼란과 불만이 제기될 것으로 예상된다. 그러나 현재의 대기업 그룹사와 공공기관(고객)으로부터 중간에 서비스 업체가 프로젝트 수주와 관리를 맡는 시장 구조로부터 〈그림 9-11〉과 같이 대기업 그룹사와 공공기관(수요자)이 전문 SI 업체와 패키지 업체(공급자)와 직접적으로 거래할 수 있는 구도로 개편할 필요가 있다. 이 경우 예상되는 장점은 '저가 수주'를 상당히 막을 수 있을 것이라는 점이다.

다수의 SI 업체와 솔루션 업체들이 서로 제품의 질과 양질의 서비스로 경쟁하게 함으로써 그동안 유일한 기준이었던 '가격'이 제품의 질과 지적재산권, 그리고 성능으로 대체될 수 있을 것이다. 삼성

〈그림 9-11〉 소프트웨어의 상생 가능한 생태계

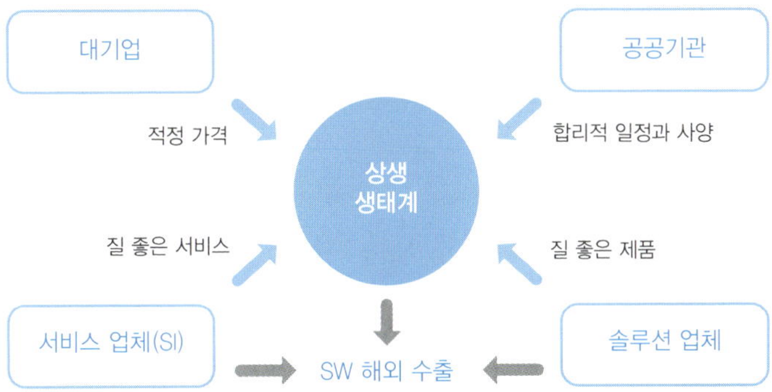

SDS, LG CNS, SK C&C와 같이 극소수의 기업들이 과점하고 있는 시장에서 수없이 많은 기업들이 '질'로서 경쟁하게 함으로써 국산 소프트웨어의 질이 높아지고, 지적재산권 확보가 가능해질 것이기 때문이다.

SI 업체들은 더 이상 모 그룹사의 수혜적인 지원을 기대할 수 없기 때문에 출혈 경쟁이나 '저가 경쟁'을 할 수 없게 된다. 적정 가격에 수주한 프로젝트를 부실한 제품이나 서비스 업체에게 맡겨서 막대한 이익을 챙기는 것은 SI 시장이 열린 공간이기 때문에 불가능해질 것이다. 실력 있는 패키지 업체, 혹은 서비스 업체들은 SI 업체를 골라서 프로젝트를 수주할 수 있을 것이다.

사업체 선정의 기준을 바꾸자

대기업 고객과 공공기관에서 시작한 '저가 발주' 관행은 결과적으로 패키지 소프트웨어의 품질 저하 및 지적재산권 미비, 되풀이 되는 정부의 경영지원성 R&D 자금 투여로 이어지고 있다. 이 같은 폐해를 해결하기 위해서는 '저가 발주'로부터 '양질의 제품 선정'으로 프로젝트 업체 선정의 관행과 방식을 바꾸어야 한다. 현재의 악순환 고리를 끊고 선순환을 이루고 해외 수출을 하기 위해서는 IP, 정부 기관 인증, BMT(성능 테스트), 전문가 평가를 우선적으로 선정기준으로 삼아야 한다.

오래전부터 정부는 '지식국가'를 표방하고 '특허의 중요성'에 대해 강조했지만 소프트웨어 발주 현장에서 특허가 한 번도 도움이 되어본 적이 없다. 발주 현장에서는 특허보다는 영업이 우선이다. 발주 담당자들은 특허에 대해 아무런 관심도 가산점도 없이 선정 작업을 진행하기 때문에 국내 소프트웨어 업체들 중에서 특허를 가진 업체는 극소수이고, 특히 미국 특허를 전혀 갖고 있지 않으면서 '미국 진출'을 하겠다고 나서는 업체들도 있다.

최근 들어 삼성과 애플의 특허 분쟁 이후, 조금씩 특허에 대해 공공기관이나 대기업이 관심은 갖고 있으나 이는 정작 발주와 사업체 선정에는 전혀 영향을 미치지 않고 있다. 특허출원과 유지비용이 막대하기 때문에 국내 업체들로서는 신기술이 개발되어도 수주에 전혀 도움이 되지 않는 특허를 신청하거나 유지하기가 어렵다.

국내 소프트웨어 생태계의 또 다른 문제는 저품질의 제품과 기술이 손쉽게 진입할 수 있다는 점이다. 생태계가 열려 있어 끊임없이 외부의 자원이 내부로 들어오고 내부에서 생산된 먹이거리가 외부로 흘러나가는 것은 건강한 생태계이기 때문에 환영해야 한다. 하지만 내부의 건강한 개체들은 병들어 죽어가고, 외부의 품질이 떨어지고 경험이 없는 개체들이 밀려들어와 내부 개체를 밀어내는 생태계는 바람직하지 못하다. 저품질의 신규업체들이 실적을 확보하기 위해 거의 무료로 제품을 제공하겠다고 덤벼들어 시장이 완전히 붕괴되는 경우도 있다. 이를 막기 위해서는 정부 기관의 인증제도를 활용하여야 한다.

대기업에서는 많이 활용하는 BMT(성능 테스트)를 공공기관에서는 요구하는 경우가 드물다. 기술적인 성능 테스트로서 기술력과 서비스 품질을 모두 평가할 수는 없지만, 현재로서는 가장 합리적인 기준이기 때문에 이를 적극 권장해야 한다.

국내 공공기관에서는 대부분의 평가를 무작위로 선정한 평가위원(전문가)에게 맡기고 있다. '중립성'과 '객관성'을 위해 무작위로 선정한 평가위원들은 대부분 경우 기술과 제품에 대한 이해력이 떨어지기 때문에 기술 평가에서 점수 차이를 거의 두지 않는 경향이 있다. 이는 결국 제품 선정에서 '저가 경쟁'으로 이어지는 문제점이다. 이 점을 개선해야 한다. '공정성'에 대한 시비를 두려워하는 정부 기관의 자세 때문에 공공기관 전산 담당자는 20년을 근무하고도 늘 교수들을 불러 모으는 심부름꾼 역할만 하다가 결국은 비전문가 신세를 면하지 못한다. 비전문가에 의한 평가 시스템을 반드시 고쳐야 한다.

소프트웨어 생태계를 복원하자

한때 우리나라 소프트웨어 생태계는 바른 방향으로 나가는 듯 보였다. 1980년대 후반, 대담하게도 ETRI의 주도하에 유닉스(UNIX) 컴퓨터를 만들겠다는 야심찬 계획을 세워서 CPU, OS, DBMS를 대기업과 정부 연구소가 공동으로 개발하는 프로젝트가 진행되었다. 80년대 후반에 닥친 IMF 사태는 비록 경제계의 심각한 고비였지만, 한국 소프트웨어 업계의 입장에서는 엄청난 기술적인 손실이었다. 그 동안 야심차게 진행하던 중형 컴퓨터 개발 계획인 타이컴 프로젝트가 중단되고, 이에 따라 운영체제 개발, 소프트웨어 재사용 프로젝트, DBMS(바다) 개발이 중단되었다. 이는 미약하게나마 논의되던 한국형 컴퓨터와 운영체제, DBMS 개발이 완전히 끝나고 외산 소프트웨어가 시장을 점령하는 계기가 되었다.

타이컴 프로젝트에서 시작된 DBMS 개발은 현재 알티베이스 제품으로 이어지고, IMF 사태 이전에 추진되던 가상현실 프로젝트는 스크린 골프산업을 태생시킨 골프존으로 진화되었다. 아쉬운 것은 IMF 사태 당시 중지된 운영체제 개발 프로젝트이다. 아직도 ETRI에서는 운영체제 QPlus 프로젝트를 추진 중이고, 삼성의 바다 프로젝트가 상당한 성과를 거두고 있지만, 만약 타이컴에서 개발하던 운영체제 프로젝트가 계속되었더라면 하는 아쉬움이 있다.

정부 연구기관의 역할을 복원해야 한다고 믿는다. 최근 들어 우리나라 주력 품목인 전자제품과 자동차 등이 급격하게 인공 지능화하고 있다. 2012년 1월 CES(국제전자제품박람회)에서 들어온 소식은 TV와 자동차가 본격적으로 '지능화'하고 있음을 보여준다. 카메라를 사용해 물체를 인식하고 스스로 판단하여 자동차 주행 방향을 조절하거나 사람의 손짓을 인식해 스스로 채널을 바꾸는 TV가 그것이다. 이런 인공지능 기술은 ETRI에서 1980년대 집중 개발하던 프로젝트이다. 2011년 아이폰 4S 출시 이후 모두가 관심을 갖는 음성인식 기능 역시 한국이 한때는 가장 앞서 나가던 분야이고, 앞으로 출시될 것으로 예상되는 얼굴인식 기술 역시 1990년대 초반까지 ETRI에서 개발하던 기술이다. 정부 연구소의 기능이 갑자기 상용기술 개발로 방향을 틀게 된 데는 IMF 사태가 결정적인 역할을 했다. 이제 정부 출연 연구소가 당장 돈이 되지 않더라도 앞으로 큰 시장을 이룰 수 있는 가상현실 기술, 인공지능 기술을 개발해야 한다. 1980년대 활발하게 개발하던 OS, DBMS, 음성인식 기술은 이미 민간에서 개발하고 있기 때문에 다시 시작하기는 쉽지 않다. 그러나 향후 필요한 IT 기술은 누군가는 개발해야 한다. 이 역할을 정부 출연 연구소가 맡아야 할 것이다.

세계적으로 스스로 운영체제(OS)를 만들고, DBMS를 개발하고, 사무용 소프트웨어인 오피스 시스템을 만들 수 있는 나라는 미국과 한국뿐이다. 그렇다고 우리나라 소프트웨어 기술이 독일을 능가하거나 미국과 대등한 수준이라는 주장은 아니다. 그동안 시스템을 개발하면서 축적된 기술과 노하우가 있다는 것이다. 개인용 컴퓨터와 기업용 컴퓨터의 기반으로 사용되는 운영체제, DBMS, 오피스 제품에 어느 정도 기술력을 갖추고 있고, 전자정부 분야에서는 어느 나라도 따라올 수 없는 경험과 노하우를 갖고 있다.

다만 기계 설계와 전자 설계, 건축 설계, GIS 분야 등에서는 아쉽게도 IMF 사태를 계기로 국내 기술이 모두 사라지고 현재 국내 시장은 모두 외산으로 채워져 있다. 이처럼 비어 있는 분야를 중심으로 정부가 투자하고 지원한다면 2020년이 되기 전에 소프트웨어 전 분야에서 한국이 강세를 보일 수 있을 것이다.

우리나라 섬유산업이 봉제에서 시작하여 가공(염색), 제직(製織), 그리고 최종적으로 제사(製絲)로 옮겨갔듯이, 소프트웨어 전 분야에서 일관된 생산체제를 갖출 수 있도록 판을 짤 수 있을 것이다. 한국이 자랑하는 관세 시스템, 국세 시스템, 교육 시스템이 섬유산업의 봉제 과정에 해당한다면, ERP, 그룹웨어, BI, SRM, CAD 등은 제직 과정에 비유할 수 있을 것이다. 소프트웨어 분야에서 제사 과정에 해당되는 것은 OS, DBMS, 오피스가 될 것이다.

이제 일관된 공정 시스템을 갖추고, 각 시스템의 품질을 보완한다면 소프트웨어가 수출 2조 달러 시대를 요는 첨병 역할을 할 수 있을 것으로 기대한다. 소프트웨어 분야의 수익성이 그만큼 높고, 인력고용 효과가 타 분야에 비해 월등하게 높다는 점에서 더욱 그러하다.

맺음말

2012년 1월, 미국 라스베이거스에서 열린 세계 최대 가전 전시회 CES에 자동차가 등장했다. 전통적으로 기계산업 제품이었던 자동차가 첨단 전자산업 전시회에 출현한 것이다. 이는 스마트 혁명의 대표적인 상징이다. 이제 자동차는 '네 바퀴가 달린 전자제품'으로 변모했다.

기술과 소프트웨어가 결합하여 만든 스마트 혁명은 대변혁을 가져왔다. 동종산업 간, 이종 산업 간 혁신과 융합이 가속되고 있으며, 기업 간 결합은 끊임없이 이루어지고 있다. 구글과 MS, 인텔 등 메이저 기업조차 다양한 분야에서 서로 협력과 경쟁을 동시에 벌이고 있다. 스마트 시대의 무한 경쟁에서 생존하기 위해서는 과감한 대전환이 필요하다.

다행히 우리 기업들도 이제 시각을 바꾼 것 같다. 작년(2011년) 삼성, LG의 CES 전시관에서는 그저 3D TV만을 선전할 뿐이었고, 스마트 TV도 인터페이스가 복잡했다. 하지만 이번 두 기업 전시관의 3분의 2가 콘텐츠로 채워졌다. 또한 여러 업체들과 제휴한 모습을 보면서 산업생태계의 중요성을 인식하고 있음을 알 수 있었다.

그러나 우리 산업생태계의 건강성을 전체적으로 조망해보면 여전히 갈 길이 멀다. 이 책의 전반을 통해 살펴보았듯이, 우리나라 산업생태계는 경제성장의 파급효과가 대기업으로 제한되어 대·중소기업 간 생산성 격차가 상당하다. 그 결과 생산기업 수가 급속히 줄고 신규 창업도 감소하는 등 산업생태계의 노화 현상이 빠르게 진행되고 있다. 1990년대 말 1세대 벤처 기업가가 나온 이후 최근 10년간 주목할 만한 벤처 스타가 나오지 않는 현실은 시사하는 바가 크다.

창의성 있는 젊은 인재들이 돈이 없어도 아이디어와 새로운 시도를 펼쳐볼 수 있는 터전을 만들어야 한다. 창업을 장려하고 사업화할 수 있는 사회적 기반을 마련해 젊은이들의 아이디어와 열정을 북돋을 수 있어야 한다. 실리콘 밸리를 보라. 그곳에서는 플러그 앤 플레이 테크센터의 예와 같이 금융사, 벤처 캐피탈, 동문회 등이 이런 공간을 만들고 있다. 실패를 자산 삼아 다시 일어나고 그 과정에서 배운 경험으로 튼실한 기업으로 만들 수 있는 제도적 환경을 조성해야 한다.

주지하다시피, 스마트 시대는 더 이상 개별 기업끼리 경쟁하는 시대가 아니라 생태계와 생태계가 경쟁하는 시대이다. 우리의 기업들이 세계 유수기업과 경쟁해 승리하기 위해서는 애플 생태계, 실리콘 밸리 생태계보다 더욱 경쟁력을 갖춘 생태계를 조속히 만들어야 한다. 다양화와 감성이 중시되는 스마트 시대에 걸맞도록 지금의 산업구조와 생태계를 시급히 변화하여 대기업과 중견·중소기업, 1인 창조기업이 어울려 함께 발전하고 공존할 수 있도록 해야 한다.

이를 위해서는 산업생태계 내 플레이어 간에 협력과 경쟁이 활발히 일어날 수 있는 장(場), 즉 플랫폼이 잘 구축되어야 한다. 플랫폼 리더인 대기업은 당장의 수익에만 연연하지 말고 중소기업을 파트너로 인정하고 참여기업들의 활동을 최적화하여 산업 전반의 혁신을 주도하는 지휘자가 되어야 한다. 또한, 중소기업은 대기업이 좋아하는 것만 하려고 하지 말고 자기 혁신을 통해 역량 있는 파트너로 성장해야 한다.

하드웨어 중심의 성장에서 벗어나 소프트웨어와 콘텐츠를 키우는 노력도 필요하다. 스마트 시대에 맞는 유연한 기업문화를 만들어가야 한다. 공동 제작, 자유로운 문화를 조성하는 데 이어 콘텐츠를 포함한 소프트웨어 생태계를 이해하고 총괄하는 CSO(Chief Software Officer)가 생기면 도움이 많이 될 것이다. 무엇보다 애플과 같은 개방형 생태계 모델을 하루빨리 정착시켜야 한다. 애플은 아이패드를 출시하면서 콘텐츠의 중요성이 커지자 재빨리 콘텐츠 기업을 대우하는 재빠른 변화를 도모했다.

20대부터 40대까지를 사회의 허리라고 한다. 그런데 이들에게는 세대별로 아픔이 있다. 20대는 일자리 문제와 미래에 대한 불안감으로 고민하며, 30대는 내 집 마련의 부담이 있고, 40대는 아이들의 사교육비와 대학등록금으로 고생하고 있다. 또, 고령화 사회로 가면서 50대는 노후 문제로 굉장히 고민하고 있다. 이러한 분노로 인하여 한국의 자본주의와 시장경제는 지금 중대한 기로에 서 있다.

정부 혼자서는 이러한 아픔을 치유할 수 없다. 이제 시장의 힘이, 기업의 힘이 정부보다 더 커졌기 때문이다. 세대의 아픔을 치유하고 성장의 열매가 골고루 퍼져나가는 따뜻한 사회 공동체를 만들기 위해서는 건전한 자본주의와 시장경제가 정착되어야 한다. 기업이 사회적 책임을 다하며 동반 성장의 진정한 파트너십을 가질 때 건강하고 역동적인 산업생태계가 정착될 수 있을 것이며, 우리 사회는 한층 더 풍요롭고 행복한 곳이 될 것이다.

• 참고문헌 •

문헌자료

국가경쟁력강화위원회(2010), "중소·중견기업 생산성 혁신전략".

김경준(2006), 《위대한 기업, 로마에서 배우다》, 원앤원북스.

김기찬(2009), "기업생태계 관점에서의 연구개발 전략과 플랫폼 리더십: 대중소기업 상생협력과 R&D에의 시사", 〈중소기업연구〉, 31권 2호.

______(2011), "경영패러다임으로서의 동반성장과 대한민국 기업생태계의 건강성", 한국경영학회 공동학술행사.

김기찬·김수욱·박건수·박성택 외(2006), "대중소기업 상생협력의 이론적 모형 설계: 건강하고 지속가능한 기업생태계 구축", 〈중소기업연구〉, 28권 3호.

김기찬·송창석·박지윤, "대중소기업간 상생협력 유형의 세분화와 전략-중소기업의 L, A, J 유형 분류와 성과를 중심으로", 〈중소기업연구〉, 29권 4호.

나도성(2011), "한국 중소기업의 궁즉통 전략", 글로벌강소기업연구소.

아나톨 칼레츠키(2011), 《자본주의 4.0》, 위선주 역, 컬처앤스토리.

안드레이 학주·히라노 아쓰시 칼(2011), 《플랫폼 전략》, 천재정 역, 더 숲.

윤영수(2006), "외환위기 이후 한국 기업생태계의 변화와 활성화 전략 수립", 제1회 복잡계 컨퍼런스.

윤영수·강민형·박성민(2009), "기업의 경쟁력 향상을 위한 외부 네트워크 활용방안", 삼성경제연구소 Issue Paper.

정명선(2011), "IT강국 코리아의 퀀텀점프를 이끌 플랫폼 전략", 한국정보화진흥원 〈IT&Future Strategy〉, 1호.

중소기업청(2008), "중소기업기술통계조사".

______(2010), "벤처기업정밀실태조사".

조권중(2010), "서울의 사회적 자본: 현황과 과제", 〈SDI 리포트〉, 70호.

포스코(2011), "2010 지속가능성 보고서".

한국산업기술진흥원(2010), "휴대폰 산업의 혁신 생태계 분석".

한국은행 금융경제연구원(2011), "글로벌 금융위기와 한국 기업부문의 구조조정 방향".

KMAC(2011), "뭔가 다른 인천공항, 무엇이 다른가?.

KT(2011), "2011 지속가능경영보고서".

Adner, R.(2006), "Match Your Innovation Strategy to Your Innovation Ecosystem", *Harvard Business Review 84*: 98~107.

Chesbrough, H. W.(2003), *Open Innovation: The New Imperative for Creating and Profiting from Technology*, Harvard Business School Press, Boston: MA.

Cusumano, M., & A. Gawer(2002), "The elements of platform leadership", *MIT Sloan Management Review*.

Dhanaraj, C., & A. Parkhe(2006), "Orchestrating Innovation Networks", *Academy of Management Review 31*(3): 659~669.

Gawer, A., & M. A. Cusumano(2002), *Platform Leadership: How Intel, Microsoft, and Cisco Drive Industry Innovation*, Harvard Business School Press, Boston: MA.

Iansiti, M., & R. Levien(2004a), *The Keystone Advantage: What the New Dynamics of Business Ecosystems Mean for Strategy, Innovation, and Sustainability*, Harvard Business School Press, Boston: MA.

______(2004b), "Strategy as Ecology", *Harvard Business Review 82*: 68~78.

______(2004), *Keystone Advantage*, Perseus Distribution Services.

Kim, Ki-Chan, & Chang-Seok Song(2008), "Business Cooperation in the Automobile and Steel Industries", 3rd International Conference for Large & Small Business Cooperation, Seoul Korea.

Kim, Ki-Chan, Chang-Seok Song, & Chong-Ook Rhee(2010), "The Healthiness of Business Ecosystem and its Effect on SME's Performance", Proceedings of 2010 ICSB World Conference, June 2010.

Moore, J. F.(1993), "Predators and Prey: A New Ecology of Competition", *Harvard Business Review 71*(3): 75~83.

______(1997), *The Death of Competition: Leadership & Strategy in the Age of Business Ecosystems*, Harper Business, New York.

Roy, S., K. Sivakumar, & I. F. Wilkinson(2004), "Innovation Generation in Supply Chain Relationships: A Conceptual Model and Research Propositions", *Journal of the Academy of*

Marketing Science 32(1) : 61~79.

Song, Chang-Seok, Ki-Chan Kim, & Chong-Ook Rhee(2009), "When and How Does the Cooperation Between a Large Firm and SMEs Pay Off? - The Collaborative Efforts in Korea - The Dynamics of Small Business: Theory, Practice, and Policy", Proceedings of 2009 ICSB World Conference.

Yoffie, D. B., & M. Kwak(2006), "The Art of Managing Complementors", *Harvard Business Review, September 2006.*

보도자료

"기업생태계 진화시키는 플랫폼 전략", 〈조선일보〉, 2011. 12. 01.

"기업생태계를 흥분케하라", 〈한국경제〉, 2011. 08. 18.

"늙어가는 한국 산업계, 생태계 체질 바꿀 시스템 전환 시급", 〈헤럴드경제〉, 2011. 06. 13.

"노래는 멀리멀리 … 족쇄 풀린 디지털 음악 산업", 〈조선일보〉, 2007. 08. 24.

"노키아, 3500명 추가 감원", 〈이투데이〉, 2011. 09. 30.

"대한민국 기업생태계가 늙어가고 있다", 〈중소기업뉴스〉, 2011. 04. 22.

"〔디지털포럼〕 중기, 보안 프로세스 속도내야", 〈디지털타임즈〉, 2011. 09. 25.

"〔모바일, 이젠 소프트파워다〕 플랫폼이 핵심이다", 〈전자신문〉, 2011. 05. 26.

"상생이 기업생태계 건강 지킨다", 〈이코노믹리뷰〉, 2011. 07. 11.
"상생의 철학이 만드는 성공의 방정식", 〈머니투데이〉, 2009. 08. 07.
"소프트웨어의 역습…", 〈조선비즈〉, 2011. 08. 17.
"숲에 미래가 있다", 〈서울신문〉, 2010. 04. 14.
"시골 막걸리 업체 매출이 16배 늘어난 사연은?", 〈중앙일보〉, 2011. 08. 24.
"아찔한 노키아의 추락… 주가 13분의1 토막", 〈머니투데이〉, 2011. 06. 01.
"안철수 '이익공유제보다 불법관행 없애야'", 〈조선일보〉, 2011. 03. 22.
"안철수 교수의 충고 '기업의 DNA부터 CIT로 바꿔라'", 〈매일경제〉, 2010. 02. 19.
"애플〉삼성〉노키아", 〈중앙일보〉, 2011. 07. 23.
"에코시스템의 밑거름, 플랫폼", 〈월간 CEO〉, 2011. 12월호.
"〔월드포커스〕 노키아 몰락에 핀란드 경제 '휘청'", 〈조선비즈〉, 2011. 06. 05.
"〔이민화의 스타트업 제언 (2)〕 활성화를 위한 세제개선", 〈벤처스퀘어〉, 2011. 08. 25.
"인천공항 개항 10년, 1등의 비결은", 〈한국정책방송〉, 2011. 04. 02.
"인천공항 2단계 시설 가동…연간 여객수용 4400만명으로", 〈뉴시스〉, 2008. 06. 20.
"저커버그 같은 청년 창업가 왜 없나…우리가 키우자", 〈한국경제〉, 2011. 08. 18.
"전문 엔젤투자 활성화 방안을 위한 제안", 〈넷스터미디어〉, 2011. 09. 29.
"'중견기업 되면 혜택 160개 소멸'…대책 호소", 〈연합뉴스〉, 2011.

06. 13.
"[중견기업이 사라진다] '피터팬 기업 증후군' 확산… 中企 졸업 순간 '혜택' 없어져 고의로 규모 축소", 〈국민일보〉, 2011. 11. 25.
"중소기업의 전차화와 컨설팅 3.0", 〈매일경제〉, 2011. 06. 30.
"특허전담재판소가 없는 나라", 〈한국경제〉, 2011. 08. 03.
"플랫폼과 생태계", 〈전자신문〉, 2011. 08. 25.
"한국 경제자유지수 157개국 중 41위 … 5단계 추락", 〈한국경제〉, 2008. 01. 15.
"CJ제일제당, 지역 유망 브랜드 육성나서", 〈KP통신〉, 2011. 08. 25.
"Its camp is gone, but the Occupy movement will grow", 〈파이낸셜 타임스〉(*Finanacial Times*), 2011. 11. 16.
"MP3 플레이어를 대체한 보통명사-아이팟(iPod)", 〈IT 동아〉, 2011. 11. 04.
"South Korean Family Conglomerates Pressured", 〈뉴욕타임즈〉(*New York Times*), 2011. 09. 13.
"3년 연속 이자도 못 버는 '좀비기업' 급증", 〈경향신문〉, 2011. 03. 03.

기업 홈페이지

포스코 www.posco.co.kr
CJ제일제당 www.cj.co.kr
KT www.kt.com

• 저자 소개 •

곽승준

고려대 경제학과 졸업, 미국 밴더빌트대 대학원 경제학 석/박사
전 대통령실 국정기획수석비서관
현 대통령 직속 미래기획위원회 위원장, 고려대 경제학과 교수

김기찬

서울대 경영학 박사
전 동경대 객원연구원, MIT 국제자동차프로그램(IMVP) 연구위원
현 가톨릭대 경영학부 교수, 한국중소기업학회 회장, 국민경제자문위원

이민화

서울대 전자공학과 졸업, KAIST 전기 및 전자공학 석/박사
전 메디슨 대표이사, 초대(初代) 기업 호민관(중소기업 옴부즈맨)
현 KAIST 초빙교수, 디지털병원수출조합 이사장

정지훈

한양대 의대 졸업, 미국 남가주대 의공학 박사
전 우리들병원 생명과학기술연구소장
현 관동의대 융합의학과 교수, 관동의대 명지병원 IT 융합연구소장

최종욱

아주대 산업공학과 졸업, 미국 사우스캐롤라이나대 경영정보시스템 박사
현 상명대 소프트웨어대학 교수, (주)마크애니 대표이사

강 민 수

서울대 화학과 졸업, 서울대 환경대학원 석사

현 광개토국제특허법률사무소 대표 변리사, (주)광개토연구소 대표이사

김 창 우

서울대 경제학과 졸업, 가톨릭대 경영대학원 재학중

전 중앙일보 증권부 사회부 산업부 기자

현 중앙일보 경제부문 차장(IT팀장)

김 병 선

중앙대학교 경영학 박사

전 뉴욕주립대 기술경영 교환교수

현 전자부품연구원 기술정책실장

오 명 준

서울대 재료공학 박사

전 한국산업기술평가원 지역혁신기획실장

현 한국산업기술진흥원 정책기획팀장